DÉCRET

DU 2 DÉCEMBRE 1913

PORTANT

RÈGLEMENT

SUR LE

SERVICE DES ARMÉES

EN CAMPAGNE

Service en campagne – Droit international

PARIS

LIBRAIRIE MILITAIRE CHAPELOT

MARC IMHAUS & RENÉ CHAPELOT, ÉDITEURS

30, Rue Dauphine, VIᵉ (Même Maison à Nancy)

1914

SERVICE

DES

ARMÉES EN CAMPAGNE

SERVICE EN CAMPAGNE - DROIT INTERNATIONAL

MINISTÈRE DE LA GUERRE

DÉCRET
DU 2 DÉCEMBRE 1913
PORTANT
RÈGLEMENT
SUR LE

SERVICE DES ARMÉES
EN CAMPAGNE

Service en campagne — Droit international

PARIS

LIBRAIRIE MILITAIRE CHAPELOT

MARC IMHAUS & RENÉ CHAPELOT, ÉDITEURS

30, Rue Dauphine, VIᵉ (Même Maison à Nancy)

1914

SERVICE DES ARMÉES EN CAMPAGNE

SERVICE EN CAMPAGNE - DROIT INTERNATIONAL

PREMIÈRE PARTIE

SERVICE EN CAMPAGNE

Paris, le 1ᵉʳ décembre 1913.

RAPPORT AU PRÉSIDENT DE LA RÉPUBLIQUE FRANÇAISE

Monsieur le Président,

Une commission, présidée par M. le général Pau, membre du Conseil supérieur de la guerre, a été chargée par un de mes prédécesseurs de procéder à une refonte du décret du 28 mai 1895 portant règlement sur le service des armées en campagne. Cette commission a divisé son travail en deux parties.

La première, qui est consacrée à l'exposé des principes relatifs à la conduite du corps d'armée et des unités supérieures, intéresse surtout le haut commandement et les états-majors; elle constitue le règlement sur la conduite des grandes unités, dont vous avez bien voulu prescrire la mise en vigueur par décret du 28 octobre dernier.

La seconde partie, indiquant les règles et les procédés d'emploi de la division, vous est actuellement présentée sous la forme d'un projet de règlement sur le service en campagne, dont les principes doivent être connus de tous les officiers.

Dans son travail, la commission s'est attachée à respecter autant qu'il était possible le fond et la forme du décret de 1895, auquel l'armée restera redevable du retour au principe traditionnel de la tactique française. Elle n'y a apporté que les modifications nécessaires tant par les perfectionnements incessants de l'armement et du matériel de guerre que par les enseignements tactiques résultant des campagnes récentes.

Ces modifications ne m'ont pas paru pouvoir mieux être justifiées que par la reproduction intégrale du rapport établi par la commission.

RAPPORT DE LA COMMISSION

Plan du nouveau règlement

Le premier devoir de la commission était de préciser le cadre du nouveau règlement.

Le décret de 1895 n'envisage pas les opérations des unités supérieures au corps d'armée. Cependant, le titre XIV traite de la bataille générale autant que du combat des petites unités, et il s'adresse plutôt au commandant en chef, personnalité unique, qu'aux chefs en sous-ordre, qui sont le plus grand nombre.

Or, les études entreprises en France dans ces dernières années ont fait ressortir la nécessité de fixer les principes qui dominent l'emploi des grandes unités : il y avait donc une lacune à combler. D'autre part, ces études ont montré que les conditions d'exécution, sinon les principes mêmes, diffèrent profondément selon qu'il s'agit d'une grande ou d'une petite unité, en sorte qu'il est extrêmement difficile, à moins de ne pas sortir des généralités, d'exposer dans un même texte la bataille d'armée et le combat de la division.

Tels sont les motifs pour lesquels la commission chargée de la refonte du décret de 1895 a été amenée à condenser dans une instruction distincte (1), destinée surtout au haut commandement et aux états-majors, les principes relatifs *à la conduite des grandes unités* (corps d'armée, armée, groupe d'armées). Il a été ainsi possible de donner au nouveau règlement un cadre restreint et précis.

Ce règlement, que la commission propose de dénommer « service en campagne », et non plus « service des armées en campagne », s'applique, pour tout ce qui concerne la tactique, à l'unité élémentaire, comprenant des troupes de toutes armes, c'est-à-dire à *la division ainsi qu'aux unités inférieures*. Les principes et les règles qu'il expose doivent être connus de tous les officiers.

---

(1) Cette instruction fait l'objet du décret du 28 octobre 1913, portant règlement sur la conduite des grandes unités.

Le service en campagne comprend **douze titres**, savoir :

    I. — Organisation générale de l'armée.
    II. — Ordres, liaisons.
    III. — Marches, stationnement.
    IV. — Sûreté.
    V. — Combat.
    VI. — Cavalerie.
    VII. — Détachements.
    VIII. — Travaux de campagne.
    IX. — Fonctionnement du service de l'aéronautique et du service télégraphique.
    X. — Trains, parcs et convois.
    XI. — Ravitaillements, évacuations, réquisitions.
    XII. — Service de la gendarmerie en campagne.
    Annexes.

Les prescriptions relatives aux marches et au stationnement ont été réunies en un seul titre, en raison de la corrélation qui existe entre le dispositif de marche d'une troupe et le mode de stationnement qu'elle adopte en fin de marche. En outre, certaines mesures de police, d'hygiène et de discipline sont communes aux marches et au stationnement.

Le titre relatif au combat, qui portait le numéro XIV dans le décret de 1895, parce qu'il avait été élaboré après coup, a pris sa place naturelle après les marches, le stationnement et la sûreté.

Les modifications importantes apportées récemment à l'organisation de la cavalerie ont amené la commission à consacrer à l'emploi des troupes de cette arme un titre spécial, dans lequel elle a reporté les prescriptions relatives à l'exploration, qui faisait l'objet du titre III du décret de 1895.

Les opérations des détachements, y compris celles qui se rapportent à l'attaque ou à la protection des convois, sont traitées dans un titre unique.

Il en est de même des ravitaillements en vivres et en munitions, des évacuations et des réquisitions.

Des titres nouveaux ont été consacrés aux travaux de campagne, aux services de l'aéronautique et de la télégraphie, aux trains, parcs et convois.

Enfin la commission, estimant que les reconnaissances relèvent soit de la sûreté, soit du combat, n'a pas cru devoir reproduire le titre XI du décret de 1895.

Telle est, en résumé, la contexture du nouveau service en campagne. Dans l'exposé qui suit, la commission indique et explique, pour chacun des titres, les principales modifications apportées aux prescriptions jusqu'ici réglementaires.

TITRE Ier

Organisation générale de l'armée

Le titre Ier n'est que la mise à jour du titre correspondant du décret de 1895. Pour l'alléger, la commission s'est bornée à indiquer, dans le nouveau texte, les grandes lignes de l'organisation militaire et les dispositions qui ont un caractère de permanence relative. Elle a reporté aux annexes les détails de fonctionnement des services, lesquels se modifient fréquemment, suivant les perfectionnements apportés au matériel et à la technique.

TITRE II

Ordres. — Liaisons

Le texte des prescriptions du décret de 1895 a été complété dans un sens pratique en ce qui concerne la définition et la classification des ordres, des rapports et des comptes rendus.

Les principes relatifs aux liaisons sont nouveaux.

Les règles de détail concernant la rédaction et la transmission des ordres et des rapports ont été placées aux annexes.

TITRE III

Marches. — Stationnement

Les dispositifs de marche et de stationnement doivent toujours être subordonnés aux nécessités tactiques du moment : sous cette réserve essentielle, le commandement a le devoir de réduire au minimum la fatigue des troupes et de veiller soigneusement à leur hygiène. Tel est le principe fondamental, commun aux marches et au stationnement, dont le titre III n'est que le développement.

Marches. — La plupart des prescriptions du décret de 1895 sur les marches ont été reproduites, mais quelques modifications et additions y ont été apportées.

En ce qui concerne la constitution des colonnes et l'exécution des marches, certaines indications nouvelles ont été ajoutées aux dispositions relatives aux haltes, aux croisements de colonnes et à l'aisance à donner aux troupes dans les marches loin de l'ennemi.

Au point de vue tactique, les principales modifications apportées au décret de 1895 visent la place à affecter à l'artillerie dans les colonnes et les dispositions de marche à proximité immédiate de l'ennemi.

La grande portée des canons modernes oblige à placer l'artillerie dans les colonnes, assez en arrière des éléments d'infanterie les plus avancés, pour qu'elles ne soient pas exposées à tomber, en formation de route, sous le feu des batteries ennemies. Il est recommandé, notamment, de ne pas placer l'artillerie aux avant-gardes qui ne comprennent pas au moins un régiment d'infanterie. Ces précautions nécessaires n'infirment d'ailleurs en rien l'obligation permanente d'assigner aux groupes de batteries, dans les colonnes, une place telle que le commandant de la division puisse disposer de toute son artillerie dès le début du combat.

Le texte de l'article du décret de 1895 intitulé « Marche à l'ennemi en vue d'un combat immédiat » a été l'objet de changements assez importants en raison de ce qu'il ne vise plus que la marche de la division au combat. Sur ce point, qu'aucun règlement ne traitait jusqu'ici il a paru nécessaire d'apporter quelques précisions.

Le dispositif de marche de la division évolue naturellement de la colonne de route à la formation de combat, à mesure que la rencontre devient plus imminente. Cette transformation progressive a pour objet de préparer la prompte entrée en action des éléments de la division, et surtout de donner au commandant de la division la possibilité de prendre personnellement, et dès le début, la direction du combat.

Dans cet ordre d'idées, la commission a admis la nécessité, pour la division, même si elle marche sur plus d'une colonne, de n'avoir *qu'une seule avant-garde tactique* dans les dernières heures de marche qui précèdent l'engagement. C'est l'avant-garde proprement dite de la division, et le commandant de la division marche avec elle. Les colonnes secondaires, s'il en existe, assurent leur propre protection par de petites avant-gardes.

L'évolution qui précède immédiatement la prise des dispositions de combat consiste à quitter les formations de route pour le *rassemblement articulé*, dispositif souple, dans lequel les éléments de la division sont échelonnés et espacés à la demande de la situation tactique, de façon à cheminer facilement et à pouvoir se déployer sans retard. A proximité immédiate de l'ennemi, la formation de rassemblement articulé peut être prise dès le départ du stationnement.

Stationnement. — Le nouveau texte envisage exclusivement le stationnement de la division. Il reproduit la plupart des prescriptions du décret de 1895, en insistant seulement un peu plus sur la subordination du mode de stationnement à la situation tactique.

Quelques changements de détail ont été apportés aux dispositions relatives à la préparation du cantonnement.

En ce qui concerne les bivouacs, la commission a estimé qu'il suffisait de réglementer les formations de bivouac des unités élémentaires, compagnie, escadron, batterie, afin de donner plus de souplesse aux formations de bivouacs des unités supérieures et de mieux utiliser le terrain.

Dans le chapitre intitulé « Règles communes aux marches et aux stationnements », la commission a introduit des prescriptions nouvelles à l'hygiène des troupes, aux mesures à adopter pour éviter les indiscrétions, aux précautions à prendre contre l'observation aérienne, enfin au stationnement et à la subsistance des petites fractions détachées.

TITRE IV

Sûreté

Le « service de sûreté », tel que le comprenait le décret du 28 mai 1895, impliquait l'idée exclusive de protection contre les surprises, pour le chef et pour les troupes. C'était déjà un grand progrès par rapport au service en campagne de 1883, que d'avoir mis en lumière la nécessité, pour le chef, d'être renseigné bien au delà de la zone de protection des troupes. Mais la conception de la sûreté n'en restait pas moins d'ordre purement défensif.

Cette conception s'est aujourd'hui élargie, et ce que le chef doit demander à la sûreté, ce n'est plus seulement la tranquillité, *c'est surtout la liberté d'agir.* Tant qu'il la conserve, il est bien évident qu'il est protégé contre les surprises, lui, et avec lui, la troupe qu'il commande.

Ainsi comprise, la sûreté a pour objet :

1o De garantir la liberté d'action du commandement, c'est-à-dire de lui donner le temps et l'espace dont il a besoin pour prendre ses dispositions (sûreté du chef);

2o De protéger les troupes en marche ou au stationnement contre les surprises (sûreté des troupes ou protection).

La liberté d'action du chef est garantie :

En premier lieu, par les renseignements qu'il fait rechercher, dans les directions qu'il désigne et à la distance qu'il juge nécessaire;

En second lieu, par les détachements de **sûreté**, avant-gardes, arrière-gardes ou flanc-gardes.

La protection des troupes contre les surprises est assurée, dans les directions où opèrent les détachements de sûreté, par ces détachements eux-mêmes; elle est complétée, s'il en est besoin, dans les directions moins importantes, par de petites fractions ou des patrouilles.

Il n'y a pas là, en somme, d'opposition marquée avec les principes du décret de 1895. Mais les détails d'exécution diffèrent sur les quelques points suivants :

Le sûreté de première ligne est supprimée, parce que la mission assignée par le décret de 1895 a la cavalerie de sûreté de première ligne a été jugée impossible à remplir. On ne peut pas demander à la même cavalerie de rechercher des renseignements dans certaines directions et de s'opposer aux incursions de la cavalerie ennemie dans toutes les directions. La cavalerie reste chargée de renseigner le commandement; la protection des colonnes contre les attaques de cavalerie incombe aux détachements de sûreté, qui ont à garantir les troupes contre toutes les attaques inopinées, sans distinction d'arme.

La sûreté est ininterrompue en ce sens qu'en fin de marche et pendant le stationnement les détachements de sûreté s'arrêtent et continuent sur place, dans les directions indiquées par le commandement, leur mission de sûreté. La protection de la troupe contre les surprises est alors complétée par des *avant-postes* fournis et établis par les détachements de sûreté eux-mêmes.

Ainsi, dans une marche en avant (et, sur ce point, le nouveau règlement n'a rien changé au décret de 1895), les avant-postes sont toujours fournis par l'avant-garde; et si celle-ci est de faible effectif, elle se transforme tout entière en avant-postes. *C'est le cas habituel pour la division et les unités inférieures.*

Il n'y a d'exception à cette règle qu'en fin de journée de combat. On établit dans ce cas des avant-postes dits « de combat »; ils sont fournis par les troupes qui se trouvent en première ligne.

Il appartient au commandant de la division de préciser nettement et personnellement, dans les ordres qu'il donne à chaque détachement de sûreté ou à toute troupe appelée à placer des avant-postes la mission à remplir et le terrain à tenir en cas d'attaque. Ce soin n'est plus laissé aux généraux de brigade, mais il reste entendu que ces officiers généraux peuvent être chargés par le commandant de la division de surveiller l'exécution du service.

Quelques modifications de détail ont été apportées aux prescriptions relatives au mode de reconnaissance des isolés et des détachements, ainsi qu'au service de nuit aux avant-postes.

TITRE V

Le combat

Le titre V s'applique au combat de la division et des unités inférieures. Son cadre est donc beaucoup plus restreint que celui du titre correspondant du décret de 1895. Mais ce n'est pas la seule différence entre les deux textes, et il y a quelques divergences de principe qu'il est nécessaire d'expliquer.

But du combat. — Le but du combat est la destruction de l'ennemi. La volonté d'atteindre l'ennemi pour le détruire doit donc animer le chef d'abord, et, avec lui, tous ceux qu'il mène au feu. C'est la base même de la tactique de combat, telle que la conçoit le nouveau règlement.

Forme de combat, offensive et défensive. — Les deux règlements affirment que, seule, l'offensive parvient à briser la volonté de l'adversaire et que la défensive ne donne jamais la victoire. Tous deux reconnaissent cependant que la défensive peut s'imposer pour une partie des forces engagées, dans certaines circonstances. Mais ils se séparent quant à la définition de ces circonstances, c'est-à-dire quant à la justification de la défensive.

Le décret de 1895 considère la défensive comme un moyen « d'attirer l'ennemi sur un terrain où l'on croit pouvoir lutter dans de bonnes conditions ». De là, à accepter que la valeur d'une position puisse déterminer le commandement à préférer la défense à l'attaque, il n'y a pas loin, et aucune conception n'est plus dangereuse. Afin d'éviter tout malentendu sur un point de doctrine aussi important, le nouveau règlement n'admet qu'une seule justification pour la défensive dans le combat, *à savoir la nécessité d'économiser des troupes sur certains points, en vue de consacrer plus de forces aux attaques.*

Ainsi comprise, la défensive n'est plus à proprement parler que l'auxiliaire de l'offensive, mais il faut que le commandement puisse faire état de toute la capacité de résistance des unités auxquelles il a ordonné de contenir l'ennemi sur un front déterminé. Cette résistance doit être, comme l'attaque, poussée jusqu'au bout, c'est-à-dire jusqu'au sacrifice complet.

Il résulte des considérations qui précèdent que, dans une bataille, offensive par son ensemble, certaines unités secondaires, comme la division, peuvent recevoir du commandement supérieur une mission purement défensive. C'est pourquoi le nouveau règlement, après avoir exposé les principes du combat offensif, qui est le combat normal, consacre un chapitre spécial au combat défensif de la division.

Phases du combat. — Aux termes de l'article 128 du décret de 1895, le commandement doit rester libre de refuser le combat, ou de l'engager, tant que les avant-gardes sont seules en présence. La commission n'a pu se ranger à cette manière de voir, et elle a jugé nécessaire d'affirmer, au contraire, *que la résolution de combattre doit être antérieure à l'engagement.* Il semble, en effet, difficile d'admettre que le chef d'une troupe marche à l'ennemi sans avoir une mission à remplir, et qu'il attende, pour se décider au combat, d'être fixé sur la force et les intentions de son adversaire. D'ailleurs, à partir du moment où l'avant-garde est aux prises avec l'ennemi, il est ordinairement trop tard pour refuser le combat avec le gros des forces, à moins de consentir au sacrifice de l'avant-garde.

En dehors de l'engagement de l'avant-garde qu'il exclut du combat proprement dit, le décret de 1895 distingue dans le combat *une phase de préparation et une phase de décision.* Mais, ce qui n'est pas sans danger, il semble bien distinguer aussi deux manières d'attaquer, suivant qu'il s'agit du combat de préparation ou de l'attaque décisive. C'est du moins ce que laisse entendre le texte des articles 129 et 130, où il est dit que les troupes de préparation doivent user l'ennemi, le menacer constamment, l'immobiliser, et qu'elles attaquent à fond en même temps que l'attaque décisive; prescription ambiguë qui peut être interprétée comme l'obligation de ne donner à fond sur aucun point, avant le moment de l'attaque décisive.

Le nouveau règlement divise aussi le combat en deux phases principales, pour la commodité de l'exposition; mais ces phases ne sont pas les mêmes que dans le décret de 1895 : la première, qu'il appelle *l'engagement,* comprend les préliminaires du combat et l'action de l'avant-garde; la seconde comprend les *attaques du gros.*

L'engagement incombe à l'avant-garde, que l'artillerie appuie dès le début, et que les premiers éléments du gros peuvent renforcer, si l'ordre en est donné. Il a pour objet d'obliger l'ennemi à démasquer ses forces, de permettre au commandant de la division de prendre ses dispositions, et de conquérir les points d'appui nécessaires au déploiement du gros.

Les *attaques du gros* présentent toutes le caractère commun de viser la rupture du dispositif ennemi. Elles peuvent être successives ou simultanées. Celle dont le commandant de la division attend le résultat le plus important, et qui est, dans sa pensée, *l'attaque princi-*

pale, est organisée plus fortement que les autres attaques, destinées à préparer ou à faciliter l'attaque principale. Mais l'importance relative des différentes attaques ne doit jamais apparaître dans les ordres. *Pour les exécutants, toutes les attaques sont poussées à fond, avec la ferme résolution d'aborder l'ennemi pour le détruire. Il n'y a plus qu'une seule manière d'attaquer : c'est celle-là.*

La même énergie offensive doit animer le commandant de la division et le guider dans l'emploi des unités qu'il a conservées à sa disposition. Le décret de 1895 prescrit (art. 128) de garder une réserve « à l'abri des émotions de la lutte, jusqu'à la solution définitive de l'affaire, pour compléter le succès ou limiter l'insuccès »; c'est dire que la réserve ne doit être employée qu'après le combat et non dans le combat. Cette conception ne peut plus être admise. S'il n'a pas été nécessaire d'engager toutes les troupes pour battre l'ennemi, rien de mieux que de lancer à sa poursuite celles qui n'ont pas encore combattu. Mais renoncer à la lutte avant d'avoir épuisé toutes ses ressources est une faute militaire sans excuse.

Emploi des différentes armes dans le combat. — Les modifications apportées par le nouveau règlement au texte du décret de 1895 visent principalement l'emploi de l'artillerie.

On admettait, jusqu'à ces dernières années, que le premier devoir de l'artillerie au combat était de prendre la supériorité du feu sur l'artillerie ennemie, et qu'ensuite son rôle consistait à préparer les attaques d'infanterie en criblant de projectiles les objectifs assignés à ces attaques, avant l'entrée en action de l'infanterie.

Il est aujourd'hui reconnu que le *rôle essentiel de l'artillerie est d'appuyer les attaques de l'infanterie en détruisant tout ce qui s'oppose à la progression de ces attaques.* La recherche de la supériorité sur l'artillerie n'a pas d'autre objet que de s'efforcer d'agir avec le maximum de puissance contre les objectifs d'attaque de l'infanterie. Il demeure évident qu'aucune occasion d'acquérir cette supériorité ne doit être négligée, et il arrive d'ailleurs souvent que le premier obstacle rencontré par l'infanterie soit précisément le feu qu'elle subit de la part de l'artillerie ennemie. C'est pourquoi l'artillerie de la division doit être en mesure d'intervenir tout entière dès le début de l'engagement.

Quant à la préparation des attaques par l'artillerie, elle ne saurait être indépendante de l'action de l'infanterie, parce que le feu de l'artillerie n'a qu'une efficacité restreinte contre un adversaire abrité, et que pour amener cet adversaire à se découvrir, il faut attaquer avec de l'infanterie. La coopération entre les deux armes doit donc être constante. *L'artillerie ne prépare plus les attaques, elle les appuie.*

Mais il ne faut pas conclure de là que l'artillerie chargée d'appuyer une attaque doive être subordonnée au commandant de l'attaque. Les emplacements d'où cette artillerie pourra le plus efficacement favoriser la progression de l'infanterie seront souvent, pour des raisons de terrain, hors de la zone d'action de cette dernière. En outre, il peut arriver qu'un même groupe de batteries ne puisse pas appuyer une même attaque de bout en bout, et que, par contre, à un certain moment, son feu puisse très efficacement appuyer une autre attaque.

Ainsi apparaît la nécessité, pour le commandant de la division, de rester maître de modifier, pendant le combat, la répartition des batteries, comme aussi leur mission dans l'intérêt même des attaques, dans l'intérêt surtout de l'exécution de son plan de combat : et c'est par là que son action directrice peut utilement se faire sentir d'un bout à l'autre du combat.

Aussi le nouveau règlement prescrit-il que, dès l'engagement, toute l'artillerie divisionnaire, y compris les batteries éventuellement attachées à l'avant-garde, est à la disposition exclusive du commandant de la division, lequel a seul qualité pour fixer la mission d'ensemble de l'artillerie et pour désigner, d'une manière générale, les objectifs successifs qu'elle doit prendre sous son feu.

Le seul cas où soit justifiée la subordination de l'artillerie aux commandants des différentes attaques, c'est celui où la division combat dans un terrain compartimenté, à vues limitées, où toute direction d'ensemble est impossible. C'est alors une nécessité qu'il faut subir.

Action du commandement. — La commission n'est attachée à préciser la responsabilité qui incombe au commandant de la division, dans la direction du combat. *Cette direction ne doit lui échapper à aucun moment.* Il lui appartient notamment, et à lui seul, de fixer les conditions de l'engagement et de régler ou de coordonner les attaques du gros. Une fois ses ordres donnés *par écrit*, il laisse à ses subordonnés le choix des moyens, et fait sentir son action directrice par l'emploi de l'artillerie et des unités qu'il a gardées à sa disposition. Pour battre l'ennemi, il ne doit pas hésiter, s'il le faut, à jeter toutes ses forces dans le combat.

Le texte de l'article 138 du décret de 1895, relatif aux « devoirs des officiers et des soldats », a été reproduit à peu près littéralement. Il était impossible de donner une idée plus haute ou plus vraie du devoir militaire au feu, ainsi que de la somme d'énergie et d'abnégation que chacun doit dépenser au combat pour arracher la victoire à l'ennemi.

TITRE VI

Cavalerie

Par suite de sa réorganisation récente, la cavalerie ne comprend plus, en temps de guerre, que des divisions de cavalerie chargées de l'exploration pour le compte du commandant en chef ou des commandants d'armée, et des régiments de corps d'armée, destinés à concourir à la sûreté des corps d'armée.

Il a paru nécessaire de grouper, dans un même titre, qui est nouveau, les principes relatifs à l'emploi de la cavalerie dans l'armée et dans le corps d'armée. Un chapitre spécial est consacré à la division de cavalerie.

L'exploration trouve naturellement sa place dans le chapitre relatif à la cavalerie d'armée, et ne fait plus l'objet d'un titre à part. Ce n'est pas que son importance soit diminuée, mais la commission a pensé que la séparation tranchée établie jusqu'ici entre l'exploration et la sûreté n'avait plus de raison d'être. Dans une armée, le véritable objet de l'exploration *est de fournir au commandant de l'armée les renseignements qu'il juge nécessaires, tant pour conserver sa liberté d'action que pour développer son plan de manœuvre.* C'est le rôle des divisions de cavalerie d'armée, en dehors de la bataille. On ne peut donc plus opposer l'exploration à la sûreté, puisque l'exploration garantit précisément la sûreté du chef par les renseignements qu'elle lui fournit.

Dans le même ordre d'idées, mais à l'échelon inférieur, le régiment de cavalerie de corps a pour mission principale de *fournir au commandant du corps d'armée les renseignements qu'il juge nécessaires à sa sûreté* (cavalerie de corps proprement dite) *et de participer à la protection des troupes contre les surprises* (cavalerie divisionnaire).

La mission de sûreté dévolue à la cavalerie de corps est naturellement d'envergure beaucoup moindre que n'était celle de la cavalerie de sûreté de première ligne dans le décret de 1895. Il ne saurait être question de protéger le corps d'armée avec deux ou trois escadrons, contre les incursions éventuelles de la cavalerie ennemie. Il s'agit uniquement de rechercher les renseignements demandés par le commandant du corps d'armée, dans un rayon restreint, et qui ne dépassera jamais une journée de marche en avant du gros du corps d'armée. Mais cette recherche peut exiger l'emploi d'effectifs de cavalerie plus ou moins forts, suivant que la cavalerie d'exploration a démasqué le front de marche du corps d'armée, ou qu'elle opère, au contraire, en avant de ce front. D'où la nécessité de laisser au commandant du corps d'armée toute la liberté dans la répartition du régiment de corps entre la sûreté et la protection; et la conséquence immédiate de cette nécessité est que l'effectif de la cavalerie divisionnaire ne peut plus être uniformément fixé à un escadron, comme il l'était jusqu'ici. Le nouveau règlement se borne à prescrire que cet effectif, variable suivant la place ou la mission de la division dans le corps d'armée, ne peut descendre au-dessous d'un peloton.

Les prescriptions relatives aux marches, au stationnement et à la sûreté des troupes de cavalerie opérant isolément ont été réunies dans un même chapitre du titre VI.

Le chapitre consacré à la division de cavalerie traite principalement le combat de la division contre la cavalerie et contre des unités de toutes armes.

Aucune action de guerre n'est moins facile à enfermer dans des règles fixes que le combat de cavalerie. Il y a cependant des principes essentiels auxquels ce combat, malgré la rapidité de son développement et la variété de ses formes, ne saurait échapper :

D'abord la nécessité d'une idée de manœuvre, et pour la cavalerie, la meilleure des manœuvres est la surprise, parce qu'elle donne l'initiative de l'attaque;

Ensuite l'organisation d'une attaque puissante, ou attaque principale, que d'autres attaques peuvent faciliter, appuyer ou compléter;

Enfin, et surtout, l'obligation de lancer toutes les forces dans la mêlée, sans regards en arrière, avec la volonté obstinée de détruire l'adversaire dans le corps à corps et non pas seulement de l'obliger à la retraite.

Ces principes constituent, au fond, l'essence même de la doctrine de combat commune à toutes les armes.

Quant à la forme du combat, quant à juger notamment s'il faut combiner l'attaque principale avec les autres attaques, de manière à réaliser l'enveloppement, ou s'il vaut mieux faire un effort de rupture sur une partie choisie du dispositif ennemi, c'est l'affaire du commandant de la division.

Le règlement ne saurait donner au chef de cavalerie la formule de la victoire : il ne peut qu'indiquer les principes de l'emploi des forces dans le combat.

Au-dessus même **de ces** principes, il y a un élément de succès que le chef ne trouvera qu'en lui-même, et sans lequel le reste n'est rien : *c'est la résolution d'attaque.*

TITRE VII

Détachements

Le nouveau règlement a réuni en un titre unique les titres X (des détachements) et XII (des convois et de leurs escortes), du décret de 1895. Le texte a été l'objet de quelques modifications.

Il a paru nécessaire de rappeler que la formation d'un détachement doit répondre, dans chaque cas, à une nécessité bien définie, parce que tout détachement est un affaiblissement pour la troupe qui le fournit.

En ce qui concerne la composition des détachements, il a été admis que ceux-ci doivent toujours comprendre de la cavalerie, mais qu'il convient de ne leur attribuer de l'artillerie que si leur effectif en infanterie ou en cavalerie atteint un régiment.

En dehors des petites opérations étudiées à l'article 108 du décret de 1895, le nouveau règlement expose les principes de conduite des détachements chargés d'arrêter ou de retarder des colonnes ennemies, et des détachements employés comme soutien de cavalerie.

TITRE VIII

Travaux de campagne

Dans ce titre, qui est nouveau, le règlement assigne pour objet aux travaux de campagne :

D'abord de faciliter la progression des troupes vers l'ennemi;

Ensuite de permettre à une troupe marchant à l'attaque et momentanément obligée de s'arrêter sous le feu, d'utiliser ou d'améliorer les abris naturels, ou d'en créer s'il le faut;

En dernier lieu, d'augmenter la force de résistance d'une troupe placée sur la défensive, afin que son effectif puisse être réduit le plus possible au profit des troupes d'attaque.

Ainsi compris, les travaux de campagne n'ont pour but final que de faciliter l'offensive.

TITRE IX

Fonctionnement du service de l'aéronautique et du service télégraphique

Les services de l'aviation et de la télégraphie sont des services d'armée. Il a paru cependant nécessaire d'indiquer sommairement les conditions de leur fonctionnement en raison du concours que les troupes de toutes armes peuvent être appelées à leur prêter momentanément. Ce concours consiste notamment à protéger les terrains d'atterrissage, à aider le personnel des dirigeables dans les opérations de descente, à garder les postes radiotélégraphiques, etc...

La commission a jugé utile aussi d'exposer les conditions dans lesquelles les petites unités et les reconnaissances doivent se relier avec les postes télégraphiques de corps et peuvent utiliser les communications télégraphiques.

TITRE X

Trains, parcs et convois

La commission a jugé indispensable de réunir dans un même titre les règles qui concernent l'organisation et l'emploi des trains de combat, des trains régimentaires, des parcs et des convois.

Elle s'est efforcée aussi de faciliter la transmission des ordres du commandement à ces divers organes de ravitaillement, ainsi que le maintien de l'ordre dans les éléments qui les composent, en groupant ces éléments sous une même autorité toutes les fois que les circonstances le permettent.

On a quelquefois admis la possibilité de grouper pour la marche et le stationnement les éléments d'un même organe de ravitaillement ou d'un même service : on aurait eu ainsi le groupe des parcs, le groupe des convois, le groupe des trains régimentaires, etc... C'est là une conception séduisante par sa simplicité, mais difficilement réalisable dans la pratique, car aussitôt que les parcs, les convois et les trains entrent en fonction de ravitaillement, ils se dissocient et ils restent dissociés tant qu'ils fonctionnent. Au contraire, il se trouve que des éléments appartenant à des organes ou à des services différents, échelons de parc, sections de convoi administratif, formations sanitaires, etc..., sont momentanément amenés, par le jeu même des ravitaillements, à suivre la même route et à stationner dans la même zone. Il se forme ainsi tout naturellement des groupements temporaires d'éléments de parcs, de convois ou de formations sanitaires, dont il a paru nécessaire de réglementer en quelque sorte l'existence momentanée dans un but d'ordre et de discipline.

TITRE XI

Ravitaillements. — Évacuations. — Réquisitions.

Le titre XI du nouveau règlement est la réunion des titres VII, VIII et IX du décret de 1895.

Les prescriptions relatives à l'alimentation des troupes en campagne ont été modifiées, notamment au point de vue de la consommation des vivres de réserve.

Aux termes du décret de 1895, ces vivres « ne doivent être consommés que sur l'ordre du commandement et lorsque tout autre mode d'alimentation est impossible »

L'expérience prouve que cette prescription est appliquée d'une manière trop étroite, en ce sens qu'on attribue au commandant du corps d'armée seul le droit de faire consommer les vivres de réserve. La conséquence de cette interprétation est qu'on a pris l'habitude de ne faire consommer les vivres de réserve que par toutes les troupes d'un corps d'armée à la fois, et par ration entière.

Or, il est rare que, dans une grande unité, toutes les troupes se trouvent dans la même situation au point de vue des ravitaillements. S'il y a des circonstances exceptionnelles où aucune fraction ne pourra être ravitaillée, il arrivera fréquemment que la majorité des corps recevront leurs distributions avant la nuit, tandis que certains corps ou certains détachements plus avancés les recevront trop tard.

Il a paru nécessaire, en conséquence, de spécifier :

Que tout chef de corps ou de détachement est qualifié pour prescrire la consommation de vivres de réserve toutes les fois que les distributions régulières n'ont pu être effectuées en temps utile;

Que cette consommation doit être limitée aux denrées strictement nécessaires.

Les prescriptions relatives aux ravitaillements en viande fraîche ont été mises à hauteur des dispositions récemment adoptées pour le transport de la viande abattue dans des voitures automobiles spéciales.

Enfin, il a paru nécessaire de substituer à l'appellation « parc de bétail » d'armée ou de corps d'armée celle de « troupeau de bétail » d'armée ou de corps d'armée, afin d'éviter toute confusion et de réserver la dénomination de « parc » aux parcs d'artillerie et du génie.

TITRE XII

Gendarmerie

Le texte du décret de 1895 a été mis en concordance avec celui de l'instruction sur le service de la gendarmerie en campagne.

Telles sont, Monsieur le Président, les principales modifications consacrées par le nouveau règlement.

Si vous voulez bien les approuver, j'ai l'honneur de vous prier de revêtir de votre signature le projet de décret ci-après portant règlement sur le service en campagne.

Veuillez agréer, Monsieur le Président, l'hommage de mon profond respect.

Le Ministre de la guerre,

Eug. ETIENNE.

Décret portant règlement sur le service en campagne

Paris, le 2 décembre 1913.

.Le Président de la République française,

Sur le rapport du Ministre de la guerre,

Vu le décret du 28 mai 1895 portant règlement sur le service des armées en campagne, complété et modifié par les décrets des 29 mars et 2 mai 1900, 4 janvier et 26 juin 1901, 7 août 1905,

Décrète :

TITRE Ier

Organisation générale de l'armée

CHAPITRE Ier

Formation des armées.

Art. 1er. Les forces qui agissent sur un même théâtre d'opérations sont réunies sous un commandement unique.

Le Ministre de la guerre arrête l'ordre de bataille initial réglant la répartition générale de ces forces : suivant leur importance, elles sont constituées en groupe d'armées, armées et corps d'armée.

Un groupe d'armées comprend des armées, des divisions de cavalerie, un service aéronautique, un service télégraphique. Au groupe d'armées est attachée une direction de l'arrière.

Une armée comprend des corps d'armée, une ou plusieurs divisions de cavalerie, de l'artillerie lourde, un équipage de ponts, un service aéronautique, un service télégraphique. A chaque armée est attachée une direction des étapes et des services.

En principe, un corps d'armée comprend deux ou trois divisions d'infanterie, une cavalerie de corps, une artillerie de corps, des compagnies du génie de corps, un équipage de ponts, une section de projecteurs, un détachement télégraphique, des formations sanitaires, des parcs et convois.

En principe, une division d'infanterie comprend deux ou trois brigades d'infanterie, une fraction de cavalerie prélevée sur la cavalerie de corps, une artillerie divisionnaire, une ou plusieurs compagnies du génie, un détachement sanitaire.

En principe, une division de cavalerie comprend trois brigades de cavalerie, un groupe d'artillerie, un groupe cycliste d'infanterie, une section cycliste du génie, un service télégraphique, une ambulance.

Plusieurs divisions de cavalerie peuvent être groupées sous un même commandement pour former un corps de cavalerie.

DIVISION DU TERRITOIRE ET DU THÉÂTRE D'OPÉRATIONS

Art. 2. Le ministre fixe au début de là guerre les limites séparant le territoire placé sous l'autorité du commandant en chef, et qui prend le nom de « zone des armées », du territoire restant sous son autorité, qui prend le nom de « zone de l'intérieur ». Ces limites peuvent être modifiées, selon le cours des événements, sur la demande du commandant en chef.

La partie de la « zone des armées » où se meuvent les troupes d'opérations (corps d'armée, divisions de cavalerie, etc., avec leurs éléments constitutifs) est dite « zone de l'avant ».

Le reste de la zone des armées prend le nom de « zone de l'arrière ».

Chaque armée dispose, pour ses mouvements, d'une partie de la zone de l'avant, et, pour le jeu des organes de ravitaillement et d'évacuation qui lui appartiennent en propre, d'une partie de la zone de l'arrière, dite « zone des étapes » de l'armée.

Les services sont dirigés dans chaque armée par un « directeur des étapes et des services » placé sous l'autorité immédiate du commandant de l'armée.

Les services sont reliés et coordonnés dans l'ensemble de la zone de l'arrière par le directeur de l'arrière placé sous l'autorité immédiate du commandant en chef.

Pour chaque armée, le commandant en chef fixe les limites latérales de la zone de l'avant; le directeur de l'arrière fixe les limites latérales et arrière de la zone des étapes; le commandant de l'armée fixe la limite entre la zone de l'avant et la zone des étapes.

CHAPITRE II

Le commandement

Art. 3. Le commandant de toutes les forces affectées à un même théâtre d'opérations est un maréchal de France ou un général de division, qui a le titre de commandant en chef. Il reçoit une lettre de commandement.

Le commandant de chaque armée est un maréchal de France ou un général de division qui a le titre de commandant d'armée. Il reçoit une lettre de commandement.

Tout commandant en chef peut, au cours de la campagne, modifier l'ordre de bataille. Il peut également effectuer, parmi les généraux, officiers et fonctionnaires sous ses ordres, les mutations que les pertes ou le bien du service rendent nécessaires.

Ce pouvoir peut être délégué.

DROITS AU COMMANDEMENT

Art. 4. A défaut de lettre de service lui désignant un successeur éventuel, tout titulaire d'un commandement, qui vient à manquer pour une cause quelconque, est provisoirement remplacé par l'officier le plus ancien dans le plus élevé des grades que comprend ce commandement.

Dans les mêmes conditions, si un commandant d'armée vient à manquer, il est remplacé provisoirement par celui des commandants de corps d'armée de l'armée qui est le plus ancien dans les fonctions de commandant de corps d'armée.

La désignation du commandant d'un détachement est faite par l'autorité qui ordonne la formation du détachement. Dans tous les cas, le commandant désigné doit être d'un grade au moins égal à celui des militaires du grade le plus élevé qui font partie du détachement.

Tout officier chargé d'une mission spéciale exerce, à grade égal, le commandement sur tous les autres officiers employés dans la même mission.

Les militaires ayant rang d'officier, appartenant à un corps ou à un personnel ayant une hiérarchie propre, avec ou sans correspondance avec les grades prévus par la loi du 14 avril 1832, n'ont, en matière de commandement, d'autres droits que ceux qui résultent des règlements spéciaux à leurs services.

En ce qui concerne les officiers de réserve et de l'armée territoriale, les officiers retraités ou démissionnaires, les officiers servant à titre étranger et les officiers indigènes, les droits au commandement sont réglés conformément aux dispositions du règlement sur le service intérieur des corps de troupe et aux instructions réglant le statut spécial de ces officiers.

ADMINISTRATION AUX ARMÉES

Art. 5. En campagne, le Ministre délègue ses pouvoirs administratifs, dans les limites nécessaires, à chaque commandant d'armée, lequel représente alors le Ministre vis-à-vis des commandants de corps d'armée.

Le commandant de l'armée est assisté dans l'administration de son armée par un général de division qui relève directement de lui dans les mêmes conditions que les commandants de corps d'armée. Cet officier général a le titre de directeur des étapes et des services de l'armée.

Le général commandant un corps d'armée est responsable envers le commandant de l'armée de l'administration de son corps d'armée. Il en est de même de tout commandant d'unité vis-à-vis de son chef immédiat.

Les officiers généraux ont le devoir de prévoir les besoins des troupes et de prescrire ou de provoquer les mesures nécessaires pour y satisfaire. Ils donnent l'ordre de pourvoir et de distribuer et veillent à ce que chacun reçoive les allocations qui lui sont dues.

CHAPITRE III

États-majors et quartiers généraux

Art. 6. Un état-major est placé auprès du commandant en chef, auprès de chaque commandant d'armée, de corps d'armée, de division, auprès du directeur de l'arrière et de chaque directeur des étapes et des services.

Dans chaque état-major, l'ensemble du service est dirigé par le chef d'état-major.

L'état-major d'un groupe d'armées est désigné sous le nom d'état-major général. Le chef de cet état-major est un officier général qui a le titre de major général : il est secondé par des officiers généraux qui portent le titre d'aide-major général.

RÔLE DE L'ÉTAT-MAJOR

Art. 7. L'état-major exerce son action au nom du commandement, dont il est l'auxiliaire. Son rôle est :

1º De préparer pour le général les éléments de ses décisions;

2º De traduire ces décisions sous forme d'instructions et d'ordres;

3º De compléter les instructions et les ordres par toute mesure de détail nécessaire, que le général n'aurait pas arrêtée lui-même;

4º D'assurer la transmission des instructions et des ordres et, le cas échéant, d'en contrôler l'exécution.

Le chef d'état-major règle l'action de l'état-major, oriente celle des services et exerce son autorité sur l'ensemble du quartier général.

Il dirige personnellement le service des renseignements et le service des liaisons,

LES QUARTIERS GÉNÉRAUX

Art. 8. La réunion de l'état-major et des personnels divers qui sont attachés à un même commandement forme le quartier général.

Un officier spécialement désigné, qui porte le titre de commandant du quartier général, assure, d'après les instructions du chef d'état-major, l'installation, le service et la garde du quartier général.

CHAPITRE IV

Les services

Art. 9. Les services ont pour objet de satisfaire aux besoins des armées. Leur fonctionnement est entièrement subordonné au développement des opérations.

Les services d'une armée sont généralement fractionnés en deux échelons : l'un, « échelon de l'avant », qui marche avec les éléments combattants; l'autre, « échelon des étapes », qui fonctionne dans la zone des étapes.

En principe, à la tête de chaque service est placé un chef de service (1), qui, mis en temps voulu au courant des intentions du commandement, prévoit les besoins et les moyens d'y satisfaire, puis assure les mesures techniques d'exécution.

Les chefs de service sont sous l'autorité du commandement qui leur donne ses ordres. En outre, ils peuvent recevoir, au point de vue technique, des instructions du chef de service de l'échelon supérieur.

Dans chaque armée, le directeur des étapes et des services exerce la haute surveillance et la direction d'ensemble de tous les services de l'armée, aussi bien à l'avant qu'aux étapes, à l'exception toutefois des services de l'avant ci-après : artillerie, génie, télégraphie, aéronautique et gendarmerie.

SERVICES DE L'ARTILLERIE ET DU GÉNIE

Art. 10. Le service de l'artillerie (2) est chargé du ravitaillement des troupes en munitions, ainsi que du remplacement des armes, du matériel de l'artillerie et des équipages militaires.

Le service du génie (2) est chargé du ravitaillement des troupes en outils, matériel du génie et explosifs, de

---

(1) Le terme de « chef de service » est pris ici dans son sens le plus général et s'applique, dans chaque service, à celui qui en exerce la direction, quelle que soit sa dénomination particulière.

(2) Les attributions des services de l'artillerie et du génie qui ont trait à l'attaque et à la défense des places sont définies par le règlement sur la guerre de siège.

tous les travaux concernant l'établissement, l'entretien ou la destruction des communications de toute nature, permanentes ou improvisées, et éventuellement l'installation des troupes.

Dans une armée, les services de l'artillerie et du génie de l'avant relèvent directement du commandant de l'armée.

Dans chaque corps d'armée, ils sont dirigés, sous l'autorité du commandant du corps d'armée, par le commandant de l'artillerie ou du génie du corps d'armée.

Aux étapes, les services de l'artillerie et du génie sont dirigés, sous l'autorité du directeur des étapes et des services, par les directeurs des services de l'artillerie ou du génie des étapes.

SERVICE AÉRONAUTIQUE

Art. 11. Le service aéronautique est chargé de l'utilisation et de l'entretien des engins de reconnaissance ou d'observation aérienne.

Il est dirigé :

Dans un groupe d'armées, sous l'autorité du major général, par un officier général ou supérieur désigné comme directeur du service aéronautique;

Dans une armée, sous l'autorité du chef d'état-major de l'armée, par un officier supérieur désigné comme directeur du service de l'aviation de l'armée.

SERVICE TÉLÉGRAPHIQUE

Art. 12. Le service télégraphique a pour objet l'organisation et le fonctionnement des communications électriques, radiotélégraphiques et optiques nécessaires aux armées.

Dans le groupe d'armées, le service télégraphique fonctionne sous l'autorité du major général et forme deux branches distinctes :

La télégraphie, dirigée par le directeur de l'arrière, qui est assisté, à cet effet, d'un haut fonctionnaire militarisé de l'administration des postes et télégraphes;

La radiotélégraphie, dirigée par un officier supérieur du génie, faisant partie de l'état-major général.

Dans une armée, le service télégraphique est dirigé :

A l'avant, sous l'autorité du chef d'état-major de l'armée, par un officier supérieur du génie, chef de service, faisant partie de l'état-major de l'armée;

Aux étapes, par un fonctionnaire supérieur militarisé de l'administration des postes et télégraphes, relevant du chef d'état-major et du directeur des étapes et des services.

La radiotélégraphie de l'armée est rattachée au service télégraphique de l'avant.

Dans un corps d'armée, le service télégraphique est dirigé par l'officier commandant le détachement télégraphique, sous l'autorité du chef d'état-major du corps d'armée.

Dans une division de cavalerie, le service est dirigé par le capitaine du génie, sous l'autorité du chef d'état-major de la division.

SERVICE DE L'INTENDANCE

Art. 13. Le service de l'intendance est chargé :

1° De l'organisation, de la direction et de l'exécution techniques des services des subsistances, de l'habillement, du campement, du harnachement de la cavalerie, ainsi que de l'ordonnancement des dépenses de ces services;

2° De l'ordonnancement de la solde;

3° De la vérification et de l'arrêté de comptes des distributions et consommations en ce qui concerne les fonds et matières qui ressortissent aux services de l'intendance;

4° De la vérification des comptes des corps de troupe et de l'administration des personnels sans troupe;

5° Du contrôle du service de la trésorerie et des postes, dans les limites fixées par les règlements.

Les services de l'intendance sont dirigés sous l'autorité du commandement :

Dans une armée, par un intendant général ou un intendant militaire, chef du service de l'intendance de l'armée. Ce haut fonctionnaire est en même temps directeur de l'intendance des étapes et relève du directeur des étapes et des services de l'armée;

Dans un corps d'armée, par un intendant militaire ou un sous-intendant, directeur du service de l'intendance du corps d'armée;

Dans une division, par un sous-intendant militaire.

L'intendant d'une armée reçoit du Ministre de la guerre la délégation de l'ensemble des crédits destinés à assurer tous les services de l'armée; il les sous-délègue au fur et à mesure des besoins aux directeurs de service intéressés, sur l'ordre du directeur des étapes et des services de l'armée, qui reçoit à cet effet les instructions du général commandant l'armée.

SERVICE DE SANTÉ

Art. 14. Le service de santé a dans ses attributions la prévision, la préparation et l'exécution techniques de toutes les mesures relatives :

1° A l'hygiène et à la prophylaxie;

2° Au traitement et à l'évacuation des malades;

3° Au relèvement, au transport, au traitement ou à

l'évacuation des blessés, quelle que soit leur nationalité;

4° Au remplacement du personnel et au réapprovisionnement en matériel des corps de troupe et formations sanitaires.

Le service de santé est dirigé, sous l'autorité du commandement :

Dans une armée, par un médecin inspecteur général ou inspecteur, chef du service de santé de l'armée, qui est en même temps directeur du service de santé des étapes, et qui relève du directeur des étapes et des services de l'armée;

Dans un corps d'armée, par un médecin inspecteur ou principal, directeur du service de santé du corps d'armée;

Dans une division, par un médecin principal, médecin divisionnaire.

SERVICE DE LA GENDARMERIE

Art. 15. Le service de la gendarmerie aux armées est chargé :

1° De la recherche et de la constatation des crimes, délits et contraventions, de la poursuite et de l'arrestation des coupables, du transfèrement des prisonniers;

2° De la police et du maintien de l'ordre dans la zone des armées;

3° De la surveillance des individus non militaires qui suivent les armées, ainsi que des vagabonds et des individus soupçonnés d'espionnage;

4° Du service des prisons établies dans les quartiers généraux;

5° De la surveillance et de la police des sauvegardes.

En outre, la gendarmerie peut être éventuellement chargée, sur l'ordre du commandement :

1° Du groupement, du commandement et de la surveillance des trains régimentaires;

2° De la surveillance des prisonniers de guerre.

Le service de la gendarmerie est organisé par armée.

Il est dirigé, sous l'autorité du commandement et par l'intermédiaire du chef d'état-major :

Dans une armée, par un colonel ou lieutenant-colonel, « prévôt de l'armée »;

Dans un corps d'armée et aux étapes, par un chef d'escadron dénommé « prévôt du corps d'armée » ou « prévôt d'étapes »;

Dans une division, et, lorsqu'il y a lieu, dans une unité plus faible, par un officier subalterne, qui prend également le titre de « prévôt ».

SERVICE VÉTÉRINAIRE

Art. 16. Le service vétérinaire a dans ses attributions

la prévision, la préparation et l'exécution techniques
de toutes les mesures relatives :

1° A l'hygiène et à la prophylaxie vétérinaires;

2° Au traitement des chevaux malades;

3° A la direction hygiénique des parcs de bétail et à
l'inspection des animaux sur pied et des viandes de
boucherie.

Le service vétérinaire est dirigé, sous l'autorité du commandement :

Dans une armée, par un vétérinaire principal, qui est
à la fois chef du service vétérinaire de l'armée et chef
du service vétérinaire des étapes, et qui relève du directeur des étapes et des services;

Dans un corps d'armée, par un vétérinaire principal
de 2° classe, qui relève du chef d'état-major du corps
d'armée.

SERVICE DE LA TRÉSORERIE. — SERVICE DE LA POSTE

Art. 17. Le service de la trésorerie est chargé d'opérer
toutes les recettes provenant du Trésor public ou faites
pour le compte de l'Etat, et d'acquitter toutes les dépenses régulièrement ordonnancées au titre des corps
de troupe ou services.

Le service de la poste est chargé, dans la zone des
armées, du transport des fonds et de la correspondance
en provenance ou à destination des troupes en opération.

Ces services sont dirigés, sous l'autorité du commandement et par l'intermédiaire du chef d'état-major :

Dans une armée, par un payeur général, chef du service de la trésorerie et des postes, qui est en même
temps chef du service de la trésorerie et des postes des
étapes, et qui relève du directeur des étapes et des services de l'armée;

Dans un corps d'armée, par un payeur principal;

Dans une division, par un payeur particulier.

SERVICE DE L'ARRIÈRE

Art. 18. Le service de l'arrière a pour objet d'assurer
la continuité des relations et des échanges entre les
armées de campagne et le territoire national.

Il forme deux grandes divisions : le service des chemins de fer et le service des étapes.

Il comprend, en outre, le service automobile et celui
des transports par eau.

Service des chemins de fer. — Au début de la guerre,
le Ministre fixe la limite entre le « réseau de l'intérieur », qui reste sous ses ordres directs, et le « réseau
des armées », qui comprend les lignes ferrées placées
sous l'autorité du commandant en chef.

Le service des chemins de fer aux armées est chargé de l'organisation, l'entretien, l'exploitation et la destruction des voies ferrées constituant le réseau des armées. Ce service est dirigé par un officier général ou supérieur, qui prend le titre de « directeur des chemins de fer » et relève du directeur de l'arrière.

Service des étapes. — Le service des étapes embrasse l'ensemble des services de l'arrière qui ne rentrent pas dans le service même des chemins de fer. Il a pour objet principal d'assurer les ravitaillements et les évacuations des armées et de maintenir l'ordre et la sécurité dans la zone de l'arrière.

Ce service est dirigé, dans la zone des étapes de chaque armée, par le directeur des étapes et des services de l'armée, et, dans la partie de la zone de l'arrière non comprise dans la zone des étapes spéciale à chaque armée, par le directeur de l'arrière.

Par délégation du général commandant l'armée, le directeur des étapes et des services exerce, en territoire national, tout ou partie des attributions du commandement territorial, dans la mesure fixée par le commandant en chef et d'après les instructions du Ministre. En pays ennemi, il est chargé de la direction provisoire de l'administration civile des territoires occupés.

Indépendamment des chemins de fer, on peut utiliser pour les ravitaillements et les évacuations, les convois automobiles et les transports par eau.

Service automobile. — Le service automobile a pour objet de mettre à la disposition du commandement des organes de transport sur route destinés à prolonger ou remplacer la voie ferrée pour l'exécution des ravitaillements de toute nature et éventuellement des évacuations.

L'ensemble du service automobile fonctionne sous la direction du directeur de l'arrière, qui, suivant les besoins du moment, garde à sa disposition, ou répartit entre les directions des étapes et des services, tout ou partie des formations automobiles (1).

Service des transports par eau. — Le service des transports par eau sur le réseau navigable des armées est centralisé, sous la direction du directeur de l'arrière, par une commission permanente dite « commission de navigation de campagne ».

---

(1) Toutefois, les grandes unités comprennent organiquement, en dehors des voitures automobiles affectées aux quartiers généraux, des sections automobiles spéciales pour leur ravitaillement en viande fraîche et leur service sanitaire.

TITRE II

Ordres. — Liaisons.

ORDRES

Art. 19. Les décisions du commandement sont notifiées aux subordonnés sous la forme d'*ordres*.

Les ordres doivent contenir tout ce qui est nécessaire au subordonné et rien de plus.

Le chef qui les donne ne doit pas laisser à ses inférieurs la charge de prescrire les mesures dont la responsabilité lui incombe normalement. Par contre, il évite d'entraver leur initiative en précisant les détails d'exécution.

Tout ordre d'opérations doit éclairer le subordonné sur la situation et sur le rôle de l'unité dans l'ensemble de l'opération. Il contient obligatoirement :

Les renseignements sur l'ennemi (1);

Les intentions du chef qui donne l'ordre et le but qu'il poursuit;

Les objectifs à atteindre et les mouvements à exécuter par l'unité à laquelle s'adresse l'ordre;

La place où se tiendra le chef.

Les mouvements des unités voisines (1).

Les ordres sont, en principe, donnés par écrit. L'observation de cette règle précise la responsabilité respective du chef et des subordonnés, en même temps qu'elle donne une garantie contre les inexactitudes d'interprétation.

Seuls, les ordres d'exécution pure, intéressant les petites unités, peuvent être verbaux.

L'exécutant, placé inopinément en présence de circonstances imprévues, n'est plus tenu de se conformer strictement à des prescriptions qui ont cessé d'être applicables à la nouvelle situation. Il a le devoir de prendre, de sa propre initiative, les dispositions nécessaires pour réaliser, en dépit de tous les obstacles, les intentions du commandement. Il rend compte le plus tôt possible.

Les ordres prennent le nom d'*instructions* lorsque l'autorité qui ordonne se borne à faire connaître ses intentions et à fixer le but à atteindre, sans prescrire d'une manière formelle les conditions d'exécution.

Les plus grandes précautions doivent être prises pour empêcher la divulgation des ordres et des instructions.

---

(1) Ces indications doivent être réduites à ce qui intéresse directement le destinataire.

CLASSIFICATION DES ORDRES

Art. 20. Les ordres sont *généraux* ou *particuliers*, suivant qu'ils s'adressent à la totalité ou seulement à une fraction des troupes placées sous le commandement de l'autorité dont ils émanent.

L'envoi simultané d'ordres particuliers à plusieurs unités subordonnées est à éviter autant que possible. Dans le cas où l'on se trouve amené à recourir à ce procédé, l'ordre général doit néanmoins être établi, parce qu'il écarte les chances d'omission et met tous les inférieurs au courant des changements survenus dans la situation.

Lorsque les circonstances font craindre que l'ordre général ou particulier ne parvienne pas en temps opportun, il y a lieu de recourir à *l'ordre préparatoire*, dont l'objet est de définir succinctement les conditions initiales du mouvement des unités subordonnées. L'ordre préparatoire est toujours confirmé et complété par un ordre général ou particulier, qui doit parvenir aux intéressés dans le plus bref délai.

Tous les ordres et instructions donnés par les généraux, les chefs de corps ou de service, doivent être enregistrés.

COMPTES RENDUS

Art. 21. Le *compte rendu* est une relation sommaire d'un fait ou d'une situation, établie au moment même où les événements se sont produits ou sont parvenus à la connaisance de celui qui rend compte.

Le commandant d'une unité doit tenir constamment son chef au courant de ce qu'il sait de l'ennemi, de la situation et des opérations de son unité. Tout événement de nature à intéresser le supérieur fait l'objet d'un compte rendu immédiat.

En outre, le commandement peut prescrire l'envoi de comptes rendus périodiques.

Tout commandant d'unité est tenu d'informer sans retard les unités voisines des événements importants qui surviennent dans sa zone d'action.

En principe, les comptes rendus sont écrits. Exceptionnellement, ils peuvent être verbaux, quand ils sont faits de chef à chef, sans intermédiaire.

RAPPORTS

Art. 22. Le rapport est une relation détaillée rédigée aussitôt que possible après les événements qui en font l'objet.

Tout événement important donne lieu à l'établissement d'un rapport destiné à confirmer les comptes rendus antérieurs en les complétant et en les coordonnant.

Le rapport est toujours écrit.

LIAISONS

Art. 23. Les *liaisons* ont pour objet de coordonner les efforts en assurant la continuité des relations entre les troupes qui participent à une même action; chacun doit savoir ce que veut son chef et ce que font ses voisins.

A cet effet, des liaisons sont établies :

Entre le commandant d'une unité et son chef direct;

Entre le commandant d'une unité et ses subordonnés immédiats;

Entre chefs d'unité opérant dans des zones voisines.

Les unes permettent au commandement de transmettre ses ordres ou de recevoir les renseignements, comptes rendus et rapports qui, l'éclairant sur la situation, lui fournissent les éléments nécessaires pour prendre ses décisions ultérieures.

Les autres se traduisent par un échange d'informations permettant à des unités voisines de combiner leurs efforts en vue du succès commun.

Toute unité a le devoir absolu de venir en aide aux troupes voisines, dans la mesure compatible avec sa mission. En particulier, une fraction non engagée est tenue de marcher au canon, toutes les fois que sa mission le permet.

Par contre, aucune unité n'a le droit de compter sur le secours des éléments qui opèrent dans les zones d'action voisines, ceux-ci pouvant être, du fait de leur mission, hors d'état d'apporter le concours attendu.

Entre unités voisines, l'appui réciproque résulte avant tout de la convergence des missions assignées par le commandement supérieur.

Dans aucun cas, les liaisons latérales ne doivent avoir pour conséquence d'atténuer chez les exécutants la volonté d'agir, ou de retarder le moment efficace de l'action. Les unités subordonnées n'ont pas, pour obéir à un souci d'alignement et de coude à coude, à se régler entre elles étroitement. Chacune s'efforce, par sa progression hardie, d'entraîner les autres.

D'ailleurs, en s'employant sans réserve à l'accomplissement de sa mission, une troupe vient par là même en aide aux fractions voisines.

ÉTABLISSEMENT DES LIAISONS

Art. 24. La liaison d'une unité avec l'autorité immédiatement supérieure, les unités subordonnées et les unités voisines, doit être assurée d'une façon permanente, mais les procédés à employer pour réaliser cette liaison varient avec les circonstances.

Pendant les marches loin de l'ennemi, les brigades (ou régiments) détachent auprès du commandant de la division (ou de la brigade) un officier monté, agent de liaison.

Pendant les marches à proximité de l'ennemi et au combat, toute unité détache auprès de son chef immédiat un ou plusieurs agents de liaison (officiers montés, cavaliers, cyclistes ou plantons).

Les commandants d'unités détachent en liaison, auprès de toute sous-unité momentanément séparée du gros, et, s'ils le jugent utile, auprès des unités voisines, un officier ou un gradé, chargé d'adresser des comptes rendus et accompagné du nombre voulu d'estafettes, cyclistes ou plantons.

Les communications téléphoniques et par signaux sont établies toutes les fois que les troupes marquent un temps d'arrêt suffisant (au combat, dans les haltes prolongées, aux avant-postes).

Au cantonnement, on peut, en outre, utiliser le réseau télégraphique et téléphonique existant, dans la mesure autorisée par le commandement.

TRANSMISSION DES ORDRES ET DES COMPTES RENDUS

Art. 25. La transmission des ordres doit suivre la voie hiérarchique, sans omission d'aucun intermédiaire, sauf en cas d'urgence. Dans ce dernier cas, le chef qui ordonne informe l'autorité intermédiaire et celui-qui reçoit l'ordre rend compte sans retard à son supérieur immédiat.

Les ordres importants sont portés par des officiers au courant de la situation et initiés au contenu des dépêches. Dans certains cas, ils sont établis en plusieurs expéditions et envoyés par des voies différentes.

Tout officier chargé de porter un ordre dans un pays occupé par des postes ennemis doit être accompagné par un ou deux cavaliers bien montés.

Tout porteur d'ordre ou de compte rendu doit être prêt à faire disparaître ses dépêches. S'il est blessé ou malade, il s'adresse au commandant des troupes les plus proches et lui transmet l'ordre ou le compte rendu dont il est chargé. Celui-ci en donne reçu et prend les dispositions pour faire parvenir sans retard l'ordre ou le compte rendu à destination.

Le commandant d'une troupe de cavalerie est tenu de fournir un bon cheval à tout officier porteur d'un ordre, qui lui en adresse la demande, si l'état de la monture de cet officier ne lui permet pas d'accomplir sa mission en temps utile. A défaut de cavalerie, cette obligation s'étend à tout commandant de troupe pourvue de chevaux (1).

---

(1) Le cheval doit être renvoyé dans le plus bref délai au corps qui l'a fourni.

Toutes les troupes, en particulier celles qui appartiennent aux avant-gardes, flanc-gardes et avant-postes, ont le devoir de faciliter, par tous les procédés en leur pouvoir, la transmission des renseignements.

Le porteur d'une dépêche doit recevoir du destinataire un accusé de réception.

L'échange des ordres, comptes rendus et rapports, qui ne présentent pas un caractère d'urgence a lieu au rapport journalier.

Les messages téléphoniques sont écrits au départ et à l'arrivée et collationnés.

Les télégrammes et les messages sont toujours confirmés.

TITRE III

Marches. — Stationnements.

CHAPITRE Ier

Marches

OBJET DES PRESCRIPTIONS SUR LES MARCHES

Art. 26. Les prescriptions concernant les marches ont pour objet essentiel de mettre les troupes en mesure de livrer combat dans les conditions les plus avantageuses, en facilitant les mouvements et en évitant les fatigues inutiles.

Les marches s'exécutent suivant des règles qui varient avec la situation militaire et notamment avec la distance de l'ennemi.

Les mesures à prendre pour les marches dépendent, en outre, de la nature du pays, du nombre et de l'état des voies de communication, du dispositif de stationnement des troupes avant et après la marche, de l'état des troupes, de la longueur de l'étape est des circonstances atmosphériques.

ÉLÉMENTS CONSTITUTIFS DES COLONNES

Art. 27. Les troupes, les trains de combat et les trains régimentaires constituent les éléments des colonnes. Les parcs et convois forment toujours des colonnes distinctes.

Les *trains de combat* suivent les troupes dans toutes les circonstances; ils transportent les munitions et le matériel immédiatement nécessaires sur le champ de bataille (outils, explosifs, matériel sanitaire).

Les *trains régimentaires* transportent les vivres, les bagages et le matériel nécessaires pour les besoins journaliers des troupes. Ils sont généralement répartis en plusieurs échelons, dont le plus avancé suit d'aussi près que possible les trains de combat, lorsque la situation le permet.

Les *parcs* transportent un complément de munitions et de matériel nécessaires pour le combat.

Les *convois* transportent un complément d'approvisionnement en vivres.

ORDRE DE MARCHE DES ÉLÉMENTS

Art. 28. Il n'existe pas d'ordre normal de marche, pas plus qu'il n'existe d'ordre normal de combat : les éléments d'une colonne marchent dans l'ordre déterminé par le commandement, d'après la situation.

Pendant la marche, la sûreté est assurée par la cavalerie, les avant-gardes, flanc-gardes et arrière-gardes, conformément aux règles exposées au titre « Sûreté ».

En principe, dans une marche en avant, le commandant de la colonne est à l'avant-garde. L'officier qui le suit immédiatement dans l'ordre hiérarchique marche en tête du gros, dont il prend le commandement.

Tout corps de troupe est accompagné de son train de combat.

Dans une division, le train de combat marche à la queue des troupes, mais avant l'arrière-garde, si la division en fournit une.

Les diverses fractions constituées de la colonne sont séparées, au départ, par des distances suffisantes pour que la marche puisse s'exécuter avec régularité et sans à-coup. Ces distances peuvent augmenter ou disparaître pendant la marche. On les reprend à chaque halte.

PRÉPARATION DE LA MARCHE

Art. 29. La division marche en une ou plusieurs colonnes. Elle peut faire partie aussi d'une colonne plus importante.

Le commandement supérieur règle l'ensemble du mouvement. Il assigne à la division : une zone de marche ou un itinéraire; l'heure de départ ou de passage en un point ou sur une ligne donnée, de l'avant-garde ou de la tête du gros; les prescriptions générales relatives aux trains; éventuellement les conditions générales de la grand'halte et la zone de stationnement en fin de marche.

Le commandant de la division fixe : le chef, la composition et l'itinéraire de chaque colonne; l'ordre de marche de la colonne principale; les dispositions particulières concernant la sûreté; les conditions de mise en route; la place qu'il occupera lui-même pendant la marche; les prescriptions relatives aux trains; éventuellement, les conditions générales de la grand'halte et du stationnement en fin de marche.

Le cas échéant, les commandants de colonne fixent : l'ordre de marche de leur colonne, les dispositions particulières concernant la sûreté, les conditions de mise en route.

Le général de division, en ce qui concerne la zone de marche de la division, et chaque commandant de colonne pour son itinéraire, ont le devoir d'étudier à l'avance, en s'entourant de tous les renseignements qu'ils peuvent se procurer, les conditions d'exécution de la marche prescrite.

Toutes les fois qu'ils prévoient des difficultés pour suivre les itinéraires, soit par suite du mauvais tracé des chemins (particulièrement à travers les bois), soit à cause de l'insuffisance des cartes, ils se procurent des guides et font effectuer, en temps voulu, des reconnaissances.

Ils ordonnent et font exécuter au plus tôt les travaux nécessaires pour la réparation et l'aménagement des routes de marche.

Ils étudient les communications transversales permettant de se relier aux colonnes voisines.

PRÉPARATIFS DE DÉPART

Art. 30. En principe, les soldats mangent avant le départ et emportent un repas froid. Les bidons sont remplis. Autant que possible, on fait boire et manger les chevaux.

Les feux sont éteints, les bivouacs et cantonnements remis en ordre. Toutes les inscriptions sont effacées et tous les papiers détruits.

A tous les degrés de la hiérarchie, le commandement a le devoir de fixer les conditions de la mise en marche, de manière à éviter aux troupes les fatigues d'une attente inutile, avant leur entrée dans la colonne.

Le départ n'est jamais retardé. Si le chef d'une unité n'est pas à la tête de sa troupe, lorsque celle-ci doit partir, l'officier le plus ancien la fait mettre en marche.

MISE EN MARCHE DES COLONNES

Art. 31. La mise en marche n'est précédée d'un rassemblement général que pour une colonne de faible effectif.

Les mesures à prendre pour former une colonne dépendent de l'étendue et de la forme de la zone de stationnement.

Si les troupes occupent des cantonnements étendus dans le sens du front, la colonne se forme par l'arrivée successive des divers éléments en un même point dit « point initial ».

Le commandement fixe les heures de passage, en ce point, de l'élément de tête des unités principales et, au besoin, les itinéraires à suivre pour s'y rendre. Il désigne, s'il est nécessaire, un point initial particulier pour certaines troupes. Les chefs des unités subordonnées font reconnaître l'itinéraire à suivre pour rejoindre le point initial, évaluent le temps nécessaire à leur tête pour y arriver, et fixent, en conséquence, l'heure de départ de leur troupe. Ils peuvent, s'il y a lieu, désigner pour leur unité, un point initial intermédiaire.

Tout point initial doit être d'un accès facile, et présenter des abords dégagés, pour permettre aux unités qui arriveraient avant l'heure fixée de s'arrêter sans encombrer la route de marche. Il ne doit jamais être choisi à la sortie d'un défilé, village, bois, etc...

Si les cantonnements de la colonne sont échelonnés en profondeur sur la route à suivre, ou s'ils sont très resserrés, la colonne se forme par la mise en marche, en temps opportun, de ses différentes fractions. Le commandement fixe l'heure à laquelle les éléments principaux quitteront leurs cantonnements respectifs; les commandants subordonnés agissent de même pour les fractions sous leurs ordres.

FORMATION DE MARCHE

Art. 32. La marche s'exécute, en principe, sur le côté droit de la route, de manière à laisser le côté gauche libre pour la circulation.

En général, l'infanterie et la cavalerie marchent par quatre; les voitures de l'artillerie et des trains sur une file, les chevaux de main et les animaux haut-le-pied par deux.

VITESSE DE LA MARCHE

Art. 33. La vitesse de la marche d'une colonne de toutes armes est celle de l'infanterie.

Cette vitesse varie avec la nature du terrain et des routes, les circonstances atmosphériques, la longueur de l'étape et l'état des troupes; elle doit être maintenue aussi uniforme que possible pendant toute la durée de la marche.

EXÉCUTION DE LA MARCHE

Art. 34. La bonne exécution de la marche repose sur la régularité d'allure de chacun des éléments de la colonne. La tête de chaque bataillon, escadron ou batterie doit s'avancer à une vitesse uniforme, sans ralentissement subit, et sans brusque accélération.

Dans chaque colonne ou fraction importante de colonne, un officier à pied est chargé de régler l'allure.

Chaque élément de la colonne est tenu de se relier en permanence, par la vue, ou par une chaîne de jalonneurs, aux troupes qui le précèdent, pour éviter de perdre l'itinéraire. Cette prescription s'applique particulièrement à l'élément qui marche en tête du gros de la colonne, lequel doit se relier à la queue de l'avant-garde.

Tout élément qui déboîte de la colonne est tenu d'en informer l'unité qui marche derrière lui, afin d'éviter d'être suivi par cette unité.

Au début de la marche, le commandant de la colonne s'assure que les troupes s'avancent dans l'ordre prescrit.

HALTES HORAIRES

Art. 35. Toutes les fois que la situation le permet, après chaque période de cinquante minutes de marche, il est fait une halte de dix minutes, dite *halte horaire*.

En principe, sauf ordre contraire, la halte horaire a lieu dix minutes avant l'heure pleine.

Chaque commandant de bataillon, escadron, batterie, arrête et remet en marche, à l'heure précise, l'unité qu'il commande. Au moment de l'arrêt, les troupes et les voitures serrent sur la tête de l'unité. Les troupes à pied forment les faisceaux et déposent les sacs; les troupes à cheval mettent pied à terre.

La halte horaire n'est pas obligatoire. En particulier, une unité sur le point de s'engager ne fait plus halte à heure fixe. Son chef choisit, d'après la situation, les moments ou les points les plus favorables pour faire reposer sa troupe.

GRAND'HALTE

Art. 36. Il est fait une grand'halte si la distance à parcourir, la température ou toute autre circonstance la rendent nécessaire.

Cette grand'halte, dont la durée est fixée par le commandement, a lieu pour tout ou partie de la colonne. Il est désigné le nombre voulu d'emplacements de grand'-halte pour les diverses fractions de la colonne.

Tout emplacement de grand'halte est choisi à proximité de l'eau et, autant que possible, aux deux tiers ou aux trois quarts du chemin à parcourir par les troupes qui s'y arrêtent.

Dans les fortes colonnes, la grand'halte doit être préparée avec soin. Les emplacements des différents éléments doivent être reconnus à l'avance par un officier de l'état-major et par des représentants montés des corps de troupe.

DISCIPLINE DE MARCHE

Art. 37. Les officiers et gradés veillent à ce que chaque soldat marche à sa place. En maintenant d'une façon constante l'ordre le plus strict dans les rangs, on évite les flottements et les changements d'allure qui sont pour la troupe une cause de fatigue.

En principe, personne ne quitte les rangs en dehors des haltes. Lorsque, exceptionnellement, un homme est autorisé à quitter momentanément les rangs, il remet son fusil à son voisin; il est tenu de rejoindre le plus promptement possible.

Tout cri de marche ou de halte est interdit.

Les serre-files marchent derrière leur troupe et non sur le côté.

Les officiers qui se porteraient éventuellement sur le flanc de leur troupe, pour en surveiller la marche, ne doivent en aucun cas gêner la circulation.

Une troupe ou des voitures arrêtées ne doivent jamais intercepter la route à suivre. Les points de croisement de chemins sont entièrement dégagés. Toutes les fois que des voitures s'arrêtent sur une route, elles doivent appuyer complètement sur le côté droit.

Pendant les haltes horaires, les hommes restent du même côté que les faisceaux ou les voitures, à moins que ce côté de la route ne soit bordé de murs ou de haies Dans ce dernier cas, ils peuvent se porter du côté opposé aux faisceaux, à la condition de dégager complètement la route.

Un détachement de police, marchant à la suite de chaque corps, est chargé de faire rejoindre les traînards. Le détachement de police qui marche le dernier dans la colonne est renforcé par des gendarmes; il visite les localités traversées, arrête les maraudeurs et les traînards. A l'arrivée, il remet à la gendarmerie les maraudeurs pris en flagrant délit et dirige les autres hommes sur leur corps.

CROISEMENT DE COLONNES

Art. 38. En principe, les mouvements sont réglés de manière à éviter les croisements de colonnes.

Lorsque, exceptionnellement, la situation entraîne le croisement de deux colonnes, le commandement donne les ordres nécessaires pour qu'elles puissent se traverser sans trouble et avec le moins de retard possible.

Lorsque, inopinément, une colonne en marche trouve intercepté le chemin qu'elle doit suivre, son chef s'entend immédiatement avec le chef de l'unité (brigade ou régiment) qui défile devant lui, pour assurer le croisement. Le plus élevé en grade ou le plus ancien des officiers présents règle les détails d'exécution.

Si les abords du point de croisement sont libres, chaque colonne masse successivement ses éléments par fractions constituées et les porte au delà de la route transversale, dans les intervalles ménagés, de la même manière, dans l'autre colonne; elle reprend alors la formation de route.

Dans le cas où il n'est pas possible de sortir des routes, le croisement s'effectue par fractions qui prennent une formation de marche doublée un peu avant d'arriver au point de croisement, passent vivement dans les intervalles des groupements similaires de l'autre colonne, et reprennent ensuite la formation de marche et l'allure normale.

Autant que possible, un officier représentant le commandement supérieur assiste au croisement des colonnes pour régler immédiatement toutes les difficultés qui peuvent être soulevées.

MARCHES LOIN DE L'ENNEMI

Art. 39. Lorsque la marche s'exécute à une distance telle de l'ennemi *que toute rencontre puisse être considérée comme tout à fait improbable*, on s'attache surtout à faciliter le mouvement des troupes et à diminuer leurs fatigues.

Les distances entre les éléments sont augmentées de façon à assurer plus d'indépendance à la marche des unités.

Si la sécurité est absolue, et si l'on possède la certitude de n'avoir pas à modifier la direction en cours de marche, il peut être avantageux d'utiliser à plein le réseau routier et de former de petites colonnes, en affectant des itinéraires distincts aux différentes armes.

Les trains régimentaires sont intercalés dans la colonne, en totalité ou en partie, à la suite des unités auxquelles ils appartiennent, de manière à assurer la distribution des vivres et des bagages dès l'arrivée au gîte.

Des voitures pour blessés sont mises à la disposition des corps de troupe pour assurer pendant la route le transport des malades.

A la fin de la marche, les cantonnements sont *échelonnés en profondeur* sur la route suivie et à courte distance de part et d'autre de cette route, de manière à éviter les mouvements latéraux et à permettre pour le lendemain la mise en route presque simultanée de tous les éléments de la colonne.

MARCHES A PROXIMITÉ DE L'ENNEMI

Art. 40. Dès qu'en raison de la proximité de l'ennemi *une rencontre devient possible*, on s'efforce de mettre les troupes en mesure de combattre dans de bonnes conditions, tout en facilitant leur mouvement.

On diminue la profondeur des colonnes et des cantonnements.

Les troupes marchent dans l'ordre commandé par l'urgence de leur arrivée sur le champ de bataille.

En principe, l'artillerie doit être rapprochée de la tête de colonne en vue de hâter le moment de son entrée en action. Toutefois, elle doit être assez loin des éléments les plus avancés pour ne pas être exposée à tomber, en formation de route, sous le feu de l'artillerie ennemie et pour avoir la certitude de trouver des positions sans être obligée de rebrousser chemin.

Ce n'est qu'exceptionnellement qu'on fait marcher des batteries avec les avant-gardes qui comprennent moins d'un régiment d'infanterie.

Dans l'intérieur de la colonne, on dispose autant que possible l'artillerie de façon à ne pas rompre les liens tactiques de l'infanterie. Mais il faut assurer pendant la marche la protection de l'artillerie contre les insultes de la cavalerie et des cyclistes ennemis. A cet effet, on intercale toujours, entre deux groupes d'artillerie successifs, une fraction d'infanterie.

Si la largeur de la route le permet, et si les circonstances atmosphériques sont très favorables, une division peut prendre pour la marche des formations doublées. Mais cette mesure est une cause de fatigue pour la troupe et entraîne une réduction notable de la vitesse de marche.

Les trains régimentaires marchent groupés derrière les colonnes de combat.

MARCHES A L'ENNEMI EN VUE D'UN COMBAT IMMÉDIAT

Art. 41. Lorsqu'on marche à l'ennemi *en vue d'un combat très prochain*, il importe avant tout que le commandant de la division puisse diriger personnellement le combat dès le début et qu'il dispose à cet effet de tous ses moyens d'action.

Le dispositif de marche se transforme en conséquence à mesure que la rencontre devient plus imminente.

Lorsque la division forme plus d'une colonne, la colonne *principale* est précédée par une avant-garde avec laquelle marche le commandant de la division et qui est dénommée avant-garde de la division. Les autres colonnes assurent leur protection propre par de petites avant-gardes.

L'avant-garde de la division amorce son déploiement en détachant de part et d'autre de la route de marche des fractions d'infanterie susceptibles, au moment de la rencontre, de constituer un solide front de combat ou de faire tomber, en les tournant, les premières résistances.

Avant leur entrée en action, les troupes quittent généralement la formation de route et prennent une formation de rassemblement articulé.

A proximité immédiate de l'ennemi, la formation de rassemblement articulé peut aussi être prise par la division tout entière en partant du stationnement.

Le *rassemblement articulé* est un dispositif dans lequel les éléments sont échelonnés en largeur et en profondeur, à la demande de la situation tactique, dans des conditions leur permettant à la fois d'utiliser le terrain, de se mouvoir avec ordre et de passer rapidement au déploiement en vue du combat.

Il comprend, en principe, un gros, formé, suivant son importance, en un ou plusieurs groupes, et des détachements de sûreté.

Ces différents éléments sont soustraits avec soin aux vues et au feu.

Si la nature du terrain et l'état du sol le permettent, les troupes marchent au combat dans cette formation. Autant que possible, l'artillerie et les voitures utilisent alors les routes; l'infanterie marche à travers champs ou suit, en petites colonnes, des pistes praticables. Il est nécessaire, dans ce cas, d'avoir reconnu le terrain à parcourir et prévu les moyens d'améliorer les cheminements.

Il est fait le plus large emploi des troupes du génie pour supprimer les obstacles au mouvement.

Il peut être indiqué de faire marcher une partie de l'artillerie par bonds de position en position, de façon à avoir toujours des batteries prêtes à appuyer l'action des premières fractions d'infanterie.

Dans les petites colonnes, ce procédé est nécessaire pour que l'artillerie ne tombe pas, en colonne de route, sous le feu des batteries ennemies.

On peut être amené également à faire marcher les troupes à travers les bois. Il importe, dans ce cas, de prendre toutes les mesures nécessaires pour conserver la direction, maintenir l'ordre et garder les unités bien groupées.

Quand, dans une colonne, l'avant-garde, entrée en contact avec l'ennemi, se trouve obligée de ralentir sa marche, le gros évite de serrer sur elle ou de s'arrêter en colonne sur la route. Les fractions de tête se disposent en rassemblement articulé. Si la marche est reprise et qu'un engagement immédiat est à prévoir, les fractions déjà rassemblées s'avancent à travers champs. Le reste de la colonne continue sur la route.

Dès que le combat devient certain, à brève échéance, les trains régimentaires sont maintenus ou renvoyés en arrière.

MARCHES FORCÉES

Art. 42. Lorsqu'il y a lieu, en raison de la situation, de hâter l'arrivée des colonnes, les troupes exécutent des marches forcées, pendant lesquelles le mouvement se continue nuit et jour.

La durée de ces marches ne peut, en général, être prolongée au delà de trente-six heures. On fait alterner, si cela est possible, des périodes de mouvement comportant elles-mêmes des haltes horaires et des grand'haltes, avec de longs repos de quatre à six heures, pendant lesquels les troupes peuvent manger et dormir.

MARCHES DE NUIT

Art. 43. Il est souvent nécessaire d'avoir recours aux marches de nuit, soit pour l'exécution des marches forcées, soit en raison d'autres circonstances, notamment l'obligation de dissimuler ses mouvements à l'ennemi. Mais les marches de nuit imposent aux troupes de grandes fatigues. Il est donc nécessaire de les préparer avec le plus grand soin.

Dans les marches de nuit, on doit prendre toutes les mesures qui peuvent assurer la marche régulière de la colonne dans la direction prescrite. A cet effet, des guides sont attachés aux principaux éléments de la colonne; les distances entre les éléments sont diminuées; la route à suivre est jalonnée; les bifurcations barrées, etc.

Au cours des marches de nuit, la cavalerie et l'artillerie ne peuvent pas s'employer utilement. Autant que possible, on affecte à la cavalerie des routes spéciales où elle se trouve bien protégée par la présence des autres colonnes. Si elle doit suivre la même route que d'autres troupes, on la fait partir plus tard que celles-ci, de façon qu'elle puisse marcher à son allure. L'artillerie est rejetée vers la queue des colonnes.

Des ordres sont donnés à l'avance pour qu'à l'aube les éléments reprennent leur place pour la marche de jour.

MARCHES PAR LA CHALEUR OU PAR LE FROID OU DANS LES TERRAINS DIFFICILES

Art. 44. Lorsque les marches s'effectuent par la chaleur, on doit, si la situation le permet, augmenter les distances entre les éléments, diminuer la vitesse, suspendre le mouvement pendant les heures les plus chaudes de la journée. Il peut être avantageux de faire marcher l'infanterie sur les deux côtés de la route, en laissant alors le milieu libre pour la circulation. Une des précautions les plus importantes est de faire boire les hommes pendant la marche.

Par le froid, il faut augmenter la ration et empêcher les hommes de rester immobiles pendant les haltes.

Dans toutes les circonstances qui imposent aux fractions de tête des fatigues particulières (terrain couvert de neige, de verglas, de broussailles, de hautes cultures, etc.), on relève fréquemment les fractions formant tête de colonne.

Toutes les fois que la température ou le terrain rendent la marche difficile, les haltes peuvent devenir fréquentes et plus courtes.

CHAPITRE II

Stationnement

RÈGLES GÉNÉRALES

Art. 45. *Le stationnement est réglé d'après la situation, en tenant compte de la marche du jour.*

On s'efforce avant tout d'abriter les hommes. Mais, pour éviter l'usure rapide des armes montées, on ne néglige aucune ressource permettant de protéger, en outre, les chevaux contre les intempéries. A cet effet, on utilise tous les locaux existants.

La division reçoit une *zone de stationnement*. Le commandant de la division répartit ses troupes dans cette zone, au mieux de la situation et des ressources en lieux habités.

Loin de l'ennemi, il y a intérêt, pour ménager les troupes, à donner à la division une zone de stationnement comportant un nombre suffisant de localités.

Près de l'ennemi, la nécessité de tenir les troupes prêtes à combattre prime toute autre considération; elle amène à resserrer le stationnement.

Le plus souvent, il est avantageux de stationner *en profondeur* le long des routes suivies, notamment pour les marches où l'on exige des troupes un effort soutenu et prolongé.

Au contact immédiat de l'adversaire, les troupes stationnent en *rassemblement articulé*.

DIVERS MODES DE STATIONNEMENT

Art. 46. Les troupes qui occupent des lieux habités sont en *cantonnement*.

Celles qui sont installées en plein air ou sous des abris improvisés sont au *bivouac*.

Quand, par suite de l'insuffisance des ressources en locaux, une troupe n'a qu'une partie de ses éléments cantonnés, le reste bivouaquant à proximité, elle est en *cantonnement-bivouac*.

Lorsque le séjour hors des lieux habités doit se prolonger, les troupes sont installées dans des *camps* pourvus d'abris, de tentes ou de baraques.

ORDRES POUR LE STATIONNEMENT

Art. 47. Outre les dispositions prescrites au titre II (art. 19), les ordres pour le stationnement de la division ou des unités inférieures font connaître :

Les cantonnements ou emplacements de bivouacs affectés aux unités subordonnées; la place de leur état-major; la mission des détachements de sûreté et la conduite à tenir en cas d'attaque par l'ennemi; les mesures prévues pour le gros en cas d'alerte; l'emplacement du quartier général ou de l'état-major de l'autorité qui donne l'ordre; les conditions du ravitaillement par les trains régimentaires; éventuellement, les heures auxquelles les divers corps doivent être sous les armes le lendemain.

En principe, l'artillerie ne stationne pas seule.

CAMPEMENT

Art. 48. On désigne sous le nom de *campement* l'ensemble du personnel chargé de reconnaître et de préparer le stationnement.

Le campement comprend en principe : un officier monté par corps de troupe; un adjudant par bataillon, demi-régiment de cavalerie ou groupe d'artillerie; un fourrier, un caporal ou brigadier et deux hommes par compagnie, escadron ou batterie.

Quand cela est possible, les campements sont renforcés par les fractions destinées à constituer les gardes de police.

Un médecin appartenant à l'un des corps à installer dans le cantonnement ou bivouac est, en principe, désigné pour aller étudier à l'avance les mesures concernant l'hygiène des troupes au stationnement.

RÉPARTITION DU CANTONNEMENT

Art. 49. Un secteur distinct est affecté à chaque quartier général, chaque corps de troupe ou fraction de corps. A l'intérieur des corps, des secteurs sont de même attribués à chaque compagnie, escadron ou batterie.

Autant que possible, les deux côtés d'une rue sont affectés à la même unité.

Les officiers de tout grade sont cantonnés dans le secteur de leur troupe.

Les états-majors sont cantonnés dans les locaux où se trouvent leurs bureaux ou à proximité immédiate de ceux-ci. Chaque corps a sa *garde de police*. Le chef de corps est cantonné à proximité de la garde de police.

Quand plusieurs corps sont réunis dans le même cantonnement, on établit un *poste central*, destiné à assurer la transmission des ordres du commandement aux corps qui se trouvent dans le cantonnement. Le poste central est placé au centre du cantonnement, en général à la mairie. Il peut être contigu au bureau d'un quartier général ou se confondre avec le poste de police d'un des corps.

PRÉPARATION DU CANTONNEMENT

Art. 50. La répartition du cantonnement est faite, soit

par un officier désigné spécialement par le commandement, soit par l'officier qui représente l'autorité appelée à exercer les fonctions de commandant du cantonnement.

La préparation du cantonnement doit être effectuée avec rapidité, de façon que la troupe n'ait pas à attendre lors de son arrivée.

Quand le temps presse, cette préparation est faite sommairement et peut se réduire à une simple répartition de la localité, faite d'après la carte.

Les chefs de campement précèdent les campements pour étudier à l'avance les conditions d'installation de leur corps.

L'officier chargé de la répartition du cantonnement fait une reconnaissance rapide de la localité. Il se renseigne près de la municipalité et, s'il en a le temps, consulte les plans déposés à la mairie.

Il indique à chaque chef de campement le secteur affecté à sa troupe.

Il reconnaît ou fait reconnaître les abreuvoirs, les endroits où les hommes prendront l'eau et ceux où ils devront laver leur linge, et les fait signaler par des écriteaux. Il met au besoin des sentinelles aux points d'eau.

Il détermine ensuite, s'il y a lieu :

L'emplacement du poste central;

L'emplacement du parc de l'artillerie, en principe hors du cantonnement, du côté le moins menacé, autant que possible sur un terrain sec, de circulation aisée et offrant des débouchés;

L'emplacement des parcs des corps de troupe d'infanterie, s'il n'existe pas d'emplacement convenable dans les secteurs des corps. Ces parcs doivent être installés aussi près que possible de la troupe, sans jamais gêner la circulation.

Les chefs de campement des corps, après une reconnaissance sommaire de leur secteur, fixent à leur tour ceux des compagnies, escadrons ou batteries. Ils reconnaissent l'emplacement du parc et fixent celui du poste de police.

Ils réservent une ou, s'il y a lieu, plusieurs maisons pour recevoir les malades et blessés du corps. Ils arrêtent, d'après les propositions du médecin attaché au campement, les mesures d'hygiène à prendre dans le cantonnement.

Dès leur arrivée, les campements sont dirigés sur le secteur de leur unité. Les gardes de police s'installent et placent des sentinelles aux issues du cantonnement, pour intercepter toute communication des habitants avec l'extérieur.

Les fourriers reconnaissent les maisons dans les parties du cantonnement qui leur sont assignées, en évaluent la contenance et en indiquent l'affectation au moyen d'écriteaux mobiles sans faire d'inscriptions.

La préparation du cantonnement terminée, chaque

chef de campement dresse un tableau des renseignements qu'il est utile de communiquer à la troupe.

Il envoie ensuite les adjudants ou fourriers sur les
points les plus favorables pour amener directement chaque unité dans son secteur, se porte de sa personne à
la rencontre de son chef de corps ou de détachement et
lui rend compte.

INSTALLATION AU CANTONNEMENT

Art. 51. La troupe peut entrer au cantonnement dès
que la reconnaissance du cantonnement est achevée.
Toutes les mesures doivent être prises en vue d'accélérer
l'entrée au cantonnement.

Chaque chef de corps ou commandant de détachement
donne le signal de l'installation pour sa troupe.

Les adjudants et les fourriers rendent respectivement
compte de leur reconnaissance au commandant et aux
capitaines et conduisent les unités dans la partie du cantonnement qui leur est réservée.

Le drapeau est porté au cantonnement du colonel.

S'il y a des prisonniers à garder, les gardes de police
les enferment dans la maison qu'elles occupent ou dans
des maisons voisines.

Les emplacements des quartiers généraux, ambulances, etc., sont indiqués par les fanions distinctifs, et, la
nuit, par les lanternes correspondantes.

CANTONNEMENT D'ALERTE

Art. 52. Lorsqu'une troupe cantonne près de l'ennemi
ou qu'elle peut être appelée à sortir rapidement du cantonnement, on l'installe en *cantonnement d'alerte*.

A cet effet, on utilise de préférence les rez-de-chaussée
et on réunit les troupes, par fractions constituées, dans
de grands locaux éclairés la nuit.

Les portes des habitations occupées sont maintenues
ouvertes; au besoin, on pratique des issues supplémentaires. Les rues sont éclairées pendant la nuit s'il est
possible.

Les hommes couchent tout habillés, prêts à prendre
les armes, les cavaliers à côté de leurs chevaux, les
officiers avec leur troupe.

Si la situation le comporte, les chevaux peuvent rester
sellés et bridés et être réunis dans des cours, sur des
places, etc.

CANTONNEMENT-BIVOUAC

Art. 53. *Au cantonnement-bivouac*, on affecte à chaque
corps ou fraction de corps un secteur, si restreint soit-il,
pour lui permettre d'abriter ses malades, ses ouvriers,
d'établir ses cuisines, de faire ses distributions, etc.

Chaque unité utilise aussi complètement que possible

les locaux mis à sa disposition. On profite, en outre, de toutes les ressources qu'offre la localité pour improviser des abris, auvents, etc. Mais les routes et chemins doivent être laissés entièrement libres.

BIVOUACS

Art. 54. L'emplacement des bivouacs dépend de la situation tactique et du terrain.

Les bivouacs sont établis à l'abri des vues de l'ennemi et, autant que possible, sur des terrains secs, offrant des débouchés faciles, à portée des ressources en eau et en bois. Les terres fraîchement labourées et, pour les armes montées, les prairies artificielles, ne doivent pas être utilisées comme emplacement de bivouac.

Lorsque les bois remplissent des conditions favorables et que les communications y sont faciles, on peut les employer comme emplacement de bivouacs, à condition d'y surveiller les feux; on a ainsi l'avantage de dissimuler la présence de tout ou partie de la troupe qui les occupe.

Le commandant fixe les positions de bivouac à occuper et la répartition entre les corps. Les emplacements exacts des bivouacs sont reconnus par les campements.

La préparation d'un bivouac et l'installation des troupes s'effectuent dans les mêmes conditions que pour un cantonnement, sauf en ce qui concerne les points suivants :

L'officier chargé de la répartition du bivouac précise aux différents corps de troupe le terrain qui leur est affecté, en évitant de les mélanger et de les resserrer.

Chaque chef de campement fait jalonner les limites du bivouac qui lui est assigné.

Autant que possible, les quartiers généraux et les ambulances sont établis dans des habitations à proximité.

Les unités pour lesquelles il est prévu des formations de bivouac réglementaires sont :

Dans l'infanterie, la *compagnie* ;
Dans la cavalerie, l'*escadron* ;
Dans l'artillerie, la *batterie*.

Pour le bivouac des unités supérieures, les compagnies, escadrons ou batteries sont disposés les uns par rapport aux autres, soit en colonne, soit en ligne ou en toute autre formation respectant les liens tactiques, à des distances et intervalles qui varient suivant le terrain et sont déterminés en vue d'assurer le groupement des unités supérieures.

Les trains sont établis sur les emplacements les plus favorables.

Les officiers bivouaquent avec leur troupe.

SERVICE DANS LES CANTONNEMENTS ET BIVOUACS

Art. 55. Les dispositions des règlements sur le service de place et sur le service intérieur des corps de troupe sont applicables dans les cantonnements, bivouacs et camps, en tout ce qui n'est pas contraire au présent règlement.

Aucun officier ou soldat ne peut s'absenter du cantonnement ou du bivouac, sauf pour le service ou sur une autorisation que le chef de corps peut donner à titre exceptionnel.

COMMANDEMENT DU CANTONNEMENT OU DU BIVOUAC

Art. 56. Dans tout lieu de stationnement, l'officier le plus élevé en grade prend le titre de *commandant du cantonnement ou du bivouac*.

D'une manière générale, ses attributions sont celles qui sont indiquées pour le commandant d'armes dans le règlement sur le service de place.

Cet officier règle le service général au point de vue de la protection, de la discipline et des mesures d'hygiène, sans s'immiscer dans le service intérieur des corps qui ne relèvent pas normalement de son autorité.

Tout officier général, commandant un cantonnement ou un bivouac dans lequel sont réunis plusieurs corps ou fractions de corps, désigne pour le seconder un officier supérieur qui prend le titre de *major du cantonnement ou du bivouac*.

Le commandant et, le cas échéant, le major du cantonnement ou du bivouac, sont cantonnés ou bivouaqués à proximité du poste central. Les corps de troupe détachent en permanence à ce poste des plantons pour la transmission des ordres.

SERVICE DE JOUR

Art. 57. En campagne, le service est fait par jour.

Les gardes, les détachements et les travailleurs sont toujours fournis par fractions constituées.

Il est commandé tous les jours, dans chaque régiment d'infanterie, une compagnie; dans chaque régiment de cavalerie, un demi-escadron, et dans chaque régiment d'artillerie, une batterie, pour fournir la garde de police, les autres gardes intérieures et le piquet. Ces fractions sont dites *de jour*.

Le commandant de la fraction de jour est chargé des distributions; il est secondé dans ce service par les officiers de jour des autres compagnies, escadrons ou batteries.

Dans un bataillon ou dans un groupe de batteries formant corps ou détaché, le service de jour est fourni par une fraction commandée par un officier, prise à tour de rôle dans les compagnies ou batteries; l'officier qui la commande est chargé des distributions.

L'officier supérieur du jour a la direction générale du service du jour.

GARDE DE POLICE

Art. 58. Les gardes de police assurent l'ordre dans les lieux de stationnement, y font observer les règles de police, surveillent les parcs, gardent les hommes punis. Elles fournissent les sentinelles et patrouilles nécessaires à cet effet. Leur effectif est déterminé en conséquence. Un clairon ou trompette fait partie de chaque garde de police.

La garde de police de chaque corps est prise dans la fraction de jour. Dans le cas où elle n'est pas commandée par un officier, elle est sous l'autorité directe de l'officier de jour de cette fraction.

Il est détaché à la garde de police le nombre de plantons nécessaire pour assurer la transmission des ordres aux bataillons, compagnies, escadrons ou batteries.

PIQUET

Art. 59. La partie disponible de la fraction de jour prend le nom de *piquet*. Elle est destinée à fournir les détachements et les gardes qui peuvent être commandés extraordinairement. Elle est, à cet effet, aux ordres de l'officier supérieur de jour.

Les officiers, sous-officiers et soldats de piquet sont toujours habillés et équipés, les sacs faits, les chevaux prêts à être sellés.

Le piquet fournit les soldats nécessaires à la réception et au transport des denrées destinées à la fraction de garde.

PUNITIONS

Art. 60. Les arrêts sont gardés dans les limites du cantonnement ou du bivouac de la compagnie, de l'escadron ou de la batterie.

Dans chaque corps, les hommes punis de salle de police ou de prison sont réunis et placés sous la surveillance de la garde de police dans un local qui remplace les salles de discipline des corps.

Les militaires susceptibles d'être jugés par un conseil de guerre sont remis à la gendarmerie pour être conduits à la prison du quartier général.

MESURES D'ORDRE AU STATIONNEMENT

Art. 61. Dans les cantonnements et bivouacs, le commandement, à tous les degrés, assure l'ordre, la discipline et l'hygiène.

Les mesures les plus strictes sont prises contre les incendies.

Les officiers et les sous-officiers surveillent l'entretien des effets, de l'équipement, des armes et de la ferrure, la propreté corporelle, les soins à donner aux chevaux et au harnachement, la conservation des munitions et des vivres de réserve; ils passent fréquemment dans les cantonnements, visitent les écuries, s'assurent que les hommes sont pourvus de tout ce que l'habitant doit leur fournir, répriment sévèrement toute exigence illégitime, s'attachant à maintenir la bonne intelligence entre les soldats et leurs hôtes, prennent note des réclamations qui paraissent être fondées, y font droit ou en rendent compte.

Toute batterie ou sonnerie est interdite dans les cantonnements ou bivouacs, sauf dans le cas d'une alerte, dont le signal est donné par le commandant du cantonnement qui fait, s'il y a lieu, battre ou sonner la *générale*.

Au cantonnement comme au bivouac, les troupes doivent être constamment en état de prendre les armes. Le paquetage est fait tous les soirs, prêt à être complété et chargé rapidement; les selles et harnais sont disposés de manière à être placés promptement sur les chevaux.

Dès l'arrivée, chaque commandant d'unité fait reconnaître les directions des routes qui sortent du cantonnement.

Il indique, dans le cantonnement de son unité, un point de *ralliement* que tous les hommes doivent connaître afin de pouvoir s'y rendre isolément au premier signal, même de nuit.

C'est sur ce point que sont faites les réunions pour les départs, les appels, les inspections, etc.

Il est désigné de même un ou plusieurs points de *rassemblement* pour la réunion, en cas d'alerte, de toutes les troupes qui occupent le cantonnement. Les itinéraires pour gagner les points de rassemblement sont reconnus. L'emplacement des points de rassemblement est porté à la connaissance de tous.

Toute sentinelle doit être en mesure d'indiquer le chemin du poste central du cantonnement.

Il est essentiel de ne pas troubler le repos de la troupe pendant la nuit, par la transmission des ordres. A moins d'ordre contraire, tous les matins, à l'heure fixée par le commandement, les compagnies, escadrons ou batteries sont formés à leur point de ralliement, prêts à partir. C'est à ce moment seulement que les ordres qui n'auraient pu être donnés la veille à la soupe du soir, pour le départ, sont communiqués à la troupe par les chefs de corps. Il n'est fait exception à cette prescription que pour les corps ou fractions de corps qui doivent se mettre en mouvement avant l'heure fixée. Dans ce cas, le réveil est assuré à l'heure voulue par les plantons des unités.

SAUVEGARDES

Art. 62. Les sauvegardes ont pour but d'assurer l'inviolabilité de certains établissements publics ou particuliers, dont il importe, dans l'intérêt de l'armée, d'interdire l'entrée aux troupes.

Les sauvegardes comportent un ordre écrit, délivré par un officier général et portant le cachet de son état-major. Cet ordre est remis au personnel de l'établissement intéressé.

Les sauvegardes, présentées aux troupes, doivent être respectées comme une sentinelle.

Le service des sauvegardes est placé sous la surveillance de la gendarmerie aux armées.

SÉCURITÉ DES CANTONNEMENTS ET BIVOUACS

Art 63. Indépendamment des mesures de protection prises pour l'ensemble du stationnement, chaque commandant de cantonnement ou bivouac prend les dispositions nécessaires pour assurer, en toute éventualité, la sécurité des troupes sous ses ordres.

Les issues ou abords immédiats sont gardés par des fractions dont l'importance varie avec la situation. Tantôt on se contente de placer des sentinelles, tantôt on établit des postes qui barricadent les voies d'accès et organisent les points utiles à tenir. Toute barricade doit être aménagée de manière à permettre, en cas de besoin, le passage des agents de liaison, estafettes, cyclistes et automobiles.

En principe, chaque corps de troupe d'infanterie ou de cavalerie assure la garde des issues dans son secteur. Parfois une fraction, prise dans un ou plusieurs corps, mais distincte des piquets, est désignée pour former réserve à l'intérieur du cantonnement. Cette fraction s'installe en cantonnement d'alerte ou au bivouac.

Les voies de communication sont dégagées; on prépare, au besoin, des débouchés supplémentaires à l'intérieur ou à l'extérieur des cantonnements

Le commandant du cantonnement notifie aux chefs de corps les dispositions à prendre en cas d'attaque pour la défense du cantonnement ou du bivouac.

En pays ennemi, il peut, s'il le juge utile, prendre des otages, interdire aux habitants de dépasser les postes qu'il a fait placer aux issues et exiger qu'ils restent chez eux à partir d'une heure déterminée. D'une manière générale, il prend les mesures propres à empêcher toute communication entre les habitants et les émissaires de l'ennemi.

CHAPITRE III

Règles communes aux marchés et au stationnement

HONNEURS ET MARQUES EXTÉRIEURES DE RESPECT

Art. 64. Les troupes ne rendent d'honneurs ni pendant la marche, ni pendant les haltes. Au stationnement, les gardes de police rendent les honneurs dans les conditions fixées par le règlement sur le service de place, mais sans faire de sonnerie.

Les marques extérieures de respect sont dues en toute circonstance.

ALTERNANCE DES UNITÉS

Art. 65. En vue d'éviter que certains éléments soient soumis à des fatigues excessives, le commandement fait alterner les unités entre elles, dans la mesure où la situation le permet, pour l'exécution des différentes services.

En marche, les fractions constituées qui composent la colonne de combat prennent à tour de rôle, quand rien ne s'y oppose, la tête de l'unité (régiment, brigade ou même division), dont elles font partie.

De même, dans chaque corps de troupe, les unités alternent entre elles pour assurer le service des avant-postes et celui de jour.

COMPTES RENDUS CONCERNANT L'ÉTAT DES TROUPES

Art. 66. Le commandement doit posséder constamment une connaissance précise des efforts que sa troupe est capable de fournir. Aussi, en tout temps, chaque commandant d'unité rend compte, sans délai, à son supérieur immédiat, des incidents ou circonstances particulières, de nature à exercer une influence sérieuse sur l'état physique ou moral de ses hommes.

HYGIÈNE DES TROUPES

Art. 67. En raison de la profondeur des zones occupées par les armées et leurs services, il arrive souvent que les mêmes localités ou les mêmes emplacements de bivouac sont occupés successivement et plusieurs jours de suite par des troupes différentes. Dans ces conditions, le développement d'épidémies, dont la répercussion pourrait se faire sentir gravement sur l'état général des troupes, ne peut être évité que si des règles d'hygiène extrêmement sévères sont observées en tout temps. Les principales de ces règles sont les suivantes :

Il est interdit de faire usage pour la boisson d'eaux autres que celles qui sont signalées comme potables par le commandement

La troupe ne cantonne en aucun cas dans les maisons abritant des malades contagieux.

Au stationnement, et dans tout arrêt prolongé, on établit des feuillées, dont l'utilisation est obligatoire, à l'exclusion de tout autre emplacement. Les feuillées sont toujours soigneusement comblées avant le départ et signalées d'une façon très apparente.

Les issues des animaux abattus et les dépouilles des chevaux morts sont enfouies profondément. Les débris et détritus de toute nature sont brûlés.

Tout cas de maladie contagieuse ou épidémique est immédiatement signalé à l'autorité supérieure, qui ordonne aussitôt les mesures nécessaires.

MESURES A PRENDRE POUR ÉVITER LES INDISCRÉTIONS ET POUR RENSEIGNER LE COMMANDEMENT

Art. 68. Il est interdit, soit au stationnement, soit au cours des marches, d'abandonner aucun papier, lettre, etc..., sans le détruire.

Il est défendu aux militaires de tout grade de répondre aux questions posées par des personnes étrangères à l'armée.

Dans la correspondance privée, on doit s'abstenir de toute communication relative aux emplacements des troupes, à leur effectif et à leurs mouvements. Les lettres privées ne doivent pas porter mention de la localité où elles ont été écrites.

Tout renseignement et tout document donnant des indications sur l'ennemi doivent être transmis immédiatement par la voie hiérarchique. Les effets d'habillement ou autres, laissés par l'ennemi, sont examinés. Le compte rendu de leur nombre et les inscriptions qu'ils portent est envoyé au commandement. Tout militaire qui reconnaît dans un cantonnement l'existence de pigeons voyageurs rend compte à ses chefs.

Les prisonniers ou déserteurs doivent être fouillés et interrogés dans le plus bref délai. L'interrogatoire est fait, si possible, par le chef ou l'un des officiers du détachement ayant fait la prise. Les réponses sont résumées en un rapport sommaire transmis immédiatement à l'autorité supérieure.

Tout chef de corps ou de détachement qui pénètre le premier dans une localité abandonnée par l'ennemi fait immédiatement saisir les lettres déposées à la poste ou dans les boîtes, les papiers de la mairie, de la gare, du bureau de poste, etc... Il fait rechercher tous les documents laissés par l'ennemi et les indices permettant d'identifier les éléments ayant occupé la localité.

PRÉCAUTIONS A OBSERVER CONTRE L'INVESTIGATION AÉRIENNE

Art. 69. En toute circonstance, au cours des marches, pendant les rassemblements et au stationnement, on s'efforce de soustraire les troupes à la vue des observateurs aériens.

En marche, dès qu'un appareil aérien est signalé, on dégage les parties blanches de la route; on appuie le plus possible sur les côtés gazonnés ou bordés d'arbres, en se portant de préférence du côté opposé au soleil. Au besoin, l'infanterie et la cavalerie marchent dans les fossés.

En dehors des routes, ce sont les masses importantes et les troupes en mouvement qui attirent surtout l'attention des observateurs aériens.

On utilise le plus possible les bois, les vergers, et les haies; en terrain découvert, les formations sont ouvertes et très diluées. Au besoin, on s'arrête en prenant de préférence la position à genou. Les parties du sol où on est le mieux dissimulé aux vues sont les zones séparant deux teintes différentes (par exemple, limite entre deux champs n'ayant pas la même couleur, bords des chemins, lisières des villages et des bois, etc...).

Au cantonnement, ce sont généralement les parcs et les feux qui décèlent la présence des troupes. Il convient donc d'éviter les groupements de voitures formant des lignes régulières. Les voitures sont placées sous des hangars, des arbres, dans les cours ou en file le long des maisons et des haies, sous réserve de ne pas gêner la circulation.

Les cuisines sont installées autant que possible dans les habitations.

PRESCRIPTIONS SPÉCIALES AUX PETITES FRACTIONS

Art. 70. Les petites fractions, telles que la cavalerie divisionnaire, les détachements du génie, du train, des services administratifs et de santé, etc..., ainsi que les petits détachements, momentanément séparés de leur corps, sont en principe rattachés, pour le cantonnement, les ravitaillements en vivres et en munitions, les soins médicaux et vétérinaires et les évacuations, à un corps de troupe désigné par le commandement. Quand cette désignation n'a pu être faite à l'avance, il appartient au commandant du cantonnement de rattacher ces fractions et détachements à des corps de troupe.

ORDINAIRE

Art. 71. En campagne, quand les troupes ne sont pas pourvues de cuisines roulantes, elles font la cuisine soit par section (ou peloton), soit par escouade (ou pièce).

En principe, les sous-officiers vivent à l'ordinaire.

TITRE IV

Sûreté

CHAPITRE Ier

Considérations générales

Art. 72. La sûreté a pour but :

1° De garantir la liberté d'action du commandement, c'est-à-dire de lui donner le temps et l'espace dont il a besoin pour prendre ses dispositions (sûreté du chef);

2° De protéger les troupes en marche ou au stationnement contre les surprises (sûreté des troupes ou protection).

La liberté d'action du chef est garantie :

Par les renseignements que lui fournit l'autorité supérieure et par ceux qu'il fait rechercher dans les directions et à la distance jugées nécessaires;

Par l'emploi de détachements de sûreté (avant-garde, arrière-garde, flanc-gardes, etc...) chargés de gagner, par leur résistance, le temps dont le chef a besoin pour prendre ses dispositions.

Au contact immédiat de l'ennemi, la répartition judicieuse des forces en vue du combat est la meilleure garantie de la sûreté.

La protection des troupes contre les surprises est réalisée, dans les directions où opèrent les détachements de sûreté, par la présence même de ces détachements.

Ceux-ci se couvrent pour leur propre compte, en marche et au stationnement, par des détachements plus faibles (têtes d'avant-gardes, avant-postes) et s'éclairent à l'aide des fractions de cavalerie mises à leur disposition.

Dans les directions moins importantes, les mesures de protection comportent l'envoi de petits détachements poussés moins loin que les détachements de sûreté; parfois, elles se bornent à la surveillance de ces directions par des patrouilles de cavalerie et à la garde immédiate des cantonnements.

Les procédés de la sûreté ne sauraient faire l'objet de règles précises. A chaque situation doivent correspondre des mesures spéciales prises par le chef en vue de le renseigner sur ce qu'il a intérêt à savoir et de le couvrir dans les directions où il veut être couvert. C'est donc au chef qu'il appartient de déterminer, suivant les besoins, l'effectif des détachements de sûreté strictement nécessaires et de préciser les missions respectives de ces détachements.

CHAPITRE II

Sûreté en marche

DISPOSITIONS GÉNÉRALES

Art. 73. La sûreté d'une colonne est garantie par des détachements dénommés : avant-garde, arrière-garde, flanc-garde, suivant qu'ils sont placés en avant, en arrière ou sur les flancs de la colonne.

AVANT-GARDE

Art. 74. Loin de l'ennemi, l'avant-garde a simplement pour rôle de déblayer les obstacles qui pourraient se trouver sur la route suivie par la colonne et de permettre à cette dernière de marcher librement. Elle est constituée par des fractions d'infanterie et de cavalerie dont l'importance est proportionnée à celle de la colonne à couvrir.

A proximité de l'ennemi, l'avant-garde doit être en mesure de remplir toutes les missions qui peuvent lui incomber dans l'engagement d'après les ordres du commandant de la division (voir art. 102), c'est-à-dire : attaquer l'ennemi pour l'obliger à montrer ses forces; occuper les points d'appui nécessaires au déploiement du gros et conquérir au besoin ces points d'appui.

L'avant-garde est donc constituée fortement en infanterie et en cavalerie, celle-ci étant chargée d'éclairer à la distance voulue. Des fractions d'artillerie marchent à l'avant-garde toutes les fois que l'effectif de l'infanterie est suffisant pour couvrir l'artillerie. Dans le cas contraire, l'artillerie du gros doit être en mesure d'appuyer très rapidement l'infanterie de l'avant-garde.

L'avant-garde comprend en principe :

Tout ou partie de la cavalerie affectée à la colonne;

Une proportion d'infanterie variant du 1/6 au 1/3 de l'effectif total de l'infanterie de la colonne.

Eventuellement, une partie de l'artillerie, ainsi qu'un détachement du génie, dont la composition est subordonnée à la nature et à l'importance des travaux à prévoir au cours de la marche.

Tous ces éléments sont, **pour la marche**, sous les ordres d'un même chef, qui est le commandant de l'avant-garde.

L'avant-garde se fractionne généralement en un certain nombre d'échelons dénommés **pointe, tête et gros de l'avant-garde.**

La pointe est formée par tout ou partie de la cavalerie attachée à l'avant-garde, appuyée par des fractions d'infanterie allégée. Elle est toujours commandée par un officier.

La tête comprend du tiers au quart de l'infanterie de l'avant-garde et le détachement du génie.

Le gros de l'avant-garde est constitué par la majeure partie de l'infanterie et éventuellement par l'artillerie.

La distance qui sépare l'avant-garde du gros de la colonne varie avec la proximité de l'ennemi, le terrain, la force et la mission de l'avant-garde.

Cette distance doit être assez grande pour que le gros de la colonne soit à l'abri d'une surprise par le feu de l'artillerie adverse. D'autre part, elle est limitée par la nécessité d'appuyer l'avant-garde en temps voulu et de ne pas la laisser combattre isolément.

Les distances entre les différents échelons de l'avant-garde sont déterminées d'après des considérations analogues.

ARRIÈRE-GARDE

Art. 75. Dans une marche en avant, l'arrière-garde a un simple rôle de protection : observer ce qui se passe en arrière de la colonne et la couvrir, le cas échéant, contre l'action de la cavalerie ennemie.

Sa force ne dépasse habituellement pas deux compagnies pour une colonne de division. Autant que possible, quelques cavaliers lui sont adjoints.

Dans les marches rétrogrades, l'arrière-garde a pour mission de permettre au gros de la colonne d'échapper à l'étreinte de l'ennemi et d'éviter le combat.

D'une manière générale, elle est composée comme une avant-garde dans la marche en avant. Toutefois, elle ne doit pas compter sur l'appui du corps principal, et il y a généralement intérêt à la constituer fortement, surtout en artillerie et en cavalerie.

La cavalerie marche en arrière en gardant le contact de l'ennemi, et s'attache particulièrement à éclairer les flancs.

FLANC-GARDES

Art. 76. Les flanc-gardes sont destinées à protéger les flancs ou le flanc découvert d'une colonne.

Leur mission consiste soit à garantir la colonne contre l'action de détachements légers, soit à contenir l'ennemi, si une attaque est possible.

Dans le premier cas, la flanc-garde peut être constituée par de simples fractions de cavalerie.

Dans le second cas, elle comprend des troupes de toutes armes prélevées, soit sur l'avant-garde, soit sur le gros de la colonne.

Sa force est en rapport avec l'importance de la colonne à couvrir et celle des attaques possibles.

Suivant les instructions qu'elles ont reçues, les flanc-gardes marchent parallèlement à la colonne, soit à hauteur du gros, soit à hauteur de l'avant-garde, ou bien elles occupent sur le flanc exposé les points d'où l'ennemi pourrait inquiéter le mouvement; elles y stationnent jusqu'à ce qu'elles aient acquis la certitude que leur présence n'y est plus nécessaire.

CHAPITRE III

Sûreté en station

Art. 77. En station, la sûreté est garantie, comme en marche, par le dispositif même des détachements de sûreté : avant-gardes, arrière-gardes, flanc-gardes, qui stationnent sur les directions conduisant vers l'ennemi.

La protection des troupes au stationnement incombe, en principe, à des éléments fournis par les avant-gardes, arrière-gardes, flanc-gardes, et dénommés avant-postes.

En dehors de la zone occupée par les détachements de sûreté, le gros détache, s'il est besoin, pour sa protection, des éléments qui se placent en avant-postes.

Au contact immédiat de l'ennemi, ce sont les éléments de première ligne du dispositif qui fournissent les avant-postes.

ROLE DES AVANT-POSTES

Art. 78. Les avant-postes ont une mission de résistance et de surveillance; ils n'ont pas à chercher le combat. En cas d'attaque, ils n'hésitent pas à se sacrifier, afin d'assurer à la troupe qu'ils couvrent le temps dont elle a besoin pour prendre ses dispositions. Ils ne cessent la résistance que lorsqu'ils en ont reçu l'ordre.

La mission des avant-postes implique, autant que possible, la coopération étroite de l'infanterie et de la cavalerie.

En raison de sa force de résistance, l'infanterie constitue l'élément principal des avant-postes. Le gros de cette infanterie tient les points du terrain dont il importe d'interdire l'accès à l'ennemi.

Pendant le jour, la cavalerie attachée aux avant-postes prend à son compte tout ou partie de la mission de surveillance, de manière à soulager l'infanterie.

Pendant la nuit, l'infanterie assume seule le double rôle de résistance et de surveillance; la cavalerie stationne en arrière.

La surveillance doit être assurée, quel que soit l'éloignement de l'ennemi. La résistance n'est envisagée que si l'ennemi est en mesure d'intervenir et elle est préparée d'une manière d'autant plus complète que l'on se rapproche davantage de l'adversaire.

L'adjonction de fractions d'artillerie aux avant-postes n'est justifiée que s'il y a lieu de battre à grande distance des points particulièrement importants, tels que des défilés.

Les dispositions d'ensemble des avant-postes dépendent de la situation, des projets du commandement, du stationnement du gros de la division et du terrain.

Les avant-postes sont, autant que possible, établis de manière que les cantonnements les plus avancés et les points de rassemblement du gros de la division soient complètement à l'abri du feu de l'artillerie adverse. Leur position est choisie d'abord en raison des facilités qu'elle offre pour la résistance. Il est en outre avantageux d'avoir, de cette position, des vues étendues permettant de bien surveiller le terrain.

Le service des avant-postes impose aux troupes de grandes fatigues. Il ne faut donc y employer que l'effectif strictement nécessaire dans chaque cas particulier.

AVANT-POSTES EN FIN DE MARCHE

Art. 79. Après une marche en avant, la mission de fournir les avant-postes sur la direction de marche incombe à l'avant-garde.

Ces avant-postes se composent de l'avant-garde tout entière si celle-ci est faible; c'est la règle habituelle pour la division et les unités inférieures.

Une grosse avant-garde peut, au contraire, suivant la situation, ne mettre qu'une partie de ses forces aux avant-postes. Il y a alors un gros d'avant-garde couvert par des avant-postes.

Dans tous les cas, le commandant de l'avant-garde est le commandant des avant-postes fournis par son avant-garde.

Si la zone à surveiller manque de profondeur, si elle présente des coupures ou des couverts rendant les communications difficiles, il est avantageux de la diviser en secteurs ayant chacun un commandant particulier subordonné au commandant de l'avant-garde.

En cas de marche rétrograde, l'arrière-garde fournit les avant-postes dans les conditions qui viennent d'être indiquées pour l'avant-garde. On peut aussi faire prendre les avant-postes par des unités faisant partie du gros de la colonne. Ces unités s'installent avant l'arrivée de l'arrière-garde, qui les traverse pour aller cantonner au delà sous leur protection.

Les détachements de sûreté autres que les avant-gardes et arrière-gardes fournissent également des avant-postes sur les directions qu'ils ont à garder; les commandants de ces détachements sont commandants des avant-postes fournis par leur détachement.

La même unité peut rester chargée pendant plusieurs jours consécutifs de la sûreté en marche et en station. On s'efforce alors de faire alterner les sous-unités pour le service des avant-postes.

Les avant-postes sont constitués plus ou moins fortement, suivant la proximité de l'ennemi.

Avant-postes loin de l'ennemi. — Loin de l'ennemi, quand on n'a à craindre que des incursions de partis de cavalerie ou de cyclistes, les avant-postes sont réduits au minimum, de façon à ménager les forces de la troupe. La protection est obtenue en partie par le dispositif même des cantonnements, qui sont échelonnés en profondeur. Chaque cantonnement garde ses issues; quelques postes sont poussés sur les principales directions à surveiller.

Avant-postes à petite distance de l'ennemi. — Lorsque l'ennemi est assez près pour qu'une attaque de sa part soit possible, la question de résistance des avant-postes passe au premier plan. Sur les directions importantes, le dispositif est articulé en vue du combat et comprend en général :

Un premier échelon, constitué par des grand'gardes, qui tiennent les points du terrain se prêtant à la résistance;

Un deuxième échelon, formé par une réserve d'avant-postes, destinée à soutenir ou à recueillir les grand'gardes.

Les grand'gardes ont, en avant d'elles, des éléments de surveillance, petits postes, sentinelles et patrouilles.

Dans les directions où une attaque est improbable, on se contente de simples postes de surveillance.

AVANT-POSTES DE COMBAT

Art. 80. A la fin d'une journée de combat, lorsqu'on reste au contact de l'ennemi, les troupes engagées se couvrent, **sans attendre** d'ordres, par des avant-postes de combat.

Ces avant-postes sont fournis par les unités de première ligne qui, maintenues à proximité immédiate de la position de combat ou sur cette position même, se couvrent chacune pour leur compte par des fractions constituées, sections ou compagnies. Les éléments nécessaires pour la surveillance sont poussés en avant.

La position de combat est mise en état de défense.

ACTION DU COMMANDEMENT

Art. 81. Le rôle essentiel des avant-postes est de gagner le temps dont le commandant de la division a besoin pour prendre ses dispositions.

C'est donc au commandant de la division qu'il appartient de préciser nettement, pour chaque détachement appelé à fournir des avant-postes, la mission qu'il assigne au détachement, et le terrain à tenir en cas d'attaque de l'ennemi.

D'après sa mission, le but qu'il se propose et les possibilités d'attaque de l'ennemi, chaque commandant de détachement arrête l'effectif des avant-postes qu'il est appelé à fournir, leur ligne générale, le plan d'ensemble de leur résistance, ainsi que leur répartition sur le terrain en raison de l'importance des directions à surveiller. Il fixe dans ses ordres : les directions à garder ou les points à tenir, les emplacements des divers éléments de résistance (grand'gardes et réserve), leur force, ainsi que leur rôle respectif en cas d'attaque, et donne en outre tous les renseignements utiles sur la situation de la division et des unités voisines, celle de l'ennemi, etc...

Les commandants de grand'gardes et de réserve d'avant-postes ont le devoir d'arrêter à l'avance, d'après les mêmes principes, la répartition de leur troupe et la manière dont ils l'emploieront en cas d'attaque de l'ennemi.

Règles générales du service aux avant-postes

INSTALLATION ET RELÈVEMENT DES AVANT-POSTES

Art. 82. En fin de marche, le service des avant-postes est organisé dès que l'avant-garde atteint les emplacements qui lui sont assignés par l'ordre de stationnement. L'installation des avant-postes s'effectue sous la protection de la cavalerie ou des éléments avancés de l'avant-garde .

Le commandant des avant-postes donne, **d'après la carte,** ses ordres pour la prise des avant-postes.

Les indications contenues dans ces ordres sont les suivantes :

Mission des avant-postes et conduite à tenir en cas d'attaque;

Mission de la cavalerie;

Emplacement approximatif et secteur de surveillance de chaque grand'garde;

Emplacement de la ou des réserves des avant-postes;

Renseignements de toute nature intéressant les avant-postes, sur l'ennemi, les unités voisines, les directions ou les points à surveiller d'une façon particulière, etc...;

Mot d'ordre et de ralliement.

Chaque commandant de grand'garde et de réserve d'avant-postes dirige au plus tôt son unité vers l'emplacement indiqué par l'ordre, en prenant les mesures de protection voulues, et la devance pour faire la reconnaissance du terrain. Il arrête après cette reconnaissance les emplacements définitifs à occuper.

Les réserves d'avant-postes et les grand'gardes restent sous les armes jusqu'à ce que les petits postes soient en place.

Le commandant des avant-postes visite sans retard les réserves, les grand'gardes et les postes importants, prescrit les modifications qu'il juge nécessaires et s'établit de sa personne au gros de l'avant-garde.

Quand la marche doit être reprise le lendemain, les avant-postes restent en principe en position jusqu'à ce que les premiers éléments de l'infanterie de l'avant-garde aient dépassé les petits postes. Ils rejoignent ensuite l'avant-garde, si celle-ci n'a pas été relevée, ou prennent, dans la colonne, la place qui leur est assignée.

En cas de marche rétrograde, les avant-postes se rassemblent lorsque le gros de la colonne a pris la distance prescrite par le commandement.

L'installation et le relèvement des avant-postes fournis par les autres détachements de sûreté s'effectuent d'après les mêmes principes.

Pendant les périodes de stationnement, le service des avant-postes est habituellement de vingt-quatre heures. Le commandement fixe les conditions dans lesquelles les avant-postes sont relevés. Cette opération doit être faite en plein jour; l'heure à laquelle elle s'effectue doit changer chaque jour.

MOT AUX AVANT-POSTES

Art. 83. La reconnaissance entre les différents éléments aux avant-postes s'effectue au moyen du mot et de signaux.

Le mot, qui comprend le mot d'ordre et le mot de ralliement, est, en principe, donné par le commandant du corps d'armée et notifié chaque jour par le commandant de la division.

Si cette notification arrive trop tard au commandant des avant-postes, celui-ci fixe lui-même le mot, le fait connaître aux avant-postes voisins et en rend compte au commandant de la division. Il procède de même s'il y a lieu de craindre que le mot ait été surpris par l'ennemi.

Le commandant des avant-postes prescrit les signaux de reconnaissance à employer, le cas échéant, par les sentinelles, les patrouilles et les rondes, et les fait connaître, comme il est dit ci-dessus, au commandant de la division et aux avant-postes voisins.

RÉSERVE D'AVANT-POSTES

Art. 84. La réserve d'avant-postes est généralement établie à une certaine distance en arrière des grand'gardes, parfois sur la ligne même des grand'gardes. En cas d'attaque, suivant la mission qui lui a été assignée, elle renforce ces dernières, les recueille ou prend résolument l'offensive contre toute colonne ennemie qui aurait forcé leur ligne. Elle évite de se fondre en renforcements partiels et agit, de préférence, groupée.

La réserve comprend autant que possible la moitié de l'effectif des troupes affectées aux avant-postes. Dans le cas où le terrain est divisé en secteurs, à chaque secteur correspond une réserve partielle.

La réserve fournit éventuellement les patrouilles ou les rondes prescrites par le commandant des avant-postes ou du secteur, ainsi que les postes spéciaux nécessaires dans certains cas.

Elle est installée, autant que possible, en cantonnement d'alerte; à défaut, elle bivouaque. Elle a une garde de police.

Les distributions sont faites à la réserve pour l'ensemble des troupes aux avant-postes.

La réserve d'avant-postes doit être reliée par le téléphone et par des agents de liaison, avec les grand'gardes et avec l'autorité immédiatement supérieure.

GRAND'GARDE

Art. 85. La ligne générale des grand'gardes est déterminée par le commandant des avant-postes; elle est appelée *ligne de résistance des avant-postes*.

L'effectif habituel d'une grand'garde est d'une compagnie; il peut être diminué; il peut aussi être augmenté, quand il s'agit de tenir un point particulièrement important.

A chaque grand'garde est affecté un secteur déterminé d'après le terrain.

La grand'garde détache généralement des petits postes et des patrouilles, pour surveiller le terrain en avant d'elle, et lui donner ainsi le temps de prendre ses dispositions de combat. L'effectif total employé pour les petits postes et les patrouilles doit être aussi faible que possible, afin de ne pas diminuer la capacité de résistance de la **grand'garde**.

La grand'garde a une mission d'ordre défensif. Le plus souvent, elle doit résister sur place; elle utilise les points d'appui naturels de la position qui lui a été assignée; elle en organise au besoin et elle stationne à proximité immédiate de sa position de combat.

Parfois, l'attitude offensive s'imposera; dans ce cas, la grand'garde sera établie en un point central, d'où elle pourra se porter rapidement au-devant des forces ennemies qui auraient pénétré dans son secteur.

Une grand'garde ne doit pas abandonner sa mission ni son secteur pour se porter au secours d'une grand' garde voisine attaquée. Si cela est possible, elle doit l'aider par des feux, mais elle redouble de vigilance sur son front de surveillance.

La grand'garde est établie hors des vues de l'ennemi, au bivouac, abritée autant que possible, ou en cantonnement d'alerte. Les hommes conservent leur équipement jour et nuit.

Le quart environ de la grand'garde est de piquet, prêt à marcher au premier signal. Le piquet fournit une sentinelle devant les armes, et, s'il y a lieu les hommes nécessaires pour observer les signaux des petits postes.

La grand'garde doit être en liaison avec ses petits postes, la réserve d'avant-postes et les grand'gardes voisines. Des cyclistes, des signaleurs, des téléphonistes, des éclaireurs montés et, éventuellement, des cavaliers, peuvent lui être adjoints à cet effet.

PETITS POSTES ET SENTINELLES

Art. 86. Tout petit poste doit être commandé par un officier ou par un sous-officier éprouvé.

Les petits postes ne constituent pas une première ligne de résistance en avant de la grand'garde. Ils sont uniquement destinés à assurer la surveillance du secteur qui leur est assigné et à prévenir de l'approche de l'ennemi. En cas de surprise, ils font feu et évitent de se replier directement sur la grand'garde, afin de démasquer le champ de tir de cette dernière.

L'effectif de chaque petit poste est limité au nombre d'hommes indispensable pour fournir les sentinelles et les patrouilles nécessaires à la surveillance de son secteur.

Au cours des opérations d'investissement d'une place, la nécessité de fournir une chaîne de sentinelles suffisamment rapprochées et réparties sur tout le front assigné à la grand'garde, conduit à donner aux petits postes un effectif assez fort pouvant atteindre une section et à leur assigner un secteur de surveillance plus étroit.

Le petit poste fournit une ou plusieurs sentinelles doubles, ainsi qu'une sentinelle simple devant le poste toutes les fois qu'il fournit plus d'une sentinelle double. Les emplacements choisis pour les sentinelles doivent permettre d'assurer une stricte surveillance.

La ligne générale des sentinelles est habituellement désignée sous le nom de *ligne de surveillance des avant-postes*.

Les sentinelles cherchent à se dissimuler, tout en restant à même de bien observer. Elles sont constamment attentives, et ne se laissent jamais distraire de leur surveillance, même par l'apparition d'un supérieur; elles ne rendent pas d'honneurs. Elles peuvent être autorisées à laisser leur sac au petit poste. Elles ont toujours l'arme prête à faire feu, mais ne tirent que si elles aperçoivent distinctement l'ennemi ou si elles sont attaquées. Elles font également feu sur quiconque cherche à forcer leur consigne.

De nuit, elles ne doivent ni s'asseoir, ni se coucher.

L'emplacement du petit poste est choisi d'après ceux des sentinelles; il doit permettre de communiquer facilement avec elles d'une part, avec la grand'garde d'autre part. Le plus souvent, les petits postes seront avantageusement établis sur les chemins ou à proximité immédiate. Leur emplacement doit être dérobé le mieux possible aux vues de l'ennemi.

Au petit poste, les hommes restent constamment équipés et conservent l'arme à leur portée. La nuit, une partie de l'effectif, la moitié au moins, reste constamment éveillée et vigilante; le reste peut être autorisé à dormir pendant quelques heures; les gradés alternent entre eux pour se reposer; il est généralement interdit d'allumer des feux et de fumer.

Les aliments sont préparés à la grand'garde et portés au petit poste.

MANIÈRE D'ARRÊTER ET DE RECONNAÎTRE AUX AVANT-POSTES

Art. 87. Indépendamment de leur mission de protection, les avant-postes doivent veiller de la façon la plus rigoureuse à l'observation de la consigne suivante :

Personne n'est autorisé à traverser la ligne des sentinelles sans avoir été reconnu par le commandant du petit poste ou de la grand'garde dans les conditions fixées plus loin.

En conséquence, les sentinelles arrêtent tout isolé ou tout groupe passant dans leur voisinage.

Les commandants des petits postes accompagnent jusqu'à la ligne des sentinelles les détachements, les isolés en mission ou les personnes munies d'un laissez-passer. Ils laissent entrer, de jour comme de nuit, après les avoir reconnus, les militaires isolés, les patrouilles et les rondes. Pendant le jour, ils laissent également entrer les détachements qui font partie des troupes aux avant-postes et ceux pour lesquels ils ont reçu des instructions particulières.

Le commandant de la grand'garde vient lui-même reconnaître les détachements se présentant pendant la nuit. Il ne les laisse pénétrer que s'ils appartiennent aux troupes couvertes par les avant-postes, si leur chef est porteur d'un ordre écrit, ou s'il n'y a pas le moindre doute sur leur identité.

Pour arrêter, les sentinelles crient, de jour comme de nuit : « Halte-là! ». Si on ne s'arrête pas, elles crient, comme deuxième avertissement : « Halte-là ou je fais feu !.» Dans le cas où, malgré cette seconde injonction, on continue à avancer, elles font feu.

Si on arrête, elles préviennent le chef du petit poste, mais ne se laissent pas approcher.

Le chef du petit poste reconnaît par le cri de : « Qui vive ? » Quand il lui a été répondu : « France, soldat ou détachement de tel corps, patrouille ou ronde », ou quand les signaux convenus ont été faits, il crie : « Avance à l'ordre ».

Si les personnes arrêtées font partie de petits groupes isolés, le chef du petit poste ne les laisse approcher que successivement.

S'il s'agit d'un détachement, d'une ronde ou d'une patrouille, le commandant du détachement, de la ronde ou de la patrouille doit s'avancer seul; sa troupe est maintenue à distance jusqu'au moment où, son chef ayant été reconnu, elle est autorisée à pénétrer.

De nuit, quand un détachement se présente, le chef du petit poste fait prévenir le commandant de la grand'garde.

Même lorsque le mot d'ordre lui a été donné, le chef du petit poste doit prendre toutes les précautions voulues pour s'assurer de l'identité des personnes qu'il a qualité pour reconnaître. En cas de doute, ou si le mot d'ordre n'a pu être donné par elles, il les fait conduire au commandant de la grand'garde, qui les interroge, les fait fouiller au besoin et les envoie sous escorte au commandant des avant-postes.

Les commandants de grand'gardes procèdent de même quand ils viennent reconnaître.

Quel que soit son grade, le chef d'une troupe arrêtée par des avant-postes, est tenu de répondre à toutes les questions qui lui sont posées dans le but de vérifier son identité.

PARLEMENTAIRES

Art. 88. Lorsqu'un parlementaire se présente, les sentinelles l'arrêtent en dehors des lignes et le font tourner du côté opposé aux avant-postes. Le chef du petit poste vient le reconnaître, prend ses dépêches et les envoie au commandant de la grand'garde. Celui-ci en donne reçu et les fait parvenir sans retard au chef des troupes par l'intermédiaire des avant-postes.

Pour éviter toute indiscrétion, le chef du petit poste reste auprès du parlementaire; à l'arrivée du reçu des dépêches, celui-ci est immédiatement congédié.

Si le parlementaire demande à être reçu par le commandant des troupes, le chef du petit poste lui fait bander les yeux ainsi qu'à son trompette et les conduit au petit poste, où ils attendent l'ordre d'introduction. Cet ordre ne peut être donné que par le commandant des troupes lui-même.

Tandis que le trompette reste au petit poste, le parlementaire est envoyé, les yeux bandés, à la grand'garde, d'où un officier le conduit à la réserve des avant-postes, puis au commandant des troupes. Il est ramené avec les mêmes précautions au poste où il s'est présenté. Dans certains cas, le parlementaire doit être retenu temporairement, par exemple quand il a pu recueillir des renseignements ou surprendre des mouvements qu'il importe de tenir cachés à l'ennemi.

Toute conversation avec un parlementaire est rigoureusement interdite.

DÉSERTEURS

Art. 89. Les sentinelles auxquelles se présentent des déserteurs ennemis leur ordonnent verbalement ou par signe de déposer leurs armes, et, s'ils sont à cheval, de mettre pied à terre et de dessangler leurs chevaux. Elles font feu sur eux s'ils n'obéissent pas.

Le chef du petit poste vient reconnaître les déserteurs, et ne les laisse approcher que successivement.

Le commandant de la grand'garde, à qui ils sont amenés, les interroge sur tout ce qui peut intéresser la sûreté de l'armée, et les fait conduire sous escorte au commandant des avant-postes. Celui-ci les interroge de nouveau et les dirige sur le quartier général du commandant des troupes.

PATROUILLES

Art. 90. Les patrouilles sont des détachements de force variable que les petits postes, les grand'gardes et au besoin la réserve envoient en avant de la ligne des sentinelles pour surveiller les parties du terrain échappant à la vue de ces dernières, ou pour observer les mouvements de l'ennemi, lorsqu'on est en contact avec lui.

Les patrouilles constituent en principe l'élément mobile de la surveillance. Elles peuvent cependant, suivant les instructions reçues, s'immobiliser parfois pendant un temps plus ou moins long, soit pour mieux observer en s'arrêtant sur les points d'où elles ont des vues étendues, soit pour tendre des embuscades.

Les instructions données à chaque chef de patrouille avant son départ lui indiquent :

Le but précis de sa mission;

L'itinéraire général à suivre ou le secteur à parcourir;

Les points qu'il ne devra pas dépasser ou la durée approximative de sa mission;

Le mot d'ordre et de ralliement et les signaux;

Les patrouilles sont toujours composées d'au moins trois hommes commandés par un caporal, un sous-officier, au besoin par un officier. On choisit, de préférence, pour ce service des hommes intelligents, adroits et capables de s'orienter.

Les commandants des grand'gardes ou de la réserve règlent le nombre, l'heure, l'itinéraire des patrouilles, d'après la force de leur troupe, la nature du terrain et les possiblités d'attaque.

Lorsqu'il le juge nécessaire, le chef d'un petit poste peut également envoyer des patrouilles.

Les patrouilles marchent avec précaution et sans bruit, en s'arrêtant souvent pour écouter et s'orienter, elles observent avec soin le terrain qu'elles parcourent.

De nuit ou en terrain coupé, les petites patrouilles d'infanterie ne s'avancent généralement pas à plus d'un kilomètre de la ligne des sentinelles. Si les circonstances exigent qu'elles soient poussées plus loin, leur force est augmentée.

Vers le point du jour, les patrouilles doivent être plus fréquentes et reconnaître le terrain plus au loin; elles ne rentrent qu'au grand jour.

Les patrouilles évitent d'engager le combat et plus encore de se laisser couper; pour cela elles prennent un autre chemin au retour. Si elles rencontrent un ennemi de force inférieure, elles cherchent à faire des prisonniers en l'attirant dans une embuscade. Si l'ennemi est en force, elles avertissent les petits postes en arrière et se replient en continuant à observer.

Tout chef de patrouille communique à ses hommes le mot d'ordre et les signaux pour qu'ils puissent rentrer isolément, si la patrouille est obligée de se disperser.

A sa rentrée, il rend compte de ce qu'il a observé au chef qui l'a envoyé. Tout renseignement important est transmis au commandant des avant-postes.

Quand les avants-postes doivent séjourner plusieurs jours sur un même terrain, l'heure de sortie et l'itinéraire des patrouilles sont changés chaque jour.

RONDES

Art. 91. Les rondes sont faites par un officier ou un sous-officier, accompagné de deux ou trois hommes en armes. Elles s'assurent de la vigilance des sentinelles;

elles relient entre eux les petits postes et les grand'
gardes et elles concourent à la surveillance en observant
pendant leur marche.

Les rondes circulent généralement à l'intérieur de la
ligne de surveillance.

De jour comme de nuit, les rondes, les patrouilles et
les troupes en armes se reconnaissent de la façon suivante :

Le chef qui, le premier aperçoit la ronde, la patrouille ou la troupe crie : « Halte-là; ». puis : « Qui vive? »
A la réponse : « Ronde, patrouille, détachement de tel
régiment ou France », il crie : « Avance à l'ordre », reçoit le mot d'ordre du commandant de la ronde, de la
patrouille ou de la troupe et donne en échange le mot
de ralliement.

POSTE D'EXAMEN

Art. 92. Dans certains cas, il peut y avoir avantage à
établir, sur la ligne même des petits postes, un poste
spécial dit poste d'examen, chargé de recevoir, d'examiner et d'interroger les parlementaires, déserteurs, prisonniers et, d'une manière générale toutes les personnes étrangères à l'armée qui demandent à entrer dans
les lignes.

Le commandant des avant-postes fixe la composition
de ce poste d'examen et son emplacement, qui est généralement choisi sur la voie d'accès la plus importante.
Cet emplacement est indiqué aux chefs de petits postes,
qui dirigent sur le poste d'examen les isolés et les personnes étrangères à l'armée.

A proximité de l'ennemi, le commandant supérieur
peut interdire d'une manière absolue l'entrée et la sortie
des lignes.

PRESCRIPTIONS GÉNÉRALES RELATIVES AUX AVANT-POSTES

Art. 93. Indépendamment des instructions spéciales
relatives à la conduite à tenir dans chaque cas particulier, les avant-postes se conforment, en toutes circonstances, aux consignes générales suivantes :

1º Lorsque les avant-postes sont au contact de l'ennemi, ils ont le devoir de conserver ce contact par des
patrouilles, conduites au besoin par des officiers.

Dans le cas où elles s'aperçoivent que l'ennemi s'est
dérobé, les patrouilles préviennent les commandants de
grand'garde, qui rendent immédiatement compte au
commandant des avant-postes.

2º Pendant la nuit, les petits postes, la fraction de
piquet des grand'gardes et la garde de police de la réserve d'avant-postes prennent les armes pour les patrouilles, les rondes et toute troupe venant vers eux;

les sentinelles devant les armes reçoivent les consignes nécessaires à cet effet.

Une heure avant le lever du jour, tous les éléments des avant-postes, petits postes, grand'gardes et réserve, prennent les armes et se tiennent prêts à combattre.

3° Les troupes aux avant-postes ne rendent pas d'honneurs.

Les batteries et sonneries sont interdites.

4° Toute indication concernant l'ennemi doit faire l'objet d'un compte rendu immédiat à l'échelon supérieur.

Dès qu'il a occupé l'emplacement qui lui est assigné, le commandant de chaque élément du réseau d'avant-postes doit envoyer à son chef immédiat un compte rendu d'installation, résumant les dispositions prises par lui. Chaque matin, il établit un rapport sommaire sur les événements de la nuit.

CAVALERIE AUX AVANT-POSTES

Art. 94. En fin de marche, la cavalerie de l'avant-garde couvre l'établissement des avant-postes. A cet effet, elle place des vedettes et elle pousse des patrouilles au delà de la ligne de surveillance assignée aux avant-postes, suivant les indications du commandant de l'avant-garde.

Lorsque les avant-postes d'infanterie ont occupé leurs emplacements, le gros de la cavalerie se replie pour aller s'établir au stationnement et ne laisse aux avant-postes que la fraction désignée par le commandant de l'avant-garde. Cette fraction est mise sous les ordres du commandant des avant-postes.

De jour, elle est en général répartie entre la réserve et les grand'gardes et fournit :

1° Des vedettes pour soulager l'infanterie, en concourant à la surveillance sur le front indiqué par le commandant des avant-postes;

2° Des patrouilles pour fouiller le terrain au delà de la ligne de surveillance;

3° Eventuellement, des postes spéciaux pour occuper des points importants en avant de la ligne de surveillance.

De nuit, la cavalerie des avant-postes est groupée à la réserve des avant-postes ou cantonnée en arrière de façon à lui assurer le repos qui lui est indispensable. Exceptionnellement, dans certains cas particuliers, les postes spéciaux établis le jour peuvent être maintenus la nuit.

Aux avant-postes, il faut éviter d'employer les cavaliers pour les liaisons et la transmission des ordres. Ce service doit être, en principe, assuré par des cyclistes, quand les moyens de communication optiques ou électriques font défaut.

PARTICULARITÉS RELATIVES AUX AVANT-POSTES DE NUIT

Art. 95. De nuit, la protection des troupes au stationnement est assurée uniquement par l'infanterie.

L'obscurité facilite les surprises, elle réduit notablement l'efficacité du feu. Les emplacements occupés par les avant-postes sont dissimulés avec le plus grand soin aux investigations de l'ennemi. Les divers éléments du réseau d'avant-postes restent, autant que possible, groupés et agissent de préférence par contre-attaques.

La surveillance mobile par des patrouilles doit être très active, surtout vers le point du jour.

A proximité de l'ennemi, et lorsque les avant-postes ont été établis pendant le jour, il peut être utile de leur assigner de nouveaux emplacements pour la nuit. Il y a souvent intérêt à ce qu'ils soient poussés plus en avant.

Ces emplacements sont surtout choisis de manière à tenir solidement le réseau des voies de communication conduisant vers l'ennemi. Les grand'gardes et la réserve d'avant-postes sont établies sur les routes et, autant que possible, dans des localités traversées par ces routes. Ces localités sont mises en état de défense.

Les places de rassemblement en cas d'alerte doivent présenter des débouchés faciles en vue des contre-attaques.

Afin d'assurer à la grand'garde le temps dont elle a besoin pour prendre ses dispositions, les petits postes peuvent être poussés à une plus grande distance que pendant le jour, et portés à proximité immédiate des sentinelles; des embuscades peuvent être tendues en avant.

Les emplacements choisis sont occupés à la tombée de la nuit; ils doivent avoir été reconnus à l'avance pendant le jour.

L'arrivée tardive au stationnement obligera souvent à effectuer, de nuit, le placement des avant-postes.

Les dispositions d'ensemble ne peuvent être arrêtées que d'après la carte. Elles consistent généralement à occuper, sur les directions importantes, des points du terrain bien marqués et faciles à reconnaître, localités, ponts, carrefours, etc...

Toutes les mesures doivent être prises pour que les emplacements des différents éléments du réseau d'avant-postes soient exactement repérés, et que les liaisons soient bien assurées.

La réserve d'avant-postes et les grand'gardes se portent ensemble jusqu'au point où la réserve doit s'établir. De là, chaque grand'garde gagne son emplacement: un gradé de la réserve l'accompagne pour reconnaître cet emplacement et l'itinéraire qui y conduit.

L'installation des petits postes fournis par les grand' gardes s'opère d'après les mêmes principes.

Dès le point du jour les commandants des grand'gardes et de réserves d'avant-postes font une reconnaissance rapide du terrain et modifient en conséquence, s'il y a lieu, les positions prises de nuit.

TITRE V

Le combat

CHAPITRE Ier

Généralités sur le combat

Art. 96. Lorsque la division marche au combat, le commandant de la division reçoit de l'autorité supérieure des instructions qui lui fixent sa mission, la direction générale à suivre, les objectifs à atteindre, ou, s'il y a lieu, une zone d'action.

Le combat vise la destruction des forces ennemies. Il implique la coopération étroite et constante des différentes armes.

Seule, l'offensive parvient à briser la volonté de l'adversaire. Elle s'impose pour la majeure partie des forces.

La nécessité d'économiser des troupes en vue de donner plus de puissance aux attaques peut conduire à garder la défensive dans certaines zones. Mais, par elle-même, la défensive ne peut que contenir l'ennemi pendant un temps limité; elle ne procure jamais le succès.

Pour ne négliger aucune chance de succès, le chef doit faire participer toutes ses forces au combat en réduisant au minimum les détachements qu'il pourrait être obligé de faire.

Une fois entamé, le combat est poussé à fond; le succès dépend plus encore de la vigueur et de la ténacité dans l'exécution que de l'habileté dans les combinaisons. Toutes les unités s'emploient donc avec la plus extrême énergie. La tâche des exécutants consiste :

Dans l'offensive : attaquer droit devant eux sur l'objectif indiqué;

Dans la défensive : à arrêter l'ennemi en se sacrifiant au besoin jusqu'au dernier homme.

CHAPITRE II

Propriétés et rôle des différentes armes
dans le combat

INFANTERIE

Art. 97. L'infanterie est l'arme principale. Elle conquiert et conserve le terrain. Elle chasse définitivement l'ennemi de ses points d'appui.

Elle est seule apte à combattre en tous temps, de jour comme de nuit, et sur tous les terrains.

L'infanterie agit par le mouvement et par le feu.

Seul, le mouvement en avant, poussé jusqu'au corps à corps, est décisif et irrésistible, mais il faut généralement que le feu efficace, intense, lui ouvre la voie.

Sur un terrain très couvert, ou la nuit, le feu n'a qu'une efficacité minime, et le combat peut se réduire à une approche suivie de l'attaque immédiate à la baïonnette.

Partout ailleurs, la combinaison du mouvement et du feu est le mode d'action de l'infanterie. Le mouvement en avant se poursuit le plus longtemps possible. Le feu n'est ouvert qu'aux distances où il peut être efficace, et seulement lorsqu'il devient impossible à l'infanterie d'avancer sans tirer. La progression s'effectue par bonds rapides, appuyés par le tir de l'artillerie et par le feu des fractions voisines, jusqu'à ce qu'on soit assez rapproché de l'ennemi pour l'aborder d'un dernier bond à l'arme blanche.

La puissance de l'armement actuel rend impossible toute attaque en formation dense, effectuée, de jour, en terrain découvert. L'élan offensif ne peut être maintenu qu'à la condition d'employer des formations souples et aussi peu vulnérables que possible. L'infanterie combat donc en tirailleurs.

Les tirailleurs poursuivent le combat jusqu'à l'assaut. Ils ont besoin d'être constamment renforcés. Pour réaliser ce renforcement, le commandement doit disposer l'infanterie en profondeur, notamment sur les parties du front où il veut produire une action puissante et plus soutenue.

La tâche qui incombe à l'infanterie est particulièrement rude et laborieuse. Elle ne peut être remplie qu'au prix d'efforts prolongés et souvent renouvelés, d'une énorme dépense d'énergie physique et morale et de sacrifices sanglants.

La mission de l'infanterie, sur le champ de bataille, est donc glorieuse entre toutes.

ARTILLERIE

Art. 98. L'artillerie agit uniquement par son feu.

Même après avoir ouvert le feu, elle reste, dans une certaine mesure, disponible pour de nouvelles missions si elle est défilée aux vues de l'ennemi. Elle constitue ainsi entre les mains du commandement un moyen d'action puissant à l'aide duquel le chef peut faire sentir son intervention pendant tout le cours du combat.

Le feu de l'artillerie ne peut, à lui seul, chasser l'ennemi de ses positions. Il n'a qu'une efficacité minime contre un adversaire abrité. Pour amener cet adversaire à se découvrir, il faut l'attaquer avec de l'infanterie. L'artillerie appuie l'infanterie en détruisant tout ce qui empêche celle-ci de progresser. La coopération étroite, constante de l'infanterie et de l'artillerie s'impose donc au combat de la façon la plus absolue.

L'artillerie s'efforce d'obtenir des effets de destruction. Tout tir est justifié, si la dépense de munitions qu'il comporte correspond à l'importance que le commandement attache au résultat visé.

La tâche de l'artillerie sera considérablement facilitée si elle parvient à dominer les batteries adverses; mais la lutte d'artillerie ne doit avoir d'autre objet que de permettre à cette arme de disposer, par la suite, de plus de forces contre les objectifs d'attaque de l'infanterie. C'est au commandement de la division qu'il appartient de déterminer, d'après la situation aux différents moments du combat, les objectifs généraux que l'artillerie doit prendre sous son feu (voir art. 109), en vue de prêter à l'infanterie le concours le plus efficace.

Pendant l'attaque, l'artillerie couvre de projectiles les objectifs contre lesquels marche l'infanterie. Elle cherche à combiner autant que possible des feux de front et des feux d'écharpe, à la fois pour que le tir soit plus efficace, et pour qu'il puisse être continué jusqu'au dernier moment.

Si l'assaut réussit, des fractions d'artillerie couronnent au plus tôt les positions conquises, afin d'en affirmer la possession et d'entamer, sans retard, l'exploitation du succès. En cas d'échec, c'est sous la protection du feu de l'artillerie que l'infanterie se reforme pour reprendre l'attaque.

L'artillerie en mouvement est réduite à l'impuissance; même en position, elle a besoin d'être protégée.

CAVALERIE

Art. 99. La cavalerie est, par excellence, l'arme de la surprise; sa vitesse lui permet souvent d'intervenir inopinément et de produire ainsi les plus grands résultats.

Dans le combat, elle agit suivant les instructions que lui a données le commandement; elle cherche par tous les moyens à apporter un concours constant et efficace aux autres troupes, avec lesquelles elle a le devoir de rester en liaison.

Dans la zone d'action de l'unité à laquelle elle est affectée, la cavalerie renseigne le commandement, couvre le déploiement des autres armes et les protège contre les surprises de combat. Elle recherche constamment l'occasion d'intervenir utilement dans l'action, et coopère aux attaques de l'infanterie.

Elle exploite le succès par une poursuite à outrance; dans la retraite, elle se sacrifie, totalement, s'il le faut, pour donner aux autres troupes le temps de se retirer du combat.

L'attaque à cheval et à l'arme blanche qui, seule, donne des résultats rapides et décisifs, est le mode d'action principal de la cavalerie. Le combat à pied est employé lorsque la situation ou la nature du terrain empêche momentanément la cavalerie d'atteindre, par le combat à cheval, le but qui lui est assigné.

GÉNIE

Art. 100. Le génie a pour mission essentielle d'établir ou d'améliorer les communications.

Dans l'offensive, il accompagne les autres armes; il organise les points de passage qui leur sont nécessaires; il écarte ou détruit les obstacles qu'elles rencontrent.

Dans la défensive, il participe à l'organisation des points d'appui, dans les conditions fixées par le commandement. Il établit les communications nécessaires aux troupes de la défense, et crée des obstacles pour arrêter la marche de l'infanterie ennemie.

CHAPITRE III

L'offensive

CONSIDÉRATIONS GÉNÉRALES

Art. 101. Le commandant de la division cherche toujours à prendre contact et à conserver l'initiative de l'attaque.

Pour vaincre, il n'est pas nécessaire d'être partout et à tout instant supérieur à l'ennemi; il suffit d'être le plus fort au point et au moment voulus. Le combat offensif comporte donc, contre une partie déterminée du front adverse, une attaque à laquelle le commandant de la division affecte le plus de forces possible, et qui est, dans sa pensée, l'attaque principale.

Les autres attaques, destinées à préparer ou à faciliter l'attaque principale, en fixant l'ennemi et en attirant ses réserves, sont menées avec des moyens d'action moindres.

L'importance relative des différentes attaques ne doit jamais apparaître dans les ordres. Toute troupe doit aller au feu avec la conviction qu'elle contribuera plus que toutes les autres à la victoire. *Pour les exécutants, les attaques sont toujours poussées à fond, avec la résolution d'aborder l'ennemi à l'arme blanche.*

Avant d'attaquer, il importe de déterminer les objectifs d'attaque, afin de ne pas s'exposer au risque de frapper dans le vide.

A cet effet, il faudra le plus souvent obliger l'ennemi à démasquer ses forces, conquérir les points d'appui nécessaires au déploiement du gros, ou bien gagner du temps pour amener le gros de la division à pied-d'œuvre, en face des objectifs choisis.

Le combat débute donc, en général, par une série d'actions ayant pour objet de permettre au commandant de la division de prendre ses dispositions en toute liberté et en temps voulu.

Ces actions revêtent souvent la forme d'attaques plus ou moins étroitement localisées. Elles incombent à l'avant-garde, que l'artillerie appuie dès le début, et que les premiers éléments du gros renforcent s'il est nécessaire; l'ensemble de ces actions constitue *l'engagement.*

Dans certains cas, notamment si les renseignements recueillis permettent au commandant de la division d'arrêter *a priori* ses dispositions, la division s'avance en formation de rassemblement articulé; les éléments avancés du dispositif remplissent alors le rôle dévolu à l'avant-garde dans l'engagement.

Quand l'avant-garde est aux prises avec l'ennemi, le commandant de la division ne peut généralement refuser le combat avec le gros de ses forces qu'en sacrifiant l'avant-garde.

Pour le chef, la résolution de combattre doit donc être antérieure à l'engagement.

Dans l'offensive, une troupe est parfois arrêtée par des forces supérieures. Elle s'accroche alors au sol pour assurer la conservation du terrain déjà conquis; mais l'unique pensée de tous doit être de reprendre le mouvement en avant.

L'ENGAGEMENT

Art. 102. Dès que les éléments avancés signalent la présence de l'ennemi, le commandant de la division, qui marche avec l'avant-garde accompagné du commandant de l'artillerie divisionnaire, précise la mission de l'avant-garde en indiquant notamment les points d'appui du terrain dont il juge l'occupation nécessaire en vue de développement ultérieur du combat.

L'avant-garde occupe rapidement ces points, ou les

attaque, afin d'en déloger l'ennemi, si ce dernier les tient déjà.

Le combat s'établit ainsi avec l'ennemi sur les différents points qui constitueront le front de combat.

ENGAGEMENT DANS LE COMBAT DE RENCONTRE

Art. 103. L'engagement prend toute son ampleur dans le combat de rencontre, c'est-à-dire quand la division aborde, au cours d'une marche offensive, un ennemi qui s'avance lui-même offensivement.

Il est avantageux que le dispositif de combat soit formé avant que l'ennemi ait pris le sien.

La nécessité d'agir vite prime généralement toute autre considération; elle peut conduire le commandant de la division à arrêter sa décision, sans attendre d'être plus éclairé sur la situation.

L'avant-garde prend une offensive énergique afin de saisir les débouchés, les points importants du terrain et de gêner le déploiement ennemi. Elle court aux points d'appui qui lui sont assignés comme objectifs; au besoin, elle met toutes ses unités en ligne; elle s'accroche au terrain, quand elle est arrêtée par des forces supérieures.

L'engagement revêt souvent un caractère de violence qui peut nécessiter l'entrée en ligne rapide des éléments de tête du gros de la division.

ENGAGEMENT CONTRE UN ENNEMI EN POSITION

Ar. 104. Dans le combat contre un ennemi que l'on sait déjà posté, l'engagement vise à refouler les détachements avancés de l'adversaire en vue de déterminer son véritable front de défense.

Après avoir déblayé les premières résistances, l'avant-garde se trouvera souvent en présence de forces très supérieures établies sur un terrain qu'elles connaissent et qu'elles auront parfois organisé. L'avant-garde doit donc agir plus méthodiquement que dans le combat de rencontre, faire reconnaître plus minutieusement les objectifs et les cheminements d'approche, en vue de s'engager avec plus d'ensemble.

La prise de contact est rendue difficile par l'absence de fumée et les précautions adoptées par l'ennemi pour dissimuler ses troupes; les reconnaissances auxquelles il y a lieu de procéder à cet effet sont confiées à des officiers de toutes armes, munis d'excellentes jumelles.

ROLE DES ARMES DANS L'ENGAGEMENT

Art. 105. Quelle que soit la forme de l'engagement, l'infanterie y joue, comme dans tout le cours du combat, le rôle principal. Mais, à partir du moment où elle est au feu, une troupe d'infanterie cesse d'être disponible. Le commandement doit donc éviter de faire sur le gros de la division les prélèvements qui ne sont pas absolument indispensables pour appuyer l'action de l'avant-garde. Il faut, d'autre part, que les effectifs engagés soient suffisants pour conquérir et tenir le terrain nécessaire au déploiement du gros, en particulier les premières positions d'artillerie.

L'artillerie appuie l'infanterie de l'avant-garde dans la conquête ou la prise de possession du terrain. Il en résulte pour elle l'obligation d'entrer en action aussitôt que possible.

Dès que le combat est engagé, l'artillerie profite de toutes les occasions pour chercher à mettre les batteries adverses hors de combat ou tout au moins pour prendre sur elles, dès le début, un ascendant qui les place en état d'infériorité matérielle et morale pour le reste de l'action. L'artillerie de la division doit, par suite, être en mesure d'intervenir tout entière, sous la seule protection des troupes engagées.

Dans l'engagement, **l'artillerie est, en** principe, à disposition exclusive du commandant de la division; quand des batteries ont été rattachées à l'avant-garde pour la marche, elles n'en restent pas moins sous les ordres directs du commandant de l'artillerie de la division. C'est au commandant de la division qu'il appartient de déterminer l'appui que l'artillerie divisionnaire doit prêter à l'avant-garde, les missions qui lui incombent dans l'engagement et, dans leur ensemble, les positions qu'elle aura à occuper.

La cavalerie s'efforce de déterminer le contour de l'ennemi. Elle participe à tous les actes de l'engagement en étendant l'action de l'avant-garde et en couvrant les positions que l'artillerie pourrait éventuellement occuper; elle assure au besoin les liaisons avec les unités voisines.

DISPOSITIF DE COMBAT DE LA DIVISION

Art. 106. Le gros de la division se forme en rassemblement articulé au plus tard pendant l'engagement. Le dispositif est couvert par les troupes engagées.

Le gros de la division se déploie par unités accolées ou par unités successives.

Le dispositif par unités accolées évite le mélange des unités et assure mieux la continuité de l'action en profondeur.

La formation par unités successives se prête plus particulièrement à une manœuvre éventuelle au cours du combat. Elle est indiquée pour une unité d'aile ou une unité isolée. Son emploi est encore justifié lorsque, le front d'action étant restreint, il y a lieu de prévoir l'enlèvement de plusieurs lignes successives de points d'appui et, par suite, la nécessité de faire intervenir des troupes fraîches en vue de nouvelles attaques.

Le front de combat dépend, avant tout, de la mission assignée à la division; il dépend aussi du terrain. Même dans les zones du champ de bataille où la densité des forces est la plus grande, le front doit toujours rester suffisant pour permettre à la division de développer tous ses moyens d'action.

Pour une division de composition normale, opérant sur un terrain favorable à l'action combinée des troupes de toutes armes, ce front ne doit pas, dans l'offensive, dépasser 4 kilomètres. Au-dessus de cette limite, la direction d'ensemble du combat devient difficile, les attaques insuffisamment alimentées manquent de vigueur, et la division risque d'être vite réduite à l'impuissance.

LES ATTAQUES DU GROS

Art. 107. Les renseignements fournis par l'engagement sont souvent insuffisants ou incomplets. A vouloir trop les préciser, le commandant de la division s'exposerait à perdre le bénéfice de l'initiative des attaques : il doit, par conséquent, prendre sa décision et lancer les attaques dès que le gros de ses forces est en situation d'agir.

Le commandant de la division ne poursuit qu'un but à la fois. Il l'indique clairement, afin que tous les efforts concourent à faire réussir l'attaque principale.

Lorsque la situation s'est suffisamment précisée au cours de l'engagement, l'attaque principale et les attaques secondaires sont lancées simultanément.

Dans le cas contraire, le commandant de la division peut faire procéder aux attaques secondaires qu'il juge nécessaires et conserve à sa disposition, jusqu'au moment voulu, les forces qu'il destine à l'attaque principale.

Les objectifs d'attaque sont déterminés d'après la mission, la situation qui résulte de l'engagement et les facilités que présente le terrain pour l'emploi combiné des différentes armes. Ces objectifs sont parfois différents de ceux qui sont visés dans l'engagement, mais les attaques du gros peuvent aussi constituer le développement normal de l'engagement, en lui donnant plus d'ampleur et de puissance.

Toutes les attaques sont exécutées d'après les mêmes principes; l'attaque principale ne se différencie que par son développement plus considérable et les conséquences qu'on en attend au point de vue de l'issue du combat.

Le commandant de la division détermine l'importance relative des attaques en faisant varier la densité des forces et plus particulièrement celle de l'infanterie qu'il y emploie. Il concentre la plus grande partie de ses moyens dans la zone de l'attaque principale et y disposé les troupes, de manière à agir avec le maximum de puissance, à assurer la continuité de l'effort et l'exploitation immédiate du succès.

EXÉCUTION DE L'ATTAQUE

Art. 108. *Approche.* — L'attaque est précédée d'une approche dont l'objet est d'amener les unités chargées de cette attaque aussi près que possible de leurs objectifs et de les disposer face à ces objectifs.

Sous le feu, une troupe d'infanterie ne peut se déployer que droit devant elle; la direction n'est plus susceptible d'être modifiée. La nécessité s'impose, par conséquent, de placer l'infanterie face à ses objectifs avant l'attaque. Les troupes chargées d'exécuter une attaque enveloppante doivent prendre en temps utile le champ nécessaire pour n'avoir plus qu'à se déployer droit devant elles.

L'approche s'effectue par des cheminements judicieusement choisis et reconnus avec soin. Les directions sont repérées. On profite de toutes les occasions pour reprendre en main les unités et rétablir les liens tactiques.

L'artillerie se tient en mesure d'intervenir pour appuyer l'infanterie dès que celle-ci entame son approche.

La ligne de tirailleurs doit être constituée au moment où l'approche va faire place à l'attaque proprement dite.

PROGRESSION DE L'ATTAQUE

Art. 109. L'attaque exige la continuité dans l'effort et une extrême énergie. Chacun ne doit avoir qu'une seule pensée : aller de l'avant, quand même, droit sur l'objectif indiqué, pour joindre l'ennemi au plus tôt.

Toute attaque implique la coopération étroite de l'infanterie et de l'artillerie. Le commandant de la division assure la liaison entre ces deux armes par les missions qu'il leur assigne.

L'artillerie aide de tous ses moyens la progression de l'infanterie. Suivant les instructions du commandement, elle tire contre les points d'appui attaqués par son infanterie ou contre les troupes dont l'action arrête ou gêne cette infanterie. Elle détruit, en temps voulu, les obstacles matériels que l'infanterie peut rencontrer.

L'infanterie gagne, sans tirer, le plus de terrain possible; elle n'ouvre le feu que quand elle y est contrainte pour continuer à avancer. A ce moment, la chaîne de tirailleurs doit être assez dense pour donner au feu le maximum de puissance. Chacune des fractions qui la constituent se porte en avant, par bonds rapides et aussi longs que possible; pour gagner du terrain, chaque fraction profite de tous les moments ou le tir de l'infanterie ennemie est rendu moins efficace par le feu des fractions voisines, ou par celui de l'artillerie amie.

La chaîne de tirailleurs est renforcée à mesure que des vides s'y produisent. L'arrivée d'éléments frais rend à la ligne de feux toute sa puissance, redouble l'énergie morale et facilite ainsi la reprise du mouvement en avant.

Les renforts se rapprochent progressivement de la chaîne en utilisant les couverts et en prenant des formations peu vulnérables. En terrain découvert, ils se portent en avant par bonds comme la chaîne, en ne s'arrêtant que pour reprendre haleine.

A mesure que l'attaque progresse, le commandant de la division rapproche les troupes encore disponibles afin d'être à même d'exploiter immédiatement le succès. Une partie de l'artillerie est désignée pour se porter au plus tôt sur la position conquise.

ASSAUT

Art. 110. La progression de l'attaque n'a qu'un but : amener la chaîne à distance d'assaut. C'est avec la baïonnette que l'infanterie brise la dernière résistance de l'ennemi. L'assaut, c'est-à-dire l'abordage à l'arme blanche, peut seul dénouer la crise.

Pendant la période qui précède l'assaut, le commandant de la division fait sentir son action surtout par l'intervention de l'artillerie. En redoublant l'intensité de son feu et en battant coûte que coûte les objectifs d'attaque, l'artillerie facilite à l'infanterie l'exécution des derniers bonds qui l'amèneront sur la position adverse; elle donne confiance aux tirailleurs qui se sentent appuyés et détermine ainsi l'assaut général.

Souvent aussi, le signal de l'assaut partira de certaines fractions de la chaîne vigoureusement commandées qui, au cours de l'attaque, trouvent l'occasion de se jeter sur la position ennemie. Leur mouvement doit entraîner celui des fractions voisines et peut aussi déterminer l'assaut.

Pendant l'assaut, l'artillerie bat, par des tirs en profondeur, l'intérieur de la position attaquée, de manière à empêcher l'entrée en ligne des réserves ennemies.

Dès qu'un point d'appui est enlevé, les unités encore disponibles appuyées par les batteries qui viennent couronner la position, se lancent contre les points d'où l'ennemi tenterait des retours offensifs, ou sur lesquels ils résisterait encore, ou bien elles appuient les attaques voisines en prenant en flanc les objectifs de ces attaques. Elles commencent ainsi l'exploitation du succès.

En cas d'échec, toutes les énergies s'unissent pour rétablir le combat. Les tirailleurs s'accrochent au terrain, l'organisent rapidement en attendant l'arrivée des renforts ou la progression des unités voisines. Ils cherchent ainsi à contenir l'ennemi et à reprendre l'offensive aussitôt que possible.

La cavalerie protège l'attaque contre les surprises de combat, notamment sur les flancs, en fouillant par des patrouilles tout le terrain environnant. Elle accompagne l'attaque, charge les contre-attaques et saisit toutes les occasions de surprendre l'adversaire. Sur les ailes, elle participe à l'assaut en prenant l'ennemi à revers. Dès l'occupation de la position, elle se jette sur l'ennemi pour exploiter et compléter le succès.

CONTINUATION DE L'OFFENSIVE

Art. 111. Le succès d'une première attaque ne suffit pas toujours pour entraîner la retraite définitive de l'adversaire. Souvent, on trouvera l'ennemi installé en arrière sur une nouvelle position et, pour l'en déloger, il sera nécessaire de poursuivre l'attaque.

L'infanterie qui vient d'enlever un point d'appui sérieusement défendu a besoin, après l'effort qu'elle a fourni, de reprendre haleine et de reconstituer les unités que le combat aura plus ou moins mélangées. Le plus souvent, l'offensive ne peut donc être poursuivie avec vigueur et sans répit qu'au moyen d'éléments n'ayant pas encore combattu.

Ces troupes fraîches, amenées en temps voulu, dépassent la position conquise. Elles prennent à leur compte les nouvelles attaques prescrites par le commandant de la division et les mènent comme il a été dit plus haut.

Les unités d'infanterie qui ont enlevé la première position appuient ces attaques par leurs feux. Elles organisent le terrain conquis, s'y reconstituent et se ravitaillent en munitions ou bien suivent en seconde ligne derrière la nouvelle attaque; elles conforment alors leurs mouvements à la marche de cette attaque et la renforcent s'il y a lieu.

CHAPITRE IV

La Défensive. — Défense d'un front.

CONSIDÉRATIONS GÉNÉRALES

Art. 112. L'objet de la défensive est de contenir, sur un front déterminé, un ennemi supérieur avec des effectifs restreints en vue de consacrer plus de forces à l'offensive voulue et préparée ailleurs.

Lorsque, dans l'ensemble d'une action offensive, le commandement supérieur assigne un rôle défensif à une division, il fait état de toute la capacité de résistance de cette division, pour fixer le front qu'il lui donne à défendre.

Ainsi placée sur la défensive par ordre du commandement, la division doit tenir jusqu'au bout, fût-ce au prix d'un sacrifice complet. Elle se gardera donc de passer à des attaques intempestives ou injustifiées, qui risqueraient de diminuer sa capacité de résistance et l'exposeraient même à un échec dont les conséquences pourraient être graves. Les cas où elle devra prendre l'offensive sont visés à l'article 115.

Le commandant de la division fait organiser le front à tenir de façon à réduire au minimum le nombre d'hommes nécessaire pour l'occuper; cette organisation doit être établie d'après un plan d'ensemble et poussée aussi loin que le permettent le temps et les moyens dont on dispose. Elle comporte la création de centres de résistance (1), à chacun desquels est affectée une garnison d'infanterie, et le choix de positions d'artillerie. Celles-ci doivent permettre de flanquer les centres de résistance, de battre les intervalles qui les séparent, leurs abords jusqu'à la lisière du dernier couvert utilisable par l'assaillant, ainsi que les emplacements possibles de l'artillerie adverse.

Les troupes disponibles sont maintenues en arrière des centres de résistance.

Dans certains cas, notamment lorsqu'une division opère isolément, le commandant de la division peut être amené à assigner à une partie de ses troupes, par exemple à un régiment, une mission défensive.

Les principes exposés ci-après s'appliquent alors à cette fraction de la division.

PRÉPARATION DE LA DÉFENSIVE

Art. 113. Le plus souvent, la ligne générale constituée par les centres de résistance est déterminée d'après la carte.

Les détails de l'organisation défensive sont arrêtés d'après des reconnaissances portant non seulement sur le terrain même que doit occuper la division, mais aussi sur ses abords, sur les cheminements que l'ennemi peut utiliser pour ses approches, sur les obstacles de nature à gêner sa marche, et sur les positions possibles pour son artillerie.

Les travaux auxquels donne lieu la mise en état de défense d'un point d'appui sont effectués, en principe, par la troupe d'infanterie qui doit occuper ce point d'appui. Le commandant de la division peut lui adjoindre des détachements du génie pour cette organisation.

Les points d'appui sont choisis de façon à se

____

(1) Un centre de résistance peut comprendre un point d'appui important, ou plusieurs points d'appui rapprochés.

flanquer réciproquement et à échapper, autant que possible, aux vues lointaines de l'artillerie adverse. Il suffit que le champ de tir situé en avant soit de 800 à 1.000 mètres, distance qui correspond à la portée vraiment efficace du fusil. Si le champ de tir est plus restreint, on multiplie les obstacles, les défenses accessoires et les flanquements. Les distances sont repérées, le champ de tir est dégagé. On installe des projecteurs pour la nuit.

Les flancs non couverts par les unités voisines sont appuyés à des obstacles infranchissables ou, à défaut, protégés par des échelons débordants.

Dans la défensive, les avant-lignes, les positions avancées sont, en principe, à éviter. Elles conduisent à la dissémination des forces et à des échecs partiels de nature à affaiblir le moral des troupes maintenues sur la ligne de résistance.

Le front à défendre est le plus souvent couvert par des éléments de surveillance chargés simplement de prévenir de l'approche de l'ennemi. Ces éléments se replient, le moment venu, par les ailes et les intervalles de la ligne de résistance en évitant de se laisser accrocher.

Si l'incertitude sur les projets de l'ennemi le rend nécessaire, des détachements de sûreté de toutes armes peuvent être poussés en avant du front. Leur rôle est de renseigner le commandement sur les directions de marche de l'adversaire et éventuellement de retarder ce dernier. Ces détachements opèrent alors dans les conditions indiquées au titre VII.

DÉFENSE DES POINTS D'APPUI

Art. 114. Lorsque l'attaque se dessine, les fractions d'infanterie chargées de défendre les points d'appui occupent les emplacements préparés, et engagent l'action.

Le feu est ouvert aussitôt qu'il peut être efficace. Il doit être, dès le début, assez violent pour obliger l'ennemi à s'arrêter ou, tout au moins, à ne progresser que très lentement.

Dans certains cas, l'artillerie intervient utilement en ralentissant la marche des colonnes ennemies par des tirs à grande distance. Elle évite de se laisser absorber par la lutte contre l'artillerie adverse. Elle doit, avant tout, se réserver la possibilité de tirer sur l'infanterie assaillante, lorsque celle-ci lui offrira des objectifs vulnérables. Au besoin, des batteries ou des fractions de batteries sont dissimulées jusqu'au dernier moment pour surprendre les colonnes d'assaut par des feux de flanc.

Des contre-attaques peuvent être exécutées par les troupes disponibles, qui saisissent une occasion favorable, par exemple un temps d'arrêt dans l'attaque ou le moment de l'assaut.

Dans le cas où l'ennemi se serait emparé d'un point d'appui, la garnison qui en a été délogée a le devoir de chercher par des retours offensifs à reprendre le terrain perdu et à en chasser l'adversaire; elle est, au besoin, appuyée par les troupes disponibles qui se trouvent à proximité.

Les contre-attaques et les retours offensifs doivent être organisés par le commandement en vue d'assurer, à l'infanterie qui les exécute, l'appui efficace des autres armes.

PASSAGE A L'OFFENSIVE

Art. 115. — Il peut se faire que, contrairement aux prévisions du commandement supérieur, une division placée sur la défensive ne soit pas attaquée ou soit attaquée par des forces manifestement inférieures. Le commandement de la division doit alors passer à l'offensive, si les instructions qu'il a reçues ne le lui interdisent pas formellement.

De même, le commandant d'une division placée sur la défensive a le devoir de passer à l'attaque quand une occasion se présente d'infliger un échec sérieux à l'ennemi, en profitant d'une faute commise par ce dernier.

Dans l'un et l'autre cas, le commandant de la division prend ses dispositions pour faire agir ses forces sur un front plus restreint que celui qu'elles occupaient dans la défensive. Il indique, d'une façon très précise, les objectifs et les points à atteindre; il passe immédiatement à l'attaque.

CHAPITRE V

Poursuite

Art. 116. L'assaut, la conquête du terrain ne suffisent pas pour décider de la victoire. Seule, une poursuite acharnée, entamée dès que l'adversaire commence à plier, achève l'ennemi en brisant ses dernières résistances, et en le mettant hors d'état d'affronter à nouveau la lutte.

Cette poursuite, menée avec des troupes qui, souvent, ont déjà dû fournir des efforts considérables au cours du combat, exige de la part du commandement et des exécutants une indomptable énergie et une endurance extrême.

Pendant que les fractions les plus éprouvées sont désignées pour assurer l'occupation du terrain conquis, tout le reste de la division se lance sur les traces de l'ennemi.

Le souci de conserver les liens tactiques devient une considération secondaire. Il n'y a pas lieu non plus de tenir compte des hommes qui resteraient en arrière. L'essentiel est de ne laisser à l'ennemi ni le temps ni le moyen de se ressaisir, et le succès autorise toutes les audaces.

La poursuite est menée sur un large front pour chercher à déborder l'adversaire et pour atteindre ses lignes de retraite.

Quand l'infanterie est à bout de souffle, il appartient à la cavalerie, aux cyclistes et à l'artillerie de continuer la poursuite, en la poussant jusqu'à l'extrême limite des forces des hommes et des chevaux.

CHAPITRE VI

Retraite

Art. 117. De jour, la retraite sous le feu constitue toujours une opération difficile, en raison des pertes qu'elle entraîne et de la désorganisation qui en résulte.

Lorsque l'ennemi s'est rendu maître du terrain défendu par la division et que tous les efforts tentés pour l'en chasser ont échoué, il faut néanmoins, coûte que coûte, l'arrêter jusqu'à la tombée de la nuit.

Les troupes qui se trouvent au contact de l'adversaire s'efforcent de se maintenir en s'accrochant au sol et en organisant des abris sommaires à l'aide de leurs outils portatifs.

Le commandant de la division prépare les dispositions pour la retraite. Sur la direction générale indiquée par le commandement supérieur, il choisit, pour rallier sa division, une zone de terrain présentant de solides points d'appui ou couverte par des obstacles naturels, coupures, bois, etc..., et suffisamment éloignée pour que le contact avec l'ennemi soit rompu. Il établit sur une position intermédiaire un repli au moyen des premières unités reconstituées, qu'il renforce par de l'artillerie et de la cavalerie.

La division se dérobe à la faveur de la nuit et gagne la zone de ralliement indiquée. Elle prend ensuite un dispositif de marche lui permettant de s'écouler rapidement.

La troupe de repli doit tenir, jusqu'à destruction complète s'il le faut, pour assurer l'écoulement de la division. Dans les circonstances favorables, elle peut employer des procédés offensifs. Elle se retire quand le gros de la division est à l'abri des atteintes de l'ennemi.

CHAPITRE VII

Particularités relatives au combat
en certains terrains

Art. 118. Le terrain coupé ou couvert permet de dérober les approches à l'action lointaine de l'artillerie adverse et aux vues de l'adversaire; il facilite la manœuvre et les surprises.

Mais, quand les accidents du sol ont un caractère très accusé, la direction d'ensemble du combat est difficile à réaliser pour le commandement. Le combat peut même prendre la forme d'actions plus ou moins séparées et distinctes.

Il est alors nécessaire que le commandant de la division répartisse ses forces *a priori*, tout en conservant des troupes à sa disposition pour exploiter les succès partiels ou parer à l'imprévu.

Dans bien des cas, l'artillerie ne peut, faute de vues suffisamment étendues, appuyer de loin la progression de son infanterie; le terrain ne permet pas non plus toujours de la maintenir sous un commandement unique. On est parfois amené à la répartir entre les différentes attaques. Le commandant d'une attaque dispose alors complètement des fractions d'artillerie affectées à cette attaque.

En terrain accidenté, il est essentiel de déterminer avec le plus grand soin les directions, d'assurer les liaisons et de préparer à l'avance le débouché, au delà des différents couverts, des unités en formation de combat.

En particulier sous bois, le maintien de l'ordre et le respect des liens tactiques sont de la plus haute importance.

CHAPITRE VIII

Particularités relatives au combat de nuit (1)

Art. 119. Une fois engagé, le combat est poursuivi, sans arrêt, jusqu'à ce que la décision soit obtenue. Si cette décision n'intervient pas avant la chute du jour, elle est recherchée au moyen d'opérations de nuit. Le combat de nuit prolonge ainsi le combat entamé de jour.

Les actions de nuit peuvent également viser à surprendre un ennemi qui se garde mal ou qui est en état d'infériorité morale, à refouler des avants-postes, à enlever les points d'appui nécessaires pour les opérations ultérieures.

Le chef qui prescrit une attaque de nuit en détermine le moment d'après la situation, l'état de sa troupe et le but ultérieur qu'il se propose.

Parfois, il aura intérêt à faire attaquer un point d'appui dès les premières heures de la nuit, pour ne pas laisser à l'ennemi le temps de se mettre en état de dé-

____

(1) Certaines indications relatives au combat de nuit trouvent leur application dans le combat sous bois.

Le combat par temps de brouillard présente es plus grandes analogies avec le combat de nuit ; mais il faut toujours tenir compte de l'éventualité où le brouillard viendrait à se dissiper brusquement.

fense. Mais l'exploitation immédiate du succès est alors difficile, et une action de ce genre ne peut avoir qu'un objet limité, consistant généralement à s'emparer d'un point du terrain et à en assurer la conservation.

Dans d'autres cas, mieux vaut attaquer un peu avant le point du jour pour être en mesure d'exploiter immédiatement le succès. L'attaque de nuit constitue alors le prélude d'une action qui prendra son plein développement aux premières heures du jour.

Une attaque de nuit est d'autant plus délicate à conduire et à exécuter que l'effectif de la troupe d'attaque est plus fort. Dans l'obscurité, le nombre perd d'ailleurs de son importance; la valeur morale des troupes supplée à leur infériorité numérique et permet d'obtenir des résultats importants avec de faibles moyens. Il y a, par suite, intérêt à limiter l'effectif des troupes employées à une opération de nuit.

D'autre part, cet effectif doit être proportionné au front à attaquer; si ce front est large, la mise en œuvre de forces importantes, telles qu'une brigade ou une division, peut devenir nécessaire. Une action d'ensemble étant difficile à réaliser la nuit, il convient alors d'organiser des attaques distinctes, visant chacune l'enlèvement d'un objectif bien déterminé et conservant une indépendance relative. La simultanéité des différentes attaques s'obtient par la détermination de l'heure du départ de chacune d'elles.

En pleine nuit, l'infanterie est seule à combattre. Les troupes d'attaque agissent droit devant elles, à la baïonnette. Les unités sont maintenues groupées dans la main de leurs chefs, en formation profonde et échelonnée.

Si l'opération est effectuée vers la fin de la nuit, le dispositif d'attaque est plus ouvert. Un premier échelon, constitué uniquement en infanterie, est chargé d'enlever les objectifs d'attaque avant que le jour soit levé. En arrière, des unités d'infanterie provisoirement réservées, l'artillerie, la cavalerie, se rapprochent à la faveur de l'obscurité et se tiennent prêtes à entrer en action dès la pointe du jour pour compléter et exploiter les résultats de l'attaque de nuit.

Le succès d'une attaque de nuit dépend, en grande partie, de la façon dont elle est préparée. La préparation doit, avant tout chercher à garantir le secret de l'attaque et n'exiger que des mouvements préliminaires très simples.

Les directions d'attaque sont fixées, autant que possible, d'après des repères naturels visibles sur le terrain.

Il est indispensable de reconnaître préalablement le terrain. Cette reconnaissance est, autant que possible, prolongée jusqu'à la nuit tombée, de manière que le terrain ait été vu sous les aspects différents qu'il présente à la lumière du jour et pendant la nuit.

Toutes les mesures sont prises en vue d'assurer l'ordre et d'éviter les causes d'erreurs ou de confusion. On choisit des signaux simples, des moyens de reconnaissances faciles a distinguer. Les montres sont réglées.

La conduite à tenir après la réussite de l'attaque, les points de ralliement en cas d'échec sont indiqués d'une façon précise.

Dans toute attaque de nuit, on recherche la surprise.

L'approche des troupes chargées de l'opération est dissimulée; les dispositions pour l'attaque sont prises à l'abri de toute intervention de l'ennemi.

Au signal ou à l'heure fixés, les troupes d'attaque se portent en avant baïonnette au canon, dans le plus grand silence, précédées de quelques patrouilles; les distances et les intervalles entre les unités sont réduits. Si l'ennemi fait usage de projecteurs, on se couche dès que le faisceau lumineux se rapproche et la marche est reprise quand ce faisceau est éloigné. On évite tout bruit d'armes et de matériel; les chevaux sont laissés en arrière.

A proximité de l'ennemi, on précipite la marche, sans tirer, pour se jeter sur lui à l'arme blanche. Chaque unité pousse droit devant elle jusqu'à ce qu'elle ait enlevé son objectif.

La position conquise est organisée rapidement et occupée de manière à arrêter tout retour offensif. Des postes sont poussés en avant, des embuscades établies sur les directions par lesquelles l'ennemi peut se présenter.

Les différentes attaques se relient entre elles par des patrouilles.

CHAPITRE IX

Action du commandement

Art. 120. Les dispositions à prendre par le commandant de la division en vue du combat varient suivant la mission assignée, la situation de la division, celle de l'ennemi, le moral des troupes, etc...

Une fois sa résolution prise, le commandant de la division met toute son énergie à en poursuivre l'exécution. Il évite de revenir sur un ordre donné au cours du combat.

Ses décisions doivent pouvoir être transmises rapidement et sûrement. Il est indispensable non seulement que son état-major soit rompu à sa manière de voir et de faire, mais encore qu'il y ait, en ce qui concerne le combat, unité de doctrine entre lui et ses troupes, comme entre les différentes armes. Les efforts des troupes seront d'autant plus concordants, plus énergiques, que la volonté du chef et le but qu'il veut atteindre seront mieux connus de tous.

Dès le début, le commandant de la division dirige le combat.

Il fixe les conditions générales de l'engagement par un ordre dans lequel il fait connaître les points du terrain que l'avant-garde doit conquérir ou dont elle doit assurer la possession, le rôle de l'artillerie de la division dans l'engagement, la zone où cette artillerie doit s'établir, la mission de la cavalerie et du génie, les points sur lesquels le gros de la division doit se diriger ou éventuellement se rassembler, l'emplacement de son poste de commandement.

Au cours de l'engagement, le commandant de la division donne, s'il y a lieu, les ordres nécessaires pour le renforcement de l'avant-garde par des unités prélevées sur le gros de la division.

Il règle et coordonne les attaques du gros. Son ordre d'attaque fixe la mission de la division, le but qu'il se propose, les attaques à exécuter, la direction générale, la zone d'action et les objectifs successifs de chacune d'elles; la répartition de l'infanterie entre les attaques; la mission de l'artillerie, éventuellement ses positions et sa répartition en vue de l'appui qu'elle doit prêter à l'infanterie; la mission de la cavalerie et du génie; le moment du commencement des attaques.

Les ordres concernant l'engagement et les attaques doivent être donnés par écrit.

Pendant le combat, le commandant de la division fait sentir son action directrice par l'emploi de l'artillerie et des troupes encore disponibles; il évite, en principe, de renforcer les attaques secondaires afin de consacrer le plus de forces possible à l'attaque principale.

Une fois ses ordres donnés, il laisse aux responsables le choix des moyens d'exécution; c'est un devoir pour lui de ne pas mettre d'entraves à l'initiative de ses subordonnés.

Pour arracher la victoire, il n'hésite pas à jeter toutes ses forces dans la lutte.

En cas de revers, il doit espérer et lutter jusqu'au bout; il s'efforce, par tous les moyens, de relever le moral de ses subordonnés et de rétablir la confiance.

Un chef qui capitule en rase campagne est déshonoré.

Les commandants des brigades, de l'artillerie, de la cavalerie et du génie de la division ont le devoir de renseigner sans cesse le commandant de la division sur la marche du combat et la situation des troupes sous leurs ordres.

Le commandant de l'artillerie, constamment orienté sur les intentions du commandant de la division, donne les ordres d'exécution à toute l'artillerie dont dispose le

commandant de la division (1); il fixe sur le terrain la
répartition, les emplacements des groupes d'artillerie et
leur assigne leur mission. Il se tient au courant du développement du combat et propose, en temps utile, au
commandant de la division, les mesures ayant pour objet de coordonner l'action de l'artillerie. Il modifie, s'il
y a lieu, la répartition initiale des batteries; il étudie à
l'avance les changements de position et les prescrit de
sa propre initiative en cas d'urgence, quand il s'agit
d'un déplacement en avant.

CHAPITRE X

Devoirs des chefs et des troupes

Art. 121. La liaison la plus étroite entre les différents
organes du commandement au combat est une garantie
essentielle du succès et une nécessité de premier ordre.

Les chefs des unités importantes, comme des plus petites fractions, doivent se tenir au courant de ce qui se
passe autour d'eux, provoquer des ordres s'ils n'en reçoivent pas et agir à tout instant, non seulement en
vue de leur mission spéciale, mais au mieux de l'intérêt général.

Le chef de toute troupe en position d'attente a l'obligation d'envisager à l'avance les diverses missions qui
peuvent éventuellement lui incomber, de se renseigner
sur la situation et de reconnaître ou faire reconnaître le
terrain en conséquence. De la sorte, il sera en mesure,
le moment venu, de faire entrer en action, sans aucune perte de temps et dans les meilleures conditions,
la troupe qu'il commande.

En outre, le chef de toute troupe qui marche au combat a le devoir de la devancer, autant que le permettent
les circonstances et la proximité de l'ennemi, pour apprécier personnellement la situation et prendre ses
dispositions en connaissance de cause.

Dans cet ordre d'idées, les reconnaissances de l'artillerie seront, dans les colonnes en marche, poussées en
avant sous la protection des éléments les plus avancés,
de manière à prévoir constamment et à préparer l'entrée en action éventuelle des batteries.

En cas de rencontre imprévue de l'ennemi, tout commandant de troupe doit s'efforcer d'atteindre, quand
même, le but qui lui est assigné ; en général, il devra
attaquer pour pouvoir continuer le plus tôt possible

---

(1) Aussi bien à l'artillerie divisionnaire qu'aux fractions d'artillerie de
corps ou d'artillerie lourde que le commandant du corps d'armée a pu
placer momentanément sous les ordres du commandant de la division
en vue de donner plus de puissance à l'attaque qui est confiée à cette
division.

l'opération prescrite, ou tout au moins pour chercher à voir clair dans la situation, pour faire des prisonniers et pour être à même de donner d'utiles renseignements.

L'union la plus parfaite et un dévouement à toute épreuve doivent caractériser les rapports des différents chefs entre eux. Il faut toujours marcher au canon ou à la fusillade lorsque la mission le permet. Une solidarité complète doit exister entre les diverses armes.

Les chefs des unités d'infanterie et de cavalerie ont l'obligation d'assurer la protection de toute artillerie qui se trouve à proximité. Quand cette protection n'est pas réalisée par le dispositif général des troupes, l'artillerie reçoit un soutien spécial (1).

Quels que soient les effectifs engagés, quelle que soit l'habileté des combinaisons du chef, il faut toujours marcher coûte que coûte à l'ennemi et le chasser de sa position, ou, sur certains points, résister jusqu'au bout et se faire tuer sur place.

C'est la valeur des troupes qui, en dernier ressort, décide de la victoire.

Toutes leurs qualités, discipline, instruction, habileté au tir, entraînement à la marche, aptitude manœuvrière et, par-dessus tout, qualités morales, sont des éléments indispensables pour assurer le succès.

Le moral d'une troupe non aguerrie peut être ébranlé dans les premiers combats. Il importe donc, pendant la paix, d'élever bien haut l'esprit et le cœur du soldat et de le convaincre que le salut de la patrie dépendra de son aptitude à supporter virilement les fatigues et les privations de la guerre, comme de sa ténacité, de sa bravoure et de son entrain au feu.

Avant le combat, il faudra lui rappeler tout ce qui peut faire espérer la victoire; pendant la lutte, on ne craindra pas de lui signaler à l'avance les périls à courir, car un danger prévu impressionne moins que la surprise; on lui montrera aussi qu'une fois en marche pour l'assaut, la meilleure manière de diminuer le danger consiste à aborder l'ennemi le plus tôt possible.

Les officiers et les sous-officiers ont le devoir de s'employer avec énergie au maintien de la discipline et de retenir à leur place (2), par tous les moyens, les mili-

---

(1) Le commandant d'un soutien d'artillerie n'est pas sous les ordres du commandant de cette artillerie. Ce dernier donne au commandant du soutien toutes les indications utiles pour l'accomplissement de sa mission; mais il n'intervient en rien dans le choix des moyens d'exécution.

La mission d'une fraction d'infanterie placée en soutien d'artillerie cesse sur l'ordre de l'autorité qui a constitué ce soutien ou lorsque l'artillerie change de position.

(2) En particulier, les soldats ne doivent jamais quitter leur place au combat pour porter secours à des camarades blessés, le relèvement des blessés incombe exclusivement aux brancardiers et au personnel du service de santé.

taires sous leurs ordres; au besoin, ils forcent leur
obéissance.

Enfin, ils doivent être bien pénétrés de l'idée que leur
première et leur plus belle mission consiste à donner
l'exemple à leurs troupes. Nulle part, le soldat n'est plus
obéissant et plus dévoué qu'au combat. Il a les yeux
fixés sur ses chefs. Leur bravoure et leur sang-froid pas-
seront dans son âme et le rendront capable de toutes
les énergies et de tous les sacrifices.

RAPPORTS. — MENTION A L'ORDRE ET AU BULLETIN

Art. 122. Les commandants de compagnie, d'escadron
et de batterie et tous les officiers supérieurs et généraux,
jusqu'au commandant en chef concourent, chacun en ce
qui le concerne, au rapport écrit de la journée. Les officiers signalent les hommes qui se sont distingués; par
contre, les soldats qui auraient manqué à leur devoir
sont toujours l'objet de rapports spéciaux.

Lorsqu'un militaire paraît avoir mérité une mention
particulière pour sa belle conduite, pour avoir pris un
drapeau, un canon, sauvé son général ou son chef, ou
pour tout autre acte de bravoure et de dévouement, il
fait l'objet d'un rapport qui est transmis au commandant en chef. Ce dernier décide s'il doit être cité à l'ordre de l'armée, et, de plus, dans le bulletin des opérations ; cette dernière mention ne peut être obtenue sans
que la première ait eu lieu.

Le rapport est rédigé et signé par l'officier supérieur ou
autre, sous les yeux duquel le fait s'est passé, même
quand il s'agit d'un officier sans troupe; il est vérifié
avec soin par le général de brigade et par le général de
division; ces officiers généraux y consignent leur avis
motivé, de manière qu'il soit bien constaté que la mise
à l'ordre de l'armée et la mention au bulletin, ainsi que
les récompenses qui doivent résulter, ont été réellement
méritées.

Les bulletins ne contiennent d'éloges individuels que
si toutes ces formalités ont été exactement remplies; le
rapport de la journée, qui souvent doit être rédigé et
envoyé sur-le-champ, ne renferme que des éloges généraux et le récit des opérations.

TITRE VI

Cavalerie

CHAPITRE Ier

Rôle général de la cavalerie

Art. 123. En dehors de son rôle tactique dans la bataille, la cavalerie a le devoir constant de renseigner le commandement.

Qu'elle soit cavalerie d'armée chargée de l'exploration, ou cavalerie de corps d'armée chargée de concourir à la sûreté et à la protection des troupes contre les surprises, sa mission se résume le plus souvent à fournir en temps utile au commandement dont elle relève les renseignements qu'il lui demande.

Dans la bataille, la cavalerie combat en combinaison avec les autres armes. Elle les aide et complète leur action en mettant à leur service la vitesse, la mobilité et la rapidité d'attaque qui lui sont propres.

Elle est avant tout, et par excellence, l'arme de la surprise : et c'est là sa force principale. Par la surprise, par la violence instantanée de ses attaques, elle peut obtenir dans la bataille des résultats considérables et parfois décisifs.

L'accroissement de la puissance du feu donne à une cavalerie audacieuse des occasions d'intervenir plus favorables et plus fréquentes qu'autrefois; mais il faut que la cavalerie désire ces occasions et qu'elle les recherche.

CHAPITRE II

Cavalerie d'armée

CAVALERIE EN EXPLORATION

Art. 124. La cavalerie d'armée est généralement formée en divisions.

Pendant les périodes de marche et avant la bataille, les divisions de cavalerie sont chargées de l'*exploration*.

L'exploration a pour objet de fournir au commandant de l'armée les renseignements qu'il juge nécessaires, tant pour garantir sa liberté d'action, et par suite la sûreté de l'armée, que pour développer son plan de manœuvre.

Les instructions données par le commandement à la cavalerie en vue de l'exploration doivent déterminer nettement le but à atteindre, et, sous forme de questions simples et précises, les renseignements à rechercher : elles indiquent, le cas échéant, la région où devra se porter le gros de la cavalerie d'exploration.

Le chef de cette cavalerie jouit de la plus large initiative pour l'exécution de la tâche qui lui incombe. Il a le devoir de se tenir constamment en communication avec le commandement de l'armée.

Sa tâche se simplifie s'il parvient à prendre l'ascendant sur la cavalerie ennemie. Il cherche, par suite, à mettre cette cavalerie hors de cause, toutes les fois que sa mission ne s'y oppose pas. A cet effet, il doit toujours être en mesure de combattre, c'est-à-dire conserver le gros de ses forces réuni. Lorsque la cavalerie adverse a été battue, les reconnaissances sont facilitées, et les renseignements peuvent être transmis aisément en arrière.

Le soin de rechercher les renseignements demandés par le commandement est confié à des éléments légers, qui constituent « la découverte ».

La découverte comporte des *détachements de découverte* et des *reconnaissances d'officiers*. La composition, la force et le nombre des détachements de découverte dépendent de l'effectif de la cavalerie, du but à atteindre et des circonstances. En principe, les reconnaissances d'officiers marchent le plus longtemps possible avec les détachements de découverte qui sont ensuite chargés de les appuyer, de les recueillir s'il y a lieu et de transmettre leurs renseignements.

Le rôle essentiel des éléments de découverte est de voir. Les détachements d'une certaine importance peuvent avoir à combattre, mais la mobilité est, pour eux comme pour les reconnaissances, la condition principale du succès de leur mission.

Il importe de choisir avec le plus grand soin le chef de tout élément de découverte.

Les instructions données au chef d'un élément de découverte doivent préciser l'objectif à atteindre, la nature des renseignements à recueillir, et contenir les indications concernant la transmission des renseignements.

Il est souvent plus difficile de faire parvenir en temps opportun les renseignements que de les recueillir. La préoccupation constante du chef d'un élément de découverte doit être d'assurer la transmission des renseignements par tous les moyens dont il peut disposer.

La découverte est souvent arrêtée par le réseau de surveillance dont s'entoure l'ennemi. Le gros de la cavalerie appuie alors la découverte, en cherchant à disloquer le réseau de surveillance de l'adversaire.

Dans tous les cas, la cavalerie doit indiquer avec précision non seulement les points ou les régions qui sont occupés par l'ennemi, mais encore ceux qui ne le sont pas. Ces derniers renseignements, que l'on appelle quelquefois renseignements négatifs, ont souvent une grande importance.

CAVALERIE DANS LA BATAILLE

Art. 125. La cavalerie d'armée prend part à la bataille au même titre que les troupes des autres armes.

Son chef reçoit du commandement des instructions qui fixent son rôle et lui donnent sa mission. Dans le cadre de ces instructions, il doit rechercher constamment l'occasion de participer à la lutte : c'est surtout en intervenant par surprise qu'il pourra obtenir des résultats importants.

La cavalerie d'armée est placée tantôt à une aile, tantôt sur le front, tantôt en arrière; elle peut être maintenue groupée aux ordres directs, soit du commandant de l'armée, soit d'un commandant de corps d'armée ; elle peut enfin être répartie entre les corps d'armée, et, dans ce cas, elle participe à leur action.

Vers la fin de la bataille, le rôle de la cavalerie d'armée devient capital vis-à-vis d'une infanterie épuisée et d'une artillerie sans munitions.

En particulier, la cavalerie concourt à l'exploitation du succès par une poursuite acharnée, à laquelle elle consacre toutes ses forces jusqu'à la dernière limite.

Dans la poursuite, la cavalerie s'efforce de désorganiser l'ennemi en atteignant ses flancs et ses derrières, ou en agissant directement contre ses colonnes en retraite.

En cas d'échec, la cavalerie se sacrifie s'il le faut pour protéger la retraite.

CHAPITRE III

Cavalerie de corps d'armée

Art. 126. En principe, un régiment de cavalerie est affecté à chaque corps d'armée opérant dans le cadre d'une armée.

Lorsqu'un corps d'armée opère isolément, il lui est généralement attribué un effectif de cavalerie plus important.

La cavalerie de corps d'armée a pour mission :

a) De fournir les renseignements que le commandant du corps d'armée juge nécessaires à sa sûreté :

b) De participer à la protection des troupes contre les surprises.

Suivant les besoins du moment, le général commandant le corps d'armée répartit la cavalerie dont il dispose entre ces deux missions : il conserve pour sa sûreté la libre disposition d'une partie de cette cavalerie et affecte aux divisions, pour la protection, les fractions qu'il estime nécessaires.

CAVALERIE AUX ORDRES DIRECTS DU COMMANDANT DU CORPS D'ARMÉE

Art. 127. Le commandant du corps d'armée donne à la fraction de la cavalerie de corps, chargée de garantir sa sûreté, l'indication précise des directions à reconnaître et des renseignements à rechercher.

Lorsque la cavalerie d'armée opère en avant du front du corps d'armée, c'est auprès d'elle que la cavalerie

de corps pourra recueillir les informations nécessaires.
Son rôle se résume alors à relier le corps d'armée à la
cavalerie d'armée.

Si la cavalerie d'armée a démasqué le front de marche du corps d'armée, ou si elle est trop éloignée, la
cavalerie de corps assume toute la charge de la recherche des renseignements dans la zone qui lui a été assignée. Il peut être alors nécessaire de la faire appuyer
par des détachements d'infanterie et de l'artillerie, notamment lorsque le commandant du corps d'armée juge
utile de la réunir tout entière pour la recherche d'un
renseignement important (voir titre VII, art. 141).

Mais, tout en employant des procédés analogues à
ceux de l'exploration, la cavalerie de corps ne saurait se
substituer, au point de vue de l'envergure des opérations, à la cavalerie d'armée. Son rayon d'action, c'est-
à-dire la portée de ses reconnaissances, ne peut guère
dépasser pratiquement une journée de marche en avant
du gros corps d'armée. Cette distance est d'ailleurs suffisante pour garantir la liberté d'action du commandant
du corps d'armée.

Lorsque le combat s'engage, la cavalerie de corps couvre le déploiement du corps d'armée. Quand il n'y a
plus de place pour elle en avant de l'infanterie, elle est,
soit groupée en arrière du front ou à une aile, soit répartie entre les divisions du corps d'armée. Dans tous
les cas, elle continue à éclairer et à renseigner, et cherche, par tous les moyens, à intervenir utilement dans
l'action.

CAVALERIE RATTACHÉE AUX DIVISIONS D'INFANTERIE

Art. 128. Le commandant du corps d'armée détermine
la fraction de la cavalerie de corps chargée de participer à la protection des troupes contre les surprises et
la répartition entre les divisions d'infanterie.

L'effectif de la cavalerie rattachée à une division d'infanterie dépend de la mission de la division, de sa place
dans le corps d'armée, et du terrain; il ne doit jamais
descendre au-dessous d'un peloton; dans certaines circonstances, il peut s'élever à plusieurs escadrons, notamment lorsque le commandant du corps d'armée
aura, au cours du combat, attribué aux divisions d'infanterie tout ou partie de la cavalerie dont il avait jusqu'alors conservé la libre disposition.

La cavalerie ainsi rattachée momentanément à une
division d'infanterie est généralement désignée sous le
nom de *cavalerie divisionnaire* : elle ne fait pas organiquement partie de la division.

En principe, dans la marche en avant, la cavalerie divisionnaire est à l'avant-garde et constitue la pointe
d'avant-garde de la division : elle détache, s'il y a lieu,
des patrouilles à l'arrière-garde et sur les flancs de la

colonne; elle marche sur le flanc de la division si celle-ci est à une aile. Dans les marches en retraite, elle forme la pointe d'arrière-garde de la division.

Lorsqu'une halte de longue durée est ordonnée, la cavalerie divisionnaire établit des postes ou des vedettes aux points favorables à l'observation.

A l'issue de la marche, elle couvre l'établissement des avants-postes et se conforme aux prescriptions de l'article 94 du titre « Sûreté ».

Le service de la cavalerie divisionnaire étant très chargé, il importe de donner à la plus grande partie de cette cavalerie le repos qui lui est indispensable : à cet effet, elle est généralement cantonnée à l'abri des avant-postes d'infanterie.

Lorsque les renseignements font connaître qu'une action est imminente, le commandant de la cavalerie divisionnaire multiplie les reconnaissances afin d'informer le commandant de la division des mouvements et de la situation de l'ennemi dans la zone d'action de la division. Pendant le combat, il veille à ce que le général de division soit renseigné à temps sur ce qui se passe, non seulement dans la direction où le combat est engagé, mais aussi sur les flancs et sur les derrières; il recherche constamment l'occasion d'intervenir utilement dans l'action, en liaison intime avec l'infanterie, qu'il doit à tout instant éclairer et appuyer.

CAVALERIE D'UN DÉTACHEMENT

Art. 129. La sûreté d'un détachement composé de troupes de toutes armes exige le fonctionnement de tous les organes destinés à assurer la liberté d'action du chef et la protection de la troupe.

Le fractionnement de la cavalerie en deux groupes affectés respectivement à chacune de ces deux missions est fait par le commandant du détachement.

Le groupe désigné pour concourir à la protection du détachement opère comme la cavalerie divisionnaire; celui qui est chargé d'assurer la liberté d'action du chef opère, toutes proportions gardées, comme la cavalerie de corps d'armée. La distance à laquelle il éclaire dépend des instructions du commandant du détachement.

Quand l'effectif de la cavalerie ne permet pas de la répartir en deux groupes, le groupe unique est affecté à la protection de la colonne : la mission de rechercher les renseignements éloignés est alors confiée à des reconnaissances dirigées au besoin par des officiers montés d'autres armes.

CHAPITRE IV

PARTICULARITÉS CONCERNANT LA SÛRETÉ D'UNE TROUPE DE
CAVALERIE OPÉRANT ISOLÉMENT EN MARCHE ET EN STATION

Art. 130. Les principes concernant la sûreté et exposés au titre IV sont applicables à toute troupe de cavalerie opérant isolément, quels que soient le rôle, la situation et l'effectif de cette troupe. En station comme en marche, le chef a le devoir d'assurer :

1° Sa liberté d'action;
2° La protection de sa troupe.

La liberté d'action du chef est garantie par les renseignements recherchés assez loin pour que le chef ait le temps de prendre ses dispositions. En station, les reconnaissances et les patrouilles envoyées à cet effet pendant le jour se transforment pendant la nuit en postes destinés à prévenir le chef de l'approche de l'ennemi assez à l'avance pour que la troupe puisse au besoin monter à cheval et quitter son cantonnement : ces postes sont généralement placés aux carrefours, nœuds de routes, ponts, etc.

En marche, la protection de la troupe est assurée par une avant-garde, une arrière-garde et des flanqueurs.

La force de ces éléments est proportionnée à l'effectif de la troupe qu'ils couvrent; elle dépend de la situation, du but à atteindre et du terrain.

La marche de l'avant-garde s'exécute par bonds successifs, avec une avance suffisante pour effectuer les reconnaissances, sans retarder la colonne.

De même, dans une marche en retraite, l'arrière-garde marche par bonds, en faisant face à l'ennemi toutes les fois qu'elle est arrêtée.

Les flanqueurs, ou patrouilles de flancs, sont fournis soit par l'avant-garde soit par le gros de la colonne : ils marchent sur les flancs en devançant l'élément qui les a détachés.

Au stationnement, la protection de la troupe est garantie par le dispositif des cantonnements échelonnés en profondeur, par les mesures de défense prises dans chaque cantonnement, et par la surveillance exercée au moyen de postes.

Ces postes sont placés, les uns auprès des barricades établies aux issues du cantonnement, les autres sur les voies d'accès par où peut venir l'ennemi. Ces dispositions sont complétées par un service très actif de patrouilles.

Il ne saurait être donné de règles précises au sujet de la force à attribuer aux avants-postes. Le commandant de la colonne détermine dans chaque cas particulier les dispositions à prendre d'après la situation tactique et le terrain.

Plus encore que pour l'infanterie, il est essentiel de n'affecter aux avants-postes de cavalerie que le minimum de forces nécessaires, afin d'assurer à la plus grande partie de la troupe un repos sans lequel elle serait promptement hors d'état de rendre aucun service.

La cavalerie n'est susceptible de résister sur place qu'en faisant usage de son feu. Par suite, lorsque les avants-postes de cavalerie doivent tenir contre une attaque, c'est en combattant à pied qu'ils remplissent leur mission.

PARTICULARITÉS CONCERNANT LES MARCHES D'UNE COLONNE DE CAVALERIE OPÉRANT ISOLÉMENT

Art. 131. La marche d'une colonne de cavalerie s'exécute d'une façon différente, suivant qu'une rencontre avec l'ennemi est considérée comme impossible, comme possible ou même comme probable.

Lorsque la marche s'exécute à une distance telle de l'ennemi que toute rencontre soit considérée comme impossible, on s'attache à faciliter le mouvement et à diminuer la fatigue. La colonne est mise en mouvement au pas : à 4 ou 5 kilomètres du point de départ, elle fait une halte de quelques minutes, pendant laquelle les officiers font rectifier les paquetages et ressangler les chevaux. Ultérieurement, les arrêts sont subordonnés à l'étendue du trajet et peuvent être échelonnés de deux en deux heures; il n'est pas fait de haltes horaires.

La marche s'exécute généralement en colonne par quatre ou par deux : on fait alterner le pas et le trot en évitant en principe d'employer le trot sur les terrains en pente; les pelotons peuvent prendre entre eux une distance d'une dizaine de mètres, afin de conserver une allure régulière et d'éviter des à-coups.

Au pas, les colonnes de cavalerie font 6 kilomètres 5 à l'heure. Lorsqu'on fait alterner le pas et le trot, la vitesse de marche varie avec la nature de la route : une vitesse de 8 kilomètres à l'heure peut être considérée comme une allure normale pour les colonnes de quelque importance (régiment, brigade, division). Si l'on marche constamment au trot, on parcourt 10 kilomètres en quarante minutes environ : cette vitesse est difficile à réaliser pour les fortes colonnes.

Lorsqu'une rencontre avec l'ennemi est possible, on marche par quatre, les pelotons serrent, les escadrons seuls conservent entre eux une courte distance pour éviter les à-coups. Si la largeur de la route le permet, on peut aussi marcher en colonne de peloton; mais cette formation, qui diminue la profondeur de la colonne, est, en général, très fatigante par suite des resserrements qui se produisent et des allongements qui en résultent.

A proximité de l'ennemi, la cavalerie quitte les routes et marche à travers champs en formation d'approche;

cette disposition n'est prise que le plus tard possible, en raison des fatigues qu'elle impose et de la diminution de vitesse qu'elle entraîne.

Dans les marches forcées, c'est-à-dire pendant les très longs parcours, la vitesse moyenne des colonnes de cavalerie doit être réduite. On diminue le nombre et l'étendue des temps de trot et, si la longueur du trajet nécessite un repos, on prolonge celui-ci pendant au moins cinq heures.

Les trains de combat sont maintenus en arrière du gros. En principe, les chevaux de main marchent avec les trains de combat; ils peuvent être intercalés au besoin entre les divers éléments de la colonne. Les trains réglementaires forment toujours colonne séparée.

CHAPITRE V

La division de cavalerie

MARCHES LOIN DE L'ENNEMI

Art. 132. Tant que l'on est loin de l'ennemi, la division marche sur route en une ou plusieurs colonnes.

La marche en une seule colonne assure la concentration rapide des forces; la marche en plusieurs colonnes facilite le mouvement.

L'infanterie cycliste marche, autant que possible, en dehors des colonnes de cavalerie; mais il est toujours nécessaire d'assurer sa protection.

Quand l'ennemi est signalé, la division passe à la marche d'approche.

MARCHE D'APPROCHE

Art. 133. La manœuvre d'approche commence de loin; pratiquement, elle est entamée aussitôt qu'une rencontre avec la cavalerie ennemie est jugée possible pour le jour même (1).

La division utilise les routes le plus longtemps possible, à la condition qu'elle marche réunie; quand la situation l'impose, elle passe à la marche à travers champs, qui alterne souvent avec la marche sur route, surtout pour les passages de défilés.

La formation d'approche dépend de l'emploi que le chef compte faire de sa division, de la proximité de l'ennemi et du terrain; elle peut se modifier au cours de la

---

(1) Deux divisions de cavalerie distantes l'une de l'autre de 30 kilomètres peuvent s'aborder en moins de deux heures et les renseignements, même transmis dans les meilleures conditions, gagnent peu de temps sur la cavalerie qu'ils annoncent.

manœuvre d'approche et doit pouvoir se transformer rapidement en dispositif de combat.

La division marche réunie c'est-à-dire que tous ses éléments doivent pouvoir participer à une même action d'ensemble; à cet effet, elle est articulée en profondeur ou en largeur, de façon à être prête à passer instantanément à l'attaque : pendant les arrêts, les rassemblements articulés, couverts par l'avant-garde ou les éléments de sûreté, sont dissimulés aux vues; ils doivent disposer de débouchés larges et faciles.

La marche d'approche a pour objet de transporter la division d'un terrain favorable à un autre : elle s'exécute par bonds de plateau en plateau et de crête à crête; elle comporte généralement une succession de passages de défilés. La division ne s'engage dans un défilé que quand son débouché est assuré : elle effectue la traversée des défilés à une allure rapide.

L'habileté du chef consiste à se ménager avant tout l'initiative de l'attaque, à conserver l'avantage du terrain, ou, tout au moins, à ne jamais laisser surprendre la division dans une situation défavorable.

Avant-garde. — La division est couverte et éclairée par une avant-garde.

L'avant-garde est plus ou moins fortement constituée suivant le rôle qu'elle a à remplir : on lui adjoint généralement le groupe cycliste, éventuellement des mitrailleuses et de l'artillerie.

Elle a pour mission de fouiller le terrain, de prendre le contact de l'ennemi, de refouler ses partis avancés, et de masquer au besoin la manœuvre du gros.

Pendant certaines périodes de l'approche, le rôle de l'avant-garde prend une importance particulière. C'est elle qui forme en avant des défilés successifs les têtes de pont à l'abri desquelles la division traverse les défilés et en débouche. La force offensive considérable que lui donne l'appoint des fusils du groupe cycliste lui permet, si elle trouve déjà occupés les points d'appui qu'elle doit tenir, de les attaquer résolument et de les enlever.

Au moment de la rencontre, l'avant-garde rentre dans le dispositif de combat de la division; la mission de sûreté qu'elle remplissait est alors confiée à quelques éléments légers, pelotons d'éclaireurs ou patrouilles de combat. Parfois, l'avant-garde peut recevoir une mission de combat particulière pendant que la division prolonge sa manœuvre autour d'elle.

Découverte de combat. — En dehors de la découverte fonctionnant à grande distance, le général de division envoie sur l'ennemi, dès le début de l'approche, des reconnaissances d'officiers chargées de déterminer sa situation et sa direction de marche. C'est la *découverte de combat*. Le chef qui est orienté le plus vite sur la cavalerie ennemie peut le premier imprimer à son approche la vitesse et la décision nécessaires pour arriver sur son adversaire, avant que ce dernier ait eu le temps de prendre ses propres dispositions d'attaque.

Mais pour être renseigné vite, il faut aller au-devant des renseignements et ne pas les attendre; pour agir vite, il faut prendre sa décision sans chercher à tout savoir.

La découverte de combat a pour objet d'éclairer et d'orienter le général de division jusqu'au moment où, la division étant près de déboucher sur le terrain probable du combat, le général la devance avec les commandants de brigade, de l'artillerie, du groupe cycliste, et donne ses ordres d'attaque d'après ce qu'il voit de l'ennemi et du terrain.

COMBAT CONTRE LA CAVALERIE

Art. 134. Le combat de cavalerie se décide dans la mêlée à coups de pointe de sabre et de lance.

La charge n'est que le moyen d'arriver à la mêlée, en imposant le corps à corps à l'adversaire, et en jetant, par la brutalité du choc, le désordre dans les rangs. Elle est d'autant plus puissante que les escadrons ont, au moment de l'abordage, plus de vitesse et plus de cohésion, ce qui exclut tout mouvement compliqué.

Le combat de cavalerie comporte en général une attaque principale que les autres attaques ont pour objet de faciliter ou d'appuyer.

Les ordres du général de division indiquent l'objectif de l'attaque principale, les troupes qui doivent exécuter cette attaque et le rôle des autres unités de la division, notamment de l'artillerie et du groupe cycliste.

La meilleure chance de succès réside dans la surprise, qui assure la priorité de l'attaque.

La surprise est réalisée par une manœuvre reposant avant tout sur la vitesse de l'approche et sur l'emploi judicieux du terrain.

Si la surprise réussit, on a sur l'ennemi non seulement la supériorité morale de l'offensive, mais encore l'avantage tactique que donne la priorité des dispositions de combat : l'attaque principale est alors lancée droit sur le gros de la masse ennemie.

Contre un adversaire averti et prêt au combat, la manœuvre nécessite en outre une combinaison d'attaques visant, soit l'enveloppement de la cavalerie ennemie, soit l'enveloppement ou l'écrasement d'une partie de son dispositif.

Lorsque l'enveloppement est recherché, le dispositif de combat est largement ouvert : l'attaque principale est orientée sur le point du dispositif ennemi choisi par le chef; les groupes de combat chargés des autres attaques utilisent le terrain pour dissimuler leur approche et convergent sur l'ennemi en resserrant leurs intervalles.

Si la manœuvre enveloppante sur les deux ailes de l'ennemi paraît conduire à une extension trop grande du front d'attaque, on peut concentrer les efforts sur une aile seulement, ou sur une fraction du dispositif ennemi jugée particulièrement vulnérable. Il est alors nécessaire de fixer les autres fractions ennemies par des attaques secondaires, ou de les contenir momentanément par le feu du groupe cycliste, des mitrailleuses et de l'artillerie. L'essentiel, en effet, si on ne peut être le plus fort partout, est d'être le plus fort pendant un temps donné sur un point donné.

Quelle que soit la forme de la manœuvre, l'attaque principale doit être couverte par des échelons sur ses ailes, et suivie par des escadrons de soutien. La mission des échelons est d'attaquer les fractions ennemies qui menaceraient l'aile dont ils ont la garde; s'ils n'ont rien devant eux, ils se rabattent sur les ailes de l'ennemi. Le rôle des escadrons de soutien est de combler les vides qui viendraient à se produire dans la ligne d'attaque ou de prendre en flanc les fractions ennemies qui l'auraient traversée : leur seule présence constitue pour cette ligne un appui moral important.

Le général de division peut, suivant les circonstances, ou bien conduire lui-même l'attaque principale, ou bien conserver à sa disposition un certain nombre d'escadrons avec lesquels il intervient personnellement. *Mais toute conception qui n'assurerait pas la participation de la totalité des forces de la division à l'attaque doit être absolument rejetée.*

Tous les sabres et toutes les lances de la division doivent être à la mêlée, parce que c'est là seulement que le combat de cavalerie se décidera.

Une cavalerie qui en attaque une autre doit toujours se proposer de la détruire : elle n'a pas d'autre moyen d'y parvenir que de pénétrer dans les rangs de celle-ci et d'abattre par la pointe les cavaliers qui la composent en commençant par les officiers; le succès n'est plus douteux à partir du moment où il n'y a plus de commandement du côté adverse.

Aucun officier, aucun cavalier ne doit se tenir en dehors de la mêlée. Aucun ne doit en sortir tant qu'il reste un ennemi à cheval.

EMPLOI DE LA DIVISION DE CAVALERIE CONTRE LES TROUPES DE TOUTES ARMES

Art. 135. Une division de cavalerie peut avoir à attaquer des troupes de toutes armes, soit dans la bataille, soit lorsqu'elle reçoit mission d'appuyer la découverte, de forcer un passage, de ralentir une colonne, etc...

Lorsque la cavalerie ennemie n'est pas à redouter, la division s'articule largement en groupes de combat.

Le fractionnement de la division en groupes de combat

doit s'effectuer hors des vues de l'ennemi. Chaque groupe se porte contre l'objectif qui lui a été assigné et prononce son attaque suivant la situation de l'ennemi, les circonstances et le terrain. Le rôle du général de division consiste à coordonner l'action des groupes de combat en vue du but à atteindre.

L'attaque à cheval est le mode de combat le plus efficace contre les troupes surprises ou démoralisées.

Une attaque par le feu qui comporterait l'action à pied de nombreux escadrons ne peut être envisagée que si la cavalerie adverse n'est pas en état d'intervenir en force.

Si une attaque de cavalerie ennemie est à redouter, la division utilise le feu de son artillerie et de ses cyclistes : le chef maintient réuni le gros de sa cavalerie.

Lorsqu'une division de cavalerie reçoit la mission d'arrêter ou de ralentir une colonne en marche, elle s'efforce de donner à l'ennemi l'illusion qu'il n'a pas seulement affaire à de la cavalerie. Le chef combine l'action des groupes de combat en attaquant la colonne en tête et sur les flancs, de façon à ralentir sa vitesse de marche et à l'obliger de multiplier ses détachements de sûreté. Le plus souvent, le groupe cycliste est maintenu sur la route de marche et attaque l'avant-garde en lui barrant la route, pendant que les unités de cavalerie et d'artillerie se portent sur les flancs. La division renouvelle ses entreprises toutes les fois qu'elle veut exploiter d'autres occasions favorables.

Dans tous les cas, l'action de la cavalerie contre des troupes d'infanterie intactes est de nature à entraîner pour elle des pertes considérables : elle ne doit donc être ordonnée par le commandement qu'à bon escient.

TITRE VII

Détachements

COMPOSITION ET MISSION DES DÉTACHEMENTS

Art. 136. La formation d'un détachement doit répondre à une nécessité bien définie.

La mission donnée au détachement vise soit une action subordonnée à celle d'un gros (détachements de sûreté, groupes de couverture, etc...), soit une opération indépendante.

La composition et l'effectif d'un détachement sont déterminés d'après le rôle qu'il doit remplir.

Un détachement comprend toujours de la cavalerie. Cette dernière arme, fût-elle en quantité restreinte, est indispensable pour permettre au détachement de s'éclairer. (Voir art. 129.)

On n'affecte de l'artillerie à un détachement que si l'effectif de l'infanterie ou celui de la cavalerie atteint un régiment. Dans chaque cas, il convient d'apprécier si les avantages que procure la présence de l'artillerie priment les inconvénients qu'imposent sa protection.

COMMANDEMENT DES DÉTACHEMENTS

Art. 137. Le commandant d'un détachement est toujours désigné par l'autorité qui en ordonne la formation.

Un détachement composé de fractions prises dans différents corps de troupe doit, autant que possible, être commandé par un officier supérieur en grade aux chefs de ces fractions.

Les commandants de détachement ont la même autorité que les chefs de corps, pour la police, la discipline et le service des troupes sous leurs ordres.

CONDUITE D'UN DÉTACHEMENT

Art. 138. La conduite d'un détachement dépend, avant tout, de la mission reçue.

Le chef du détachement évite de disperser ses forces. Il maintient toute sa troupe groupée pour l'exécution de sa mission et n'emploie pour sa sûreté que les éléments indispensables.

L'artillerie est tenue à une distance suffisante en arrière des premiers éléments de la colonne ou du dispositif. A proximité immédiate de l'ennemi, elle se déplace par bonds, s'il y a lieu, pour éviter de tomber, en colonne de route, sous le feu des batteries adverses. Au combat, elle est, autant que possible, pourvue d'un soutien.

DÉTACHEMENTS DE SURETÉ

Art. 139. Le rôle et le mode d'action des avant-gardes, arrière-gardes et flancs-gardes dans la marche, le stationnement et le combat de la division ont été précisés aux titres IV et V.

Les autres détachements de sûreté, notamment ceux qui opèrent pour le compte d'unités supérieures à la division reçoivent toujours une mission bien définie. Quand ils ont à combattre, ces détachements appliquent les prescriptions fixées pour le combat de la division. Dans le cas où ils ont l'ordre de retarder l'ennemi, ils se conforment aux indications de l'article 140 ci-après.

DÉTACHEMENTS CHARGÉS DE RETARDER L'ENNEMI

Art. 140. Un détachement peut recevoir la mission de retarder un ennemi supérieur, c'est-à-dire de l'empêcher de franchir avant un certain temps une limite déterminée.

Pour l'accomplissement de cette mission, l'offensive est justifiée, lorsque les circonstances l'exigent. L'audace est alors la meilleure garantie de succès.

Généralement, le détachement a recours à la défensive ou à la manœuvre en retraite.

La défensive est de règle, quand la zone dont le détachement dispose pour sa résistance est peu profonde ou lorsque le terrain présente des coupures favorables.

La manœuvre en retraite répond au cas où le détachement opère sur une zone relativement profonde.

Elle consiste à tenir, pendant un temps limité, sur des positions successives et chaque fois avec une fraction des forces seulement. L'ennemi se trouve ainsi contraint d'amorcer plusieurs déploiements, ou de marcher à travers champs, et, par suite, de perdre du temps. Le détachement manœuvrant en retraite agit surtout par des feux à grande distance. Les fractions successives se dérobent avant de subir l'étreinte de l'ennemi car le recul sous le feu, de jour et en terrain découvert, entraînerait la désorganisation rapide de la troupe.

La manœuvre en retraite n'est possible que pour des détachements de faible effectif. Il y a intérêt à alléger les troupes d'infanterie qui sont chargées d'une mission de cette nature.

Cette forme de combat s'applique particulièrement aux groupes de couverture.

Dans la défensive, comme dans la manœuvre en retraite, le détachement doit se préoccuper tout particulièrement de protéger ses flancs.

DÉTACHEMENT SOUTIEN DE CAVALERIE

Art. 141. Les détachements attachés comme soutien à une troupe de cavalerie dans les conditions de l'article 127 sont placés sous l'autorité du commandant de la cavalerie, qui leur donne ses instructions. Il les emploie, soit à appuyer ses attaques, soit à assurer son repli.

Au stationnement, l'infanterie du détachement peut coopérer à la sûreté de la cavalerie.

D'une manière générale, il faut s'abstenir de demander à l'infanterie, soutien de cavalerie, des efforts excessifs, qui auraient pour résultat de la ruiner et de la mettre hors d'état de remplir son rôle.

Dans certaines circonstances, le commandement supérieur peut être amené à former des détachements chargés, le cas échéant, de recueillir la cavalerie. S'il ne les place pas sous les ordres du commandant de la cavalerie, il fixe lui-même leur mission.

DÉTACHEMENTS CHARGÉS D'UNE OPÉRATION INDÉPENDANTE

Art. 142. Les petites opérations (enlèvement d'un poste, surprise d'un convoi, d'un gîte d'étapes, destruction, réquisitions, etc...), exigent une préparation complète et le secret le plus absolu dans l'exécution.

L'autorité qui prescrit l'opération donne au chef du détachement des instructions écrites très précises sur la mission à remplir.

Le chef du détachement étudie à l'avance, d'après les instructions qu'il a reçues, l'opération qui lui est confiée, et en prépare l'exécution. Il communique, avant le départ, à celui qui aurait le commandement après lui, les instructions, ordres et renseignements qu'il a reçus.

Pendant la marche, le commandant prend toutes les précautions nécessaires pour dérober sa présence à l'ennemi. Il se détourne des villes, des villages et des grandes routes. S'il est forcé de traverser les lieux habités, il les fait fouiller avec soin; s'il doit y séjourner, il prend, s'il y a lieu, comme otages, les notables de la localité; il établit des petits postes et des vedettes pour empêcher les habitants de communiquer au dehors.

Lorsqu'il doit combattre, il confie à chaque fraction de sa troupe une mission précise, par exemple, enlever les petits postes ou sentinelles, couper les traits des attelages, délivrer les prisonniers, etc... Il désigne un point de ralliement et une ligne de retraite que tous les hommes doivent connaître.

Pour l'attaque il agit soudainement et avec la dernière énergie.

La retraite est ordonnée dès que le résultat est obtenu.

A la rentrée du détachement, le commandant rend compte à l'autorité qui a ordonné la formation du détachement.

Pour attaquer une troupe en marche, on choisit, si possible, un terrain où l'ennemi éprouverait des difficultés à se déployer, par exemple un défilé.

Pour l'attaque d'un convoi, le commandant du détachement prend comme objectif l'escorte ennemie, afin de la disperser et de s'emparer ensuite du convoi. Il peut aussi chercher immédiatement à détruire le convoi, en se contentant de se protéger contre l'action de l'escorte.

Dans la fraction chargée de l'attaque des voitures, des hommes cherchent à couper les traits, d'autres se dirigent sur les premières et dernières voitures du convoi pour les mettre en travers de la route.

Le commandant d'un détachement qui a pour mission d'exécuter, en pays ennemi, une réquisition, un fourrage, une destruction, etc..., partage généralement sa troupe en deux parties. L'une, la plus faible, reste aux abords immédiats de la localité, en occupe les issues et exécute l'opération. L'autre, la plus forte, protège l'opération.

CONDUITE ET PROTECTION DES CONVOIS

Art. 143. Tout convoi dont la sécurité n'est pas assurée par la présence même des troupes voisines reçoit une escorte.

Le convoi et son escorte constituent alors un détachement unique dont le chef est désigné par l'autorité qui ordonne la formation de ce détachement (art. 137).

La force et la composition de l'escorte sont calculées d'après la nature du convoi son importance, les dangers qu'il peut avoir à courir, la nature du pays à traverser, la longueur du trajet, etc...

Les officiers, fonctionnaires et employés de tout ordre, qui marchent avec le convoi, exercent leurs fonctions sous l'autorité supérieure du commandant du détachement.

Ce dernier dispose, dans l'intérêt du service, de tous les militaires présents qui lui sont égaux ou inférieurs en grade.

Quand un convoi est considérable, il est essentiel de le partager en plusieurs sudbivisions. Une garde spéciale est affectée à chacune d'elles, et, s'il y a dans le convoi des voitures de réquisition, des soldats sont répartis de distance en distance pour surveiller les conducteurs.

La marche d'un convoi est réglée d'après la proximité de l'ennemi, la nature des lieux et l'état des chemins.

Le chef du détachement se fait donner, sur ces différents points, des renseignements très détaillés, dont il a le devoir de vérifier l'exactitude.

Il partage généralement l'escorte en deux parties. L'une, la plus faible, est affectée à la garde des voitures et à la protection immédiate du convoi. Elle est fractionnée en conséquence. Le gros de l'escorte marche, concentré sous les ordres directs du chef de détachement, du côté le plus exposé aux attaques de l'ennemi.

Les convois ne font que rarement grand'halte, et seulement dans les lieux reconnus à l'avance et favorables à leur défense.

En cas d'attaque, si le convoi est dans l'impossibilité de continuer sa route, le commandant le fait parquer. Le parc est formé hors de la route, en carré, les roues de derrière tournées vers l'extérieur.

S'il n'est pas possible de sortir sur la route, les voitures doublent les files; chaque voiture serre les précédentes, le timon placé en dedans de la route et obliquement; les conducteurs mettent pied à terre et se placent à la tête de leurs chevaux.

L'escorte des prisonniers de guerre exige une vigilance spéciale et beaucoup de fermeté.

L'officier chargé de conduire des prisonniers de guerre les forme en colonne en faisant devancer, suivre et flanquer cette colonne, qui marche en ordre serré. Il interdit toute conversation entre les hommes de l'escorte et les prisonniers, et empêche ces derniers de communiquer avec les habitants.

Au départ, l'escorte charge ses armes en présence des prisonniers, qui sont prévenus que toute tentative de résistance ou tout refus d'obéissance seront réprimés par les armes avec la dernière sévérité.

Pour cantonner, on choisit des localités contenant de grands bâtiments où les prisonniers puissent être facilement gardés et qui sont toujours éclairés. Une porte seule reste ouverte et une garde y est établie.

En cas d'attaque en marche, on fait coucher les prisonniers; une partie de l'escorte, chargée de leur garde immédiate, reste près d'eux et fait feu sur quiconque se relève avant d'en avoir reçu l'ordre; le reste de l'escorte manœuvre pour repousser l'ennemi.

TITRE VIII

Travaux de campagne

GÉNÉRALITÉS

Art. 144. Les travaux de campagne ont pour objet :

1º De faciliter la progression des troupes;

2º D'augmenter, au combat, la force de résistance d'une unité momentanément obligée de s'arrêter;

3º De permettre à une troupe, placée sur la défensive, de tirer tout le parti possible du terrain.

La création et l'amélioration des communications rendent possible, en toute circonstance, le mouvement des troupes, et favorisent la manœuvre.

Dans l'offensive, le terrain conquis ne doit jamais être abandonné. Toute unité qui a progressé sous le feu, ou qui s'est emparée d'un point d'appui, est tenue, si elle ne peut pousser plus loin, de s'accrocher au sol en exploitant et en augmentant, par tous les moyens, la protection offerte par le terrain

Dans la défensive, l'organisation de points d'appui bien choisis peut permettre de contenir l'ennemi avec des forces inférieures. Le choix de ces points d'appui doit répondre à la situation tactique et aux intentions du commandement.

LES TRAVAUX DE CAMPAGNE DANS L'OFFENSIVE

Art. 145. Dans l'offensive, les meilleurs garanties contre les effets du feu, pour les tirailleurs comme pour les renforts, sont la rapidité du mouvement en avant, l'emploi de formations suffisamment souples et l'utilisation d'itinéraires défilés.

Mais une troupe marchant à l'attaque est parfois obligée de s'arrêter sous le feu. Elle exploite alors au mieux la protection offerte par le terrain. Elle utilise les abris naturels et les améliore, au besoin, pour pouvoir faire un usage plus efficace de ses armes, et, éventuellement, pour s'assurer une protection plus complète.

En terrain découvert, une ligne de tirailleurs, qui ne peut plus avancer, s'accroche au sol avec la volonté de ne pas céder le terrain. Elle s'abrite en créant, s'il y a lieu, un masque protecteur en terre. Ces premiers travaux sont perfectionnés par les renforts et les unités disponibles qui viennent successivement les occuper. Lorsqu'une troupe est forcée de demeurer sur place pendant la nuit, elle profite de l'obscurité pour renforcer les organisations commencées.

Parfois, la troupe d'attaque, ayant profité de la nuit pour se rapprocher de l'objectif à enlever, s'assure la possession du terrain gagné en s'y retranchant.

Tout point d'appui conquis au cours de la lutte est immédiatement organisé et occupé, de façon à pouvoir offrir une résistance sérieuse aux retours offensifs. Généralement, cette organisation est effectuée par les troupes mêmes qui ont enlevé le point d'appui.

Au cours de l'attaque, des passages sont ouverts à travers les obstacles qui gênent la marche en avant, L'infanterie et l'artillerie procèdent elles-mêmes à tous les travaux peu importants qui intéressent leur propre mouvement. Le génie exécute les travaux plus considérables. Pendant la marche d'approche, il établit des ponts sur les cours d'eau, trace des pistes, crée des points de passage pour les voitures, détruit les obstacles, etc... Avant l'assaut, il ouvre des brèches dans les défenses qui couvrent les points d'appui à enlever.

Des unités du génie sont placées à cet effet en tête des troupes d'attaque.

LES TRAVAUX DE CAMPAGNE DANS LA DÉFENSIVE

Art. 146. Les positions à défendre, les centres de résistance et les points d'appui à occuper sont déterminés par le commandement d'après la mission à remplir. L'organisation d'un point d'appui est réglée par l'officier désigné comme commandant du point d'appui.

Toute organisation doit être progressive, de façon qu'à un moment quelconque, si l'ennemi attaque, le point d'appui puisse être défendu efficacement.

Une ligne de feu d'infanterie doit posséder un bon champ de tir jusqu'aux distances moyennes de combat (800 à 1.000 mètres). Elle doit, en outre, être très peu visible et, si possible, soustraite aux coups de l'artillerie ennemie.

On cherche à tirer tout le parti possible des abris existants, en les aménageant judicieusement On s'efforce de diminuer la visibilité des tranchées. L'emploi de fausses tranchées destinées à tromper l'ennemi peut être indiqué dans certains cas.

On évite d'occuper les lisières des localités ou des bois exposés aux coups de l'artillerie adverse. Par contre, une lisière que l'artillerie ennemie ne peut atteindre constitue un point d'appui très fort.

Les batteries sont protégées par des travaux plus ou moins importants. Au besoin, elles sont complètement enterrées.

Les renforts placés à proximité de la ligne de feu se couvrent également par des abris.

Les troupes organisent elles-mêmes le terrain qu'elles ont à défendre.

Les unités du génie sont utilisées normalement à ouvrir des communications, ou à créer les organisations importantes (mise en état de défense méthodique des villages et des bois, construction d'ouvrages à fort profil, installation d'obstacles passifs, etc...).

En principe, les troupes du génie travaillent par fractions constituées qui ne descendent pas au-dessous de la section.

OUTILLAGE

Art. 147. Les outils portatifs de l'infanterie et du génie et les outils placés sur les voitures d'artillerie sont utilisés par les troupes mêmes auxquelles ils appartiennent.

Les outils du train de combat des régiments d'infanterie sont mis, au moment du besoin, et d'après les ordres des chefs de corps, à la disposition des bataillons ou compagnies qui ont à exécuter des travaux importants.

En principe, les voitures de sapeurs-mineurs du train de combat de la compagnie du génie demeurent à la disposition exclusive de cette compagnie.

Les outils portés par les prolonges d'outils de la compagnie du parc du génie du corps d'armée sont mis à la disposition des troupes, d'après les ordres du commandant de corps d'armée. A défaut d'ordres, le commandant de la compagnie du parc du génie délivre, quand un commandant de division en fait la demande directement, des prolonges d'outils, jusqu'à concurrence de trois par division. Sur le champ de bataille, en cas d'urgence, les prolonges de la compagnie de parc délivrent des outils à toute troupe qui en fait la demande.

Les réquisitions opérées dans les villages fournissent des outils, mais en nombre le plus souvent limité. Par contre, les troupes pourront souvent trouver dans les localités des ressources précieuses en matériaux pour certains travaux (charrues, herses, bois, fer, etc...).

TITRE IX

Fonctionnement du service de l'aéronautique et du service télégraphique

CHAPITRE Ier

Service de l'aviation

RECONNAISSANCES AÉRIENNES

Art. 148. Le service de l'aviation est un service d'armée.

Dans chaque armée, le chef d'état-major définit et attribue les missions.

Celles-ci doivent être données par écrit et sous forme précise. Les exécutants conservent toute initiative quant aux choix des procédés d'exécution.

La transmission des comptes rendus, depuis les terrains d'atterrissage jusqu'au quartier général ou au poste de commandement, est assurée par les soins de l'état-major, au moyen des ressources dont il dispose. Elle comporte généralement un service pour automobiles et une liaison télégraphique ou téléphonique.

DÉPLACEMENT DES ESCADRILLES. — TERRAINS D'ATTERRISSAGE

Art. 149. Les escadrilles se déplacent par bonds d'amplitude variable.

Les terrains d'atterrissage sont, autant que possible, reconnus le soir pour le lendemain, de manière que les avions partant en reconnaissance dès l'aube puissent, à leur retour, atterrir sur le nouveau terrain.

Quand il y a lieu d'établir un nouveau terrain d'atterrissage, le chef d'état-major de l'armée indique au directeur du service de l'aviation la zone où doit se trouver ce terrain. Le directeur du service de l'aviation procède aux reconnaissances et prend toutes les dispositions nécessaires. Il exerce le commandement sur le terrain d'atterrissage; il a notamment sous ses ordres les troupes et les détachements de gendarmerie désignés pour assurer la police et la surveillance générale de ce terrain.

Quand il est nécessaire de garantir la protection du terrain d'atterrissage, le chef du détachement désigné à cet effet reçoit du chef d'état-major de l'armée des instructions concernant sa mission. Il se renseigne auprès du directeur du service de l'aviation sur les conditions à réaliser pour assurer l'exécution de cette mission, mais demeure responsable des mesures à prendre. Il signale en temps utile au directeur du service de l'aviation les événements de nature à intéresser la sécurité des escadrilles.

Il est formellement interdit à toute troupe ou détachement de traverser un terrain d'atterrissage.

ASSISTANCE A PRÊTER AUX AÉRONAUTES ET AUX AVIATEURS

Art. 150. Toute troupe doit prêter assistance aux aéronautes et aux aviateurs qui atterriraient ou se trouveraient en détresse dans leur voisinage.

Elle doit également assurer la transmission des renseignements qu'ils rapportent.

CHAPITRE II

Service télégraphique

RÈGLES GÉNÉRALES CONCERNANT L'ÉTABLISSEMENT DES RÉSEAUX TÉLÉGRAPHIQUES ET TÉLÉPHONIQUES

Art. 151. Chaque armée, corps d'armée, corps ou division de cavalerie, dispose des lignes existant dans sa zone d'action, à l'exception de celles qui sont réservées par l'unité supérieure et de celles du réseau spécialisé des chemins de fer.

Dans l'organisation de son réseau, une unité est tenue :

1° De se relier au réseau de l'unité supérieure, en un point fixé par celle-ci ;

2° De pousser ses lignes aussi près que possible des unités subordonnées et des détachements, et de fixer les points où ceux-ci viendront se relier ;

3° D'établir toutes les communications intérieures utiles.

RÉSEAU TÉLÉGRAPHIQUE ET TÉLÉPHONIQUE D'ARMÉE

Art. 152. Le réseau de l'armée se subdivise en : *réseau de l'avant*, organisé et exploité par le service de première ligne, et *réseau de la zone des étapes*, organisé et exploité par le service de deuxième ligne. La section technique de deuxième ligne peut, en cas d'insuffisance des moyens d'action du service de première ligne, être appelée à participer à ce dernier service.

La jonction du réseau de l'avant avec le réseau de la zone des étapes se fait au *poste de jonction*, dont l'emplacement est fixé par le commandant de l'armée.

Le réseau de l'armée se relie avec le réseau du groupe d'armées *au point de raccordement* fixé par le directeur de l'arrière.

Le réseau de l'avant met en communication le *poste du quartier général* de l'armée avec le poste de jonction et *les postes d'armée*. Ces derniers sont destinés à assurer la liaison avec les corps d'armée et les organes de renseignements dépendant directement de l'armée.

L'organisation du réseau de l'avant est réglée par le chef d'état-major de l'armée, qui fixe les emplacements des postes d'armée et fait connaître à chaque commandant de corps d'armée le poste d'armée par lequel il sera desservi, ainsi que les parties du réseau existant à réserver pour les besoins de l'armée.

Le réseau de la zone des étapes relie *le poste de la direction des étapes et des services* au poste de jonction, aux divers éléments du service des étapes et aux organes de la ligne de communication de l'armée.

Son organisation est réglée par le chef d'état-major du directeur des étapes et des services.

RÉSEAU RADIOTÉLÉGRAPHIQUE D'ARMÉE

Art. 153. Dans l'armée, la radiotélégraphie est destinée à suppléer aux communications par fil, toutes les fois qu'elles ne sont pas assurées, notamment pendant leur installation, et, éventuellement, à doubler ces communications.

Le chef d'état-major de l'armée indique, chaque jour, les communications à assurer, le nombre de postes nécessaires pour chaque liaison et les autorités auprès desquelles les postes seront détachés.

Les postes radiotélégraphiques sont à la disposition de l'autorité auprès de laquelle ils sont détachés à l'exclusion de toute autorité subordonnée.

L'affectation des postes est temporaire. L'autorité qui en dispose assure leur garde et donne, s'il y a lieu, les ordres pour leur déplacement.

RÉSEAU OPTIQUE D'ARMÉE

Art. 154. Le chef d'état-major de l'armée détermine les communications optiques à établir au moyen des ressources de la compagnie de télégraphistes et des détachements télégraphiques des unités subordonnées. Il fait connaître aux chefs d'état-major des corps d'armée les postes optiques qui doivent être établis et desservis par leurs soins.

SERVICE TÉLÉGRAPHIQUE DE CORPS D'ARMÉE

Art. 155. Ce service a pour objet essentiel d'assurer les communications entre le quartier général du corps d'armée et le poste d'armée désigné.

En outre, des postes sont organisés éventuellement pour établir la communication entre le quartier général et le poste de commandement et pour relier le commandant du corps d'armée avec certains éléments (divisions, cavalerie, avant-postes, parcs, convois, etc...). Ces éléments se relient aux postes du corps d'armée par des estafettes, cyclistes ou plantons.

La liaison par fil avec les corps d'armée voisins se fait, en principe, par l'intermédiaire du réseau d'armée.

De plus, le détachement télégraphique du corps d'armée établit les postes optiques fixés par le chef d'état-major de l'armée, ainsi que ceux dont la création est ordonnée par le chef d'état-major du corps d'armée.

SERVICE TÉLÉGRAPHIQUE D'UNE DIVISION DE CAVALERIE

Art. 156. Ce service a pour objet de relier la division de cavalerie à un poste d'armée, de façon à assurer des communications rapides avec le commandant de l'armée. Dans l'exécution, il fonctionne conformément aux règles fixées pour le service de la télégraphie légère dans les troupes de cavalerie.

Des postes radiotélégraphiques sont, autant que possible, détachés auprès des grosses unités de cavalerie.

PRESCRIPTIONS RELATIVES A L'EMPLOI DES COMMUNICATIONS TÉLÉGRAPHIQUES

Art. 157. Le réseau télégraphique ne doit comprendre que les communications indispensables.

En principe, les communications ne sont utilisées que par les autorités désignées par les commandants d'armée pour le réseau d'armée, et par les commandants de corps d'armée pour les réseaux de corps d'armée. Cependant, les organes de renseignements peuvent utiliser en tout temps les bureaux ou postes de toute nature à leur portée. Il en est de même des troupes au combat.

L'emploi de la télégraphie doit être réservé aux seuls cas où cet emploi présente un réel avantage.

Les télégrammes et radiogrammes doivent être aussi concis que possible.

Dès qu'un poste est installé, son chef en rend compte à l'autorité désignée pour utiliser le poste. Cette dernière fournit les plantons nécessaires au transport des dépêches. Il en est de même quand une autorité utilise un bureau civil.

Tout télégramme doit être remis au chef de poste, rédigé par écrit et signé par l'autorité qui l'expédie. Il est interdit au télégraphiste d'écrire un télégramme sous la dictée. Seul, le personnel technique de la télégraphie militaire a le droit de transmettre les communications.

Les transmissions téléphoniques sont faites soit sous forme de messages téléphonés, soit sous forme de conversation entre officiers.

CONSTRUCTION DES LIGNES

Art. 158. Les détachements de télégraphie ont le droit de couper et de doubler les colonnes quand leur service l'exige.

Les troupes sont tenues de prendre, en toute circonstance, les précautions voulues pour éviter la détérioration des lignes.

Il est interdit, notamment au personnel des ateliers téléphoniques des corps de troupe, de chercher à surprendre les communications échangées sur les lignes, en utilisant des appareils de dérivation.

TITRE X

Trains, parcs et convois

GÉNÉRALITÉS CONCERNANT L'ORGANISATION ET L'EMPLOI DES TRAINS, PARCS ET CONVOIS

Art. 159. Les munitions, les vivres et le matériel dont les troupes ont besoin pour combattre et pour subsister sont transportés par les trains de combat, les trains régimentaires, les parcs et les convois.

Les munitions et le matériel utile sur le champ de bataille sont répartis entre le train de combat des corps de troupe, le train de combat des divisions et du corps d'armée, le parc d'artillerie et le parc du génie.

Les vivres sont portés par les trains régimentaires des corps de troupe et des quartiers généraux ainsi que par les convois.

Les trains de combat et les trains régimentaires des corps de troupe, les trains régimentaires des quartiers généraux, les parcs, les convois ont chacun un commandant désigné par les règlements particuliers aux diverses armes et aux divers services.

Dans la division et le corps d'armée, le train de combat comprend généralement des éléments constitués (ambulances, échelons de parc d'artillerie, etc...) appartenant à des services différents.

De même, des éléments de parc d'artillerie ou du génie, des éléments de convoi, des formations sanitaires, etc., peuvent être appelés à se suivre sur une même route, ou à stationner dans une même zone.

Afin d'assurer l'ordre, la discipline et la transmission des prescriptions du commandement, il est indispensable de grouper, pour la marche et le stationnement, les divers éléments ainsi réunis momentanément. Ces groupements sont placés sous les ordres de chefs désignés, en principe, par le commandant du corps d'armée.

Les ordres d'opérations fixent, d'après la situation et d'après l'urgence des besoins à satisfaire, la composition de chaque groupement, sa place dans le dispositif général, ainsi que la place du chef du groupement.

L'autorité du chef d'un groupement sur les éléments constituant ce groupement cesse quand ces éléments reçoivent des instructions en vue de leur entrée en action. A partir de ce moment, ils reprennent leur autonomie pour se porter au point où ils doivent être employés.

Les ordres du commandement et les instructions techniques sont adressés directement aux chefs de groupement qui règlent en conséquence le fractionnement, la marche et le stationnement de leur groupement. Les chefs du groupement sont responsables de la protection, de l'ordre et de la discipline, en marche et au stationnement, mais n'exercent aucune action sur le service et l'administration intérieure des unités. Leurs pouvoirs sont les mêmes que ceux des chefs de détachement.

En principe, les décisions du commandant concernant l'emploi des différents organes des trains, parcs et convois, sont prises sur la proposition des chefs de service intéressés. Ceux-ci les complètent par des instructions techniques.

Le commandant d'un élément non rattaché à un groupement reçoit directement, par les soins du commandement, les ordres et instructions techniques qui le concernent.

DISCIPLINE DES TRAINS, PARCS ET CONVOIS

Art. 160. La régularité dans le fonctionnement des ravitaillements et l'ordre dans les mouvements des trains, parcs et convois, exercent une influence considérable sur le moral des troupes. Le commandement, à tous les degrés, a le devoir de prendre les mesures les plus sévères pour assurer une discipline absolue dans toutes les formations qui suivent les colonnes.

Le nombre des voitures entrant dans la composition des trains, parcs et convois, doit être exactement maintenu dans les limites réglementaires. Les autorités militaires, à tous les échelons de la hiérarchie, s'en assurent fréquemment.

Les voitures ne peuvent recevoir d'autres objets que ceux qui sont compris dans leur chargement régulier, ni porter de poids supérieur à celui pour lequel elles ont été construites. Il est interdit d'y laisser monter aucun homme sans l'autorisation du chef de corps ou du commandant de la colonne.

TRAINS DE COMBAT DES CORPS DE TROUPE

Art. 161. Pendant les marches à l'ennemi, chaque train de combat suit immédiatement le corps de troupe auquel il appartient.

Au combat, les trains de combat se tiennent à proximité de leurs corps, mais à une distance suffisante pour ne pas être exposés au feu sur la ligne de combat. Ils utilisent les abris offerts par le terrain. Suivant les ordres du chef de corps, ils sont réunis en un seul groupe, ou répartis en plusieurs fractions.

TRAINS RÉGIMENTAIRES

Art. 162. Les trains régimentaires suivent le mouvement des colonnes, à une place aussi rapprochée de leur corps de troupe que la situation le permet.

Dans la mesure où l'éloignement de l'ennemi et les conditions de la marche s'y prêtent, les trains régimentaires ou une fraction plus ou moins importante de ces trains accompagne immédiatement les corps et marche avec leurs trains de combat.

Les voitures qui ne marchent pas avec les troupes sont constituées, sous les ordres d'un officier désigné, en groupements correspondant aux colonnes de marche.

Tant que la rencontre n'est pas probable, ces groupements marchent à la suite des colonnes de combat, derrière les arrière-gardes. En fin de marche, les voitures rejoignent leurs corps et stationnent avec lui.

Quand la rencontre est imminente, et pendant le combat, les trains régimentaires sont maintenus assez en arrière pour ne pas gêner les mouvements des troupes, des trains de combat et des parcs.

En principe, ils sont alors fractionnés en deux échelons, dont l'un, comprenant les voitures immédiatement nécessaires aux troupes, forme un échelon avancé qui est poussé dans le sillage des corps.

A mesure que les troupes progressent, le commandement donne des ordres pour que ces deux échelons des trains régimentaires soient dirigés sur des emplacements plus rapprochés.

Pour la nuit, une partie des trains régimentaires, sections de distribution, voitures à viande, cuisines roulantes, etc., rejoint les troupes. Une fois les distributions faites, ces voitures cantonnent avec leur corps, ou sont ramenées en arrière.

Les sections de ravitaillement des trains régimentaires sont formées chaque jour par groupements qui correspondent respectivement à une gare ou à un centre de ravitaillement. Elles se réunissent en des points fixés, sous les ordres d'un officier désigné ou, à défaut, du plus ancien officier d'approvisionnement, et sont dirigées sur la gare ou le centre de ravitaillement où elles doivent se charger. Suivant les ordres donnés, elles rejoignent ensuite des cantonnements spéciaux, leurs trains régimentaires ou leur corps.

Dans toute colonne, les trains régimentaires s'échelonment dans le même ordre que les unités auxquelles ils appartiennent.

En principe, les trains régimentaires sont gardés par les hommes de troupe qui font réglementairement partie des trains régimentaires. Une escorte ne leur est donnée que si la situation et l'éloignement des troupes le rendent absolument nécessaire.

GROUPEMENTS CONSTITUÉS AVEC LES TRAINS DE COMBAT DES DIVISIONS ET DU CORPS D'ARMÉE, LES PARCS ET LES CONVOIS

Art. 163. En marche, les trains de combat des divisions et du corps d'armée sont placés à la queue des colonnes de combat, mais avant les arrière-gardes.

Les groupements constitués avec les parcs et les convois suivent à une distance variable d'après la situation et l'éloignement de l'ennemi, mais toujours suffisante pour que la régularité de la marche soit assurée.

Quand le combat s'engage, le commandement adresse aux chefs de ces groupements, ainsi qu'aux chefs des trains de combat, des instructions pour l'emploi des sections de munitions, des formations sanitaires, et, éventuellement, du parc du génie et de l'équipage de pont. Ces instructions prescrivent l'envoi de ces éléments en des points convenablement choisis : elles peuvent aussi fixer des points où chaque groupement se rendra pour y être ensuite disloqué. Les chefs de service prennent la direction des organes mis à leur disposition et assurent le fonctionnement technique des services, conformément aux instructions du commandement.

Tant que leur utilisation n'est pas prévue, les convois marchent assez loin en arrière pour ne pas gêner les mouvements des colonnes.

Lorsqu'on prévoit la nécessité de recourir à leurs approvisionnements, les sections de convoi administratif sont échelonnées de façon à pouvoir, en temps voulu, prendre contact avec les sections de ravitaillement des trains régimentaires et à éviter à ces derniers tout mouvement rétrograde.

DÉPOT DE REMONTE MOBILE

Art. 164. Le dépôt de remonte mobile est destiné à fournir des chevaux de remplacement de selle, de trait et de bât aux troupes non montées.

Il marche, en principe, avec une fraction du convoi.

DISPOSITIONS SPÉCIALES AUX MARCHES EN RETRAITE

Art. 165. Dans les marches en retraite, les trains, parcs et convois précèdent les troupes.

Les trains de combat des corps de troupe, des divisions et du corps d'armée marchent à faible distance en avant de leurs unités en se conformant à leurs mouvements.

Les trains régimentaires devancent nettement les colonnes.

Les groupements de parcs et convois sont, en temps voulu, poussés franchement en avant.

TITRE XI

Ravitaillements et évacuations, réquisitions

CHAPITRE Ier

Généralités

Art. 166. L'objet des ravitaillements est d'apporter aux troupes tout ce qui est nécessaire pour leur permettre de subsister et de combattre.

Celui des évacuations est de ramener en arrière le personnel et le matériel dont le maintien auprès des troupes serait une gêne.

Les ravitaillements et les évacuations pourvoient, soit à des besoins normaux et journaliers — tels sont les ravitaillements en vivres — soit à des nécessités momentanées et éventuelles — tels sont les ravitaillements en munitions et les évacuations de blessés après un combat.

A la guerre, l'exploitation méthodique des ressources locales peut rarement être assurée par les troupes elles-mêmes; elle incombe plus particulièrement aux services. Le ravitaillement des troupes est assuré par leurs trains de combat et leurs trains régimentaires. Ces trains sont recomplétés à leur tour par les convois, les parcs ou les envois directs de l'arrière.

Les organes de ravitaillement vidés se recomplètent en des points dits :

Gares de ravitaillement, si le ravitaillement s'opère par voie ferrée;

Centres de ravitaillement, si le ravitaillement se fait par voie de terre.

Les évacuations journalières s'effectuent, en général, sur les gares ou les centres de ravitaillement. Dans le cas où les évacuations sont très importantes, notamment après un combat, on multiplie les gares et les centres d'évacuation.

Les mesures à prendre pour assurer les ravitaillements et les évacuations ne sauraient faire l'objet de règles précises; elles sont subordonnées à la situation et peuvent ne pas être uniformes pour l'ensemble d'un corps d'armée. *En tout état de cause, ces mesures ne doivent jamais avoir pour conséquence d'entraver la liberté des opérations.*

Le commandement a le devoir d'orienter les services sur ses projets, de façon à leur permettre de prévoir à temps les mesures techniques d'exécution, sans être surpris par les événements.

Il doit aussi échelonner les ressources en vue de les amener aux points voulus en temps opportun, tout en évitant l'encombrement.

CHAPITRE II

Ravitaillement en vivres

ACTION DU COMMANDEMENT

Art. 167. Le commandement a le devoir d'assurer, dans les meilleures conditions possibles, l'alimentation des hommes et des chevaux. Une alimentation défectueuse est une cause d'indiscipline, l'homme étant incité à chercher lui-même sa subsistance. Elle peut, en outre, être l'origine d'épidémies graves.

Dans les marches à l'ennemi, la préoccupation constante du commandement doit être de pousser, vers l'avant les ressources destinées à la subsistance des troupes, afin de réduire au minimum les trajets que les nécessités du ravitaillement peuvent imposer aux équipages des corps de troupe et aux convois des corps d'armée.

Dans les marches en retraite, les trains et les convois doivent dégager le réseau routier et le laisser à la disposition exclusive des troupes. Il peut alors être avantageux de décharger les approvisionnements et d'en constituer des dépôts où les troupes se ravitailleront à leur passage.

Le commandement fixe les procédés d'alimentation et de ravitaillement à employer.

En cas de force majeure, tout chef de corps ou de détachement a le devoir de prescrire, de sa propre initiative, les mesures nécessaires pour assurer, en temps utile, la nourriture de ses hommes et de ses chevaux.

ROLE DES FONCTIONNAIRES DE L'INTENDANCE

Art. 168. Les fonctionnaires de l'intendance dirigent, sous l'autorité du commandement, le service des ravitaillements en vivres.

Ils proposent toutes les mesures à prendre en vue d'assurer l'alimentation.

Les intendants ou sous-intendants militaires ont autorité, en ce qui concerne l'exécution du service de l'intendance, sur tout le personnel attaché d'une manière permanente ou temporaire à leur service.

PERSONNEL CHARGÉ DE L'EXÉCUTION DU SERVICE

Art. 169. L'exécution du service est assurée par le personnel technique aux ordres des fonctionnaires de l'intendance.

En outre, dans chaque corps de troupe ou quartier général, un officier d'approvisionnement est chargé d'assurer directement les distributions journalières aux unités ou parties prenantes de ce corps ou quartier général. Cet officier contribue, le cas échéant et sur l'ordre du commandement, à l'exploitation des ressources locales.

I. VIVRES DES DIFFÉRENTES CATÉGORIES (1)

Art. 170. Les approvisionnements emportés en campagne comprennent :

1º Les vivres de réserve;
2º Les vivres des trains régimentaires;
3º Les vivres des convois administratifs.

Les vivres de réserve sont portés, en partie sur l'homme ou le cheval, en partie sur les voitures marchant immédiatement derrière les troupes. Ils sont destinés à être consommés par demi-journée et par nature de denrée sur l'ordre du chef de corps ou de détachement, lorsque tout autre mode d'alimentation est impossible. Ils doivent alors être remplacés dans le plus bref délai.

Les trains régimentaires assurent, en principe, chaque jour, la distribution des vivres aux hommes et aux chevaux.

Les vivres portés par les convois administratifs sont destinés à ravitailler les trains régimentaires.

Chaque corps d'armée est doté d'un troupeau de bétail qui fournit aux troupes la viande fraîche.

TARIF DES RATIONS

Art. 171. La composition des rations et le nombre des rations à allouer à chaque grade sont déterminés par les tarifs arrêtés par le Ministre.

Ces tarifs prévoient trois espèces de rations :

La ration de vivres de réserve;
La ration normale;
La ration forte.

Cette dernière est allouée dans les circonstances imposant aux troupes de grosses fatigues ou par les froids rigoureux.

Dans certains cas, des suppléments extraordinaires peuvent être perçus en sus de la ration journalière. En

---

(1) Pendant les transports stratégiques et à l'arrivée dans la zone de concentration, l'alimentation des troupes est assurée au moyen de vivres emportés au départ des garnisons (*vivres de chemin de fer*), ou distribués aux stations halte-repas, et de *vivres de débarquement*.

principe, ces suppléments ne sont pas prélevés sur les vivres de réserve.

Le commandant d'une armée a qualité pour modifier les tarifs de ration arrêtés par le Ministre, fixer le passage d'une ration à l'autre, accorder les suppléments de ration, prescrire les substitutions et allouer des indemnités représentatives de vivres.

Les commandants des corps d'armée et de divisions de cavalerie, ainsi que les généraux commandant les détachements opérant isolément, ont les mêmes droits en ce qui concerne le passage d'une ration à l'autre, les suppléments, les substitutions et l'indemnité représentative, à charge d'en rendre compte.

Les commandants de division ont le droit de prescrire des substitutions et d'allouer l'indemnité représentative.

Quand on vit sur le pays, tout chef de corps et de détachement a le droit de prescrire des substitutions.

DISTRIBUTIONS

Art. 172. Les vivres destinés à être consommés journellement sont dits *vivres du jour*.

En principe, les vivres du jour sont distribués chaque jour (1), savoir : le pain, les petits vivres, l'avoine pour toute la journée du lendemain; la viande, le fourrage, le combustible, pour la soirée du jour et la matinée du lendemain; la paille de couchage, pour le jour même.

La distribution du pain, des petits vivres, de l'avoine et de l'eau-de-vie est faite par les trains régimentaires; la viande fraîche est apportée par les voitures à viande ou les cuisines roulantes.

Le combustible, les fourrages et les liquides autres que l'eau-de-vie sont, en principe achetés ou réquisitionnés sur place par les officiers d'approvisionnement.

Si les trains régimentaires ne peuvent assurer les distributions en temps opportun, les ressources locales sont d'abord exploitées pour fournir autant que possible aux troupes les vivres du jour. A défaut, tout chef de corps ou de détachement a le devoir absolu d'assurer l'alimentation en faisant opérer sur les vivres de réserve le prélèvement strictement nécessaire. Il rend compte immédiatement de manière à assurer le remplacement, dans le plus bref délai, des vivres ainsi consommés.

Les chefs de corps ou de service fixent les emplacements et heures des distributions. L'officier d'approvisionnement conduit ses voitures ou fait réunir les denrées à l'endroit désigné. Il remet à chaque compagnie, escadron ou batterie, ainsi qu'à tout détachement rattaché pour l'alimentation à son corps, le nombre de rations qui lui revient.

---

(1) Pour la cavalerie, voir l'article 176.

L'officier de jour préside aux distributions.

En ce qui concerne les parties prenantes isolées, l'officier d'approvisionnemnt a les mêmes attributions que les commandants de compagnie, escadron ou batterie.

RAVITAILLEMENT DES TRAINS RÉGIMENTAIRES

Art. 173. Le chargement des trains régimentaires doit être recomplété le lendemain du jour de la distribution, autant que possible dans la matinée.

Il y a lieu, toutefois, de laisser aux hommes et aux chevaux le temps nécessaire pour manger et se reposer.

Les trains régimentaires sont recomplétés, soit aux centres de ravitaillement par les convois administratifs du corps d'armée ou les convois automobiles, soit aux gares de ravitaillement par les envois directs de l'arrière. Ils peuvent aussi être recomplétés au moyen d'achats ou de réquisitions.

L'ordre journalier du corps d'armée fixe l'emplacement des centres de ravitaillement (généralement trois par corps d'armée), ou fait connaître les gares de ravitaillement. Ces centres ou ces gares sont choisis de façon à accélérer le plus possible les opérations du ravitaillement et à réduire au minimum les trajets à effectuer par les trains régimentaires (1).

Quel que soit le mode de ravitaillement employé, tous les mouvements doivent être réglés par le commandement avec le plus grand soin.

Chaque corps ou quartier général est représenté au ravitaillement de son train régimentaire par son officier d'approvisionnement.

Un officier du service d'état-major et un fonctionnaire de l'intendance assistent, autant que possible, au ravitaillement des trains régimentaires. Ils ont pour mission de s'assurer de la qualité des denrées, d'entendre les réclamations des corps et d'y faire droit, s'il y a lieu. L'officier d'état-major préside aux opérations du ravitaillement et assure l'exécution des ordres du commandement.

RAVITAILLEMENT EN VIANDE FRAICHE

Art. 174. Le ravitaillement en viande fraîche est, généralement, assuré, pour tout le corps d'armée, par le troupeau de bétail du corps d'armée. En principe, ce troupeau ne fait pas mouvement. Les automobiles à viande transportent la viande abattue depuis *les centres d'abat* organisés à proximité de l'emplacement du troupeau, jusqu'aux *centres de livraison,* où les voitures à viande des corps viennent se charger.

---

(1) On doit éviter d'imposer aux trains régimentaires des parcours supérieurs à 35 kilomètres dans les vingt-quatre heures et limiter le plus possible les marches rétrogrades.

Dans certains cas, le commandant peut prescrire aux corps de troupe d'utiliser les ressources locales en bétail sur pied; il fait réduire en conséquence les livraisons du troupeau de bétail.

NOURRITURE CHEZ L'HABITANT

Art. 175. Le commandement peut faire nourrir les hommes et les chevaux chez l'habitant.

La nourriture est demandée par demi-journée ou par journée entière, sous forme de convention amiable ou de réquisition.

La composition des repas pour la troupe et pour les officiers, ainsi que le prix de remboursement, s'il y a lieu, sont fixés par le commandement.

Pour déterminer la composition des repas, il est tenu compte à la fois de la nécessité de donner aux troupes une nourriture équivalente à la ration réglementaire et des ressources locales.

Le droit de prescrire la nourriture chez l'habitant peut être délégué aux chefs de corps ou de détachement opérant isolément.

Ce procédé d'alimentation ne peut normalement s'appliquer qu'aux isolés et aux petits détachements (postes de correspondance, télégraphistes, cyclistes, etc.); ceux-ci reçoivent des imprimés d'ordres et de reçus de réquisitions, ainsi que des bons de demi-journées de nourriture remplis à l'avance.

Au lieu de faire nourrir les hommes directement par les habitants, le commandement peut charger les municipalités de faire assurer leur repas.

DISPOSITIONS SPÉCIALES A LA CAVALERIE

Art. 176. La cavalerie, surtout quand elle opère en avant des colonnes, doit, plus que toute autre troupe, vivre sur le pays. Elle ne porte pas de vivres du jour; les distributions sont faites à l'arrivée au cantonnement pour la soirée du jour et la matinée du lendemain.

Dans une division de cavalerie, les voitures à vivres des trains régimentaires sont généralement réunies en un seul groupe formant le convoi de la division.

Lorsque les ressources locales sont insuffisantes, les divisions de cavalerie sont ravitaillées par l'arrière.

A cet effet, des sections de convoi automobile peuvent être mises à leur disposition.

CHAPITRE III

Ravitaillement en munitions

DISPOSITIONS GÉNÉRALES

Art. 177. Aux armées, il est d'une importance capitale

de maintenir au complet l'approvisionnement en munitions. Le commandement doit apporter la plus grande vigilance à faire assurer, en temps opportun, le remplacement des munitions consommées.

Sur le champ de bataille, le ravitaillement est toujours assuré de l'arrière à l'avant. Il appartient aux échelons de l'arrière de se mettre en rapport avec ceux qui sont en avant.

Dans une armée, les munitions sont réparties en trois échelons principaux :

a) *Les munitions de la ligne de bataille, comprenant :*

1° Les munitions portées par les hommes, les sections de mitrailleuses et les batteries;

2° Les munitions transportées par le train de combat des corps de troupe.

b) *Les munitions du parc de corps d'armée*, réparties entre les sections de munitions d'infanterie et les sections de munitions d'artillerie constituant ce parc, et destinées à ravitailler la ligne de bataille.

c) *Les munitions du grand parc d'artillerie d'armée*, destinées à ravitailler les parcs d'artillerie de corps d'armée.

Le commandant de l'artillerie du corps d'armée fait connaître aux différents éléments du parc d'artillerie les unités d'infanterie ou d'artillerie qu'ils ont respectivement à ravitailler. Néanmoins, les sections de munitions doivent, au combat, et, s'il y a urgence, délivrer des munitions à une troupe quelconque placée dans leur voisinage.

De même, le commandant du parc d'artillerie d'un corps d'armée doit, à moins de raisons majeures, donner satisfaction à toute demande de munitions, alors même qu'elle émanerait d'une troupe n'appartenant pas au corps d'armée.

REMPLACEMENT DES MUNITIONS D'INFANTERIE
SUR LA LIGNE DE BATAILLE

Art. 178. *En station et en marche*, l'approvisionnement individuel (cartouches portées par les hommes) est alimenté avant tout, au moyen de cartouches retirées aux hommes malades, absents, etc...; on n'a recours aux voitures à munitions qu'en cas d'insuffisance des ressources précédentes.

Les voitures à munitions dont le chargement serait incomplet sont réapprovisionnées, aussitôt que possible, par le parc d'artillerie.

Au combat, l'approvisionnement individuel est tout d'abord *augmenté* au moyen des cartouches des voitures de munitions des corps. Ces cartouches sont distribuées dès qu'un engagement est imminent.

Les officiers généraux peuvent faire distribuer les cartouches des voitures de munitions d'un corps à un autre corps de l'unité dont ils exercent le commandement.

Les voitures à munitions des corps ne sont pas recomplétées au cours de l'action par le parc d'artillerie.

Pendant le combat, l'approvisionnement individuel est alimenté, soit au moyen des cartouches retirées aux hommes tués ou blessés, soit par les parcs d'artillerie, dont les différents éléments (sections de munitions d'infanterie) sont rapprochés et répartis suivant les besoins, par le commandement, en arrière des troupes au feu.

Pour ravitailler en cartouches la ligne de feu, on profite de toutes les circonstances favorables, temps d'arrêt dans le combat, ralentissement du feu de l'ennemi, etc...

Tout envoi d'hommes ou de voitures de l'avant vers l'arrière, en vue du remplacement des munitions, est formellement interdit sur le champ de bataille.

En cas d'urgence et à défaut d'ordres de l'autorité supérieure, les commandants de régiments ou de bataillons peuvent céder des munitions à une autre troupe.

REMPLACEMENT DES MUNITIONS D'ARTILLERIE
SUR LA LIGNE DE BATAILLE

Art. 179. Sur le champ de bataille, le groupe de batteries est fractionné en deux portions :

1° Le *groupe des batteries de tir*, comprenant les canons et une partie des caissons de chaque batterie;

2° Le *groupe des échelons de combat*, comprenant, en particulier, le reste des caissons des batteries.

Le remplacement des munitions se fait, tout d'abord, par échange de voitures entre chaque batterie de tir et son échelon de combat.

Les munitions envoyées aux batteries de tir sont ensuite remplacées aux échelons de combat par des munitions provenant des sections de munitions d'artillerie. Ce ravitaillement se fait par transbordement, et non par échange de voitures.

DISPOSITIONS RELATIVES AUX DIVISIONS DE CAVALERIE

Art. 180. Les divisions de cavalerie doivent être ravitaillées par tout corps d'armée auquel elles demandent des munitions, au même titre que les troupes du corps d'armée lui-même.

RAVITAILLEMENT APRÈS UNE JOURNÉE DE COMBAT

Art. 181. A la fin d'une journée de combat, les opérations du ravitaillement se poursuivent sans interruption pendant la nuit. Elles s'effectuent toujours d'après les mêmes principes, c'est-à-dire d'arrière en avant, en recomplétant d'abord, et, autant que possible, avant le point du jour, les éléments les plus avancés.

RAVITAILLEMENT DES CORPS D'ARMÉE
AU MOYEN DU GRAND PARC D'ARTILLERIE D'ARMÉE

Art. 182. Le grand parc d'artillerie d'armée est un organe appartenant aux services de l'arrière.

Les approvisionnements du grand parc sont fractionnés en un certain nombre d'échelons répartis dans la zone des étapes et le long des lignes de communications.

Le premier échelon, dit « échelon sur route », est chargé sur des voitures, de façon à assurer le ravitaillement par voie de terre.

Le ravitaillement des parcs de corps d'armée par le grand parc s'opère, soit par l'échelon sur route, soit par des convois à traction mécanique ou animale, soit au moyen des voies ferrées.

CHAPITRE IV

Évacuations

Art. 183. Les évacuations doivent toujours être effectuées dans le plus bref délai possible, de manière à débarrasser les troupes de tout ce qui est susceptible de diminuer leur capacité de mouvement.

En marche ou en station, les malades et blessés sont évacués chaque jour d'après les ordres du commandement, qui les dirige sur les gares ou les centres de ravitaillement, les dépôts d'éclopés ou les hôpitaux.

Leur transport est assuré par les sections sanitaires automobiles et à défaut par des voitures de réquisition.

Après le combat, les évacuations de blessés prennent une importance souvent considérable.

Lorsqu'ils ont été pansés, les blessés transportables sont évacués sur des gares ou des localités déterminées de la zone des étapes. Ceux qui sont susceptibles de marcher sont acheminés au plus tôt sur ces gares ou ces localités par détachements; les autres y sont transportés ultérieurement par convois à traction automobile ou animale, après avoir reçu les soins voulus.

Le commandement fixe les points de rassemblement des blessés, les gares ou les localités sur lesquelles ils seront dirigés, les moyens mis à la disposition du service de santé pour le transport des blessés, et les itinéraires des convois d'évacuation.

Les médecins militaires ont, en ce qui concerne l'exécution du service de santé, autorité sur tout le personnel militaire et civil attaché d'une manière permanente ou temporaire à leur service.

CHAPITRE V
Réquisitions

DES RÉQUISITIONS PROPREMENT DITES

Art. 184. Les généraux commandant les armées, les corps d'armée, les divisions, ou des détachements opérant isolément, ont autorité pour imposer aux populations, par voie de réquisition, l'obligation de fournir les denrées, matières, logement, moyens de transport, et, d'une manière générale, tous les objets ou services nécessaires aux besoins de leurs troupes. Ils peuvent déléguer le droit de requérir aux fonctionnaires de l'intendance, aux commandants des corps de troupe et des détachements, et aux autorités du service des étapes.

Aucune réquisition ne peut être exécutée qu'en vertu d'un ordre écrit et signé, émanant d'une autorité militaire ayant qualité pour requérir. Toute autorité militaire qui ordonne une réquisition a l'obligation de donner reçu des prestations fournies.

Le commandement, à tous les degrés de la hiérarchie, a le devoir d'assurer le maintien de l'ordre et de la discipline, dans l'exécution des réquisitions. Tout abus d'autorité et tout acte de pillage doivent être punis avec la dernière rigueur.

Le commandant en chef, les commandants d'armée et de corps d'armée assignent respectivement à chacune des unités sous leurs ordres la zone dans laquelle elle aura le droit d'exercer des réquisitions.

Dans une armée, les zones de marche et de stationnement des corps d'armée forment, en principe, la zone de réquisition de ces grandes unités, et cette zone s'étend, vers l'arrière, jusqu'à la limite avant de la zone des étapes. Dans la zone des étapes, les réquisitions se font sous l'autorité du directeur des étapes et des services de l'armée.

En général, dans chaque corps d'armée ou division, les généraux confient aux fonctionnaires de l'intendance le soin de requérir les approvisionnements généraux nécessaires à l'ensemble des corps de troupe et services. Les corps de troupe n'exercent directement le droit de réquisition que pour la satisfaction de leurs besoins urgents et journaliers.

Quand plusieurs corps de troupe sont réunis dans un même cantonnement, les ordres de réquisition sont transmis par l'intermédiaire du commandant du cantonnement.

En toutes circonstances, les autorités militaires qui ont qualité pour requérir, ne doivent pas perdre de vue qu'il est avantageux, pour retenir ou attirer les ressources, de ne recourir à la réquisition qu'à défaut de tous autres moyens, tels que achats directs ou conventions amiables.

Les ordres de réquisition sont adressés par l'autorité militaire aux municipalités où, à leur défaut, aux notabilités locales.

Les ordres et reçus de réquisition doivent toujours mentionner l'espèce, la qualité et, s'il y a lieu, la durée des prestations fournies.

Les ordres et reçus sont détachés de carnets à souches, dont doivent être pourvus les officiers chargés de réquisition.

Exceptionnellement, tout commandant de troupes ou chef de détachement opérant isolément peut, même sans être porteur d'un carnet de réquisition, requérir sous sa responsabilité personnelle les prestations nécessaires aux besoins journaliers de sa troupe. Les ordres de réquisition sont alors établis en double expédition et signés; l'une de ces expéditions est adressée, par la voie hiérarchique, au commandant du corps d'armée; l'autre est remise à la municipalité.

Si les autorités locales refusent de déférer aux ordres de réquisition, l'autorité militaire a recours à la force pour saisir les denrées ou matières dont elle a besoin. Les ordres les plus sévères sont donnés pour que les saisies soient exactement limitées aux prestations nécessaires, et les détachements chargés de leur exécution sont, autant que possible, commandés par des officiers.

D'une manière générale, les principes et règles exposés ci-dessus sont applicables en pays ennemi comme sur le territoire national.

DES CONTRIBUTIONS EN ARGENT

Art. 185. Dans certaines circonstances, il peut être nécessaire en pays ennemi, de remplacer la réquisition des prestations en nature par des contributions en argent.

Ces contributions font toujours l'objet d'un ordre écrit. Elles ne peuvent être prescrites que par le commandant en chef ou par les commandants d'armée

Pour toute contribution, un reçu doit être délivré aux contribuables.

TITRE XII

Service de la gendarmerie en campagne

ROLE DE LA GENDARMERIE

Art. 186. En campagne, la gendarmerie assure la police judiciaire, la police générale et le maintien de l'ordre dans la zone des armées. Sauf le cas de nécessité absolue, elle ne fournit d'escortes, en dehors de celles qui sont prévues, ou d'estafettes que sur l'ordre du commandant en chef.

Le service de la gendarmerie est organisé par armée.

RAPPORTS DE LA GENDARMERIE AVEC LE COMMANDEMENT

Art. 187. Les détachements de gendarmerie affectés aux différents quartiers généraux prennent le nom de prévôtés. Au point de vue de leur service, comme au point de vue disciplinaire, ils ne relèvent, en principe, que de leurs chefs directs, des généraux près desquels ils sont placés, et des chefs d'état-major de ces derniers.

En outre, les gendarmes affectés à un détachement, cantonnement, commandement d'étapes, etc.., ou chargés du service d'ordre dans un convoi, une gare, etc... sont, au point de vue de la police et de la discipline générale, respectivement placés sous les ordres du chef de détachement, du commandant de cantonnement ou d'étapes, du commandant du convoi ou du commissaire militaire de la gare, etc...

POLICE JUDICIAIRE

Art. 188. La gendarmerie remplit aux armées un double rôle au point de vue judiciaire.

Elle recherche les auteurs des crimes et délits et les livre à l'autorité chargée de poursuivre la répression.

En outre, elle constitue, hors du territoire national, des tribunaux d'exception, dénommés « tribunaux prévôtaux », appelés à venir en aide aux conseils de guerre.

Les prévôts exercent leur juridiction dans la zone occupée par l'unité à laquelle ils sont attachés.

Tout militaire ou employé à l'armée, qui a connaissance d'un crime ou d'un délit, doit en donner sur-le-champ avis à un officier de gendarmerie, ou à tout autre militaire de cette arme; il est tenu de répondre catégoriquement aux questions qui lui sont posées par eux.

Dès qu'ils ont connaissance d'un crime ou d'un délit, les prévôts ou les militaires de la gendarmerie, ayant qualité d'officier de police judiciaire, commencent les informations nécessaires conformément aux prescriptions du Code de justice militaire.

Les officiers de gendarmerie font procéder à la recherche et à l'arrestation des prévenus et prennent vis-à-vis d'eux les mesures prescrites par les règlements.

POLICE GÉNÉRALE

Art. 189. La gendarmerie doit exercer dans la zone de l'armée une surveillance incessante, notamment en vue d'empêcher ou de réprimer l'espionnage.

D'une manière générale, elle assure l'exécution des règlements et des ordres ou consignes émanant du commandement. Elle protège les habitants du pays contre le pillage ou toute autre violence, et écarte de l'armée les individus douteux, dont l'action ou même le simple contact seraient funestes à la discipline.

Elle ramène à leur corps les militaires qu'elle arrête, s'ils n'ont commis que des fautes légères. Quand l'inculpation élevée contre eux est de la compétence des conseils de guerre, elle les conduit à la prison du quartier général de leur unité.

Elle recherche les déserteurs. A cet effet, les signalements de ces hommes doivent être adressés par les corps et détachements dans le plus bref délai au prévôt de l'unité.

La gendarmerie surveille particulièrement les individus non militaires se trouvant dans la zone de l'armée; aussi bien ceux qui sont attachés à l'armée, employés, vivandiers et marchands, que ceux qui ne lui sont pas attachés.

Tout chef d'un service où sont employées des personnes étrangères à l'armée est tenu de les déclarer à la prévôté. Celle-ci les inscrit sur un registre spécial.

Les prévôts ont qualité pour accorder, après enquête, des permissions et délivrer des patentes aux personnes demandant à exercer une profession quelconque à la suite de l'armée. Les patentes sont visées par le chef d'état-major dont relève le prévôt qui les délivre. La gendarmerie doit se les faire représenter fréquemment et s'assurer de l'identité des individus qui en sont détenteurs.

Les marchands et les vivandiers autorisés sont tenus de porter au bras une plaque sur laquelle sont inscrits le numéro de leur patente et leur profession. Les mêmes indications doivent figurer sur leurs voitures.

Les domestiques des employés, vivandiers ou marchands autorisés sont tenus d'avoir une attestation de la personne qui les emploie. Cette attestation n'est valable qu'après avoir été visée par les prévôts et par les chefs d'état-major. Tout domestique doit, en outre, porter au bras une plaque ou un brassard sur lequel sont inscrits son nom et celui de la personne qui l'emploie.

PRISONS

Art. 190. Des prisons destinées à recevoir les militaires de tout grade, les gens sans aveu ou suspects, etc... sont établies dans les quartiers généraux par les soins des prévôts. Elles sont sous l'autorité de ces derniers. Le chef d'état-major en exerce la haute surveillance.

ROLE DE LA GENDARMERIE PENDANT LES MARCHES ET AU STATIONNEMENT

Art. 191. Au stationnement, la gendarmerie exerce une surveillance à l'intérieur et autour de la zone occupée par les troupes. Elle veille à la salubrité et au maintien de l'ordre et assure la garde des prisonniers.

Pour faciliter l'exécution de leur service, les gendarmes sont autorisés à pénétrer à toute heure, de jour et de nuit, dans les cantonnements, les bivouacs et les camps. A cet effet, il leur est donné connaissance du mot.

Pendant les marches, la gendarmerie a comme rôle principal d'assurer la police en arrière des colonnes, en arrêtant les maraudeurs et en faisant rejoindre les traînards.

Elle exerce notamment son action dans la région voisine de la limite avant la zone des étapes. La gendarmerie des étapes interroge et rassemble tous les isolés qu'elle trouve en arrière des corps d'armée. Elle les dirige sur le commandement d'étapes le plus voisin, et, suivant leur situation, les met à la disposition du commandant d'étapes, ou les conduit à une formation sanitaire, ou, enfin, les maintient en prison comme déserteurs.

En principe, des détachements de gendarmerie sont envoyés aux gares et aux centres de ravitaillement et marchent avec les trains régimentaires, surtout lorsque ceux-ci forment des colonnes distinctes.

La chasse est interdite dans la zone des armées aux militaires de tout grade, aussi bien qu'aux civils.

La gendarmerie signale les infractions à cette règle.

Au combat, la gendarmerie assure la police et le maintien de l'ordre en arrière des troupes. Elle renvoie à leur corps les hommes qui s'éloignent sans motif valable, dirige ceux qui sont blessés sur les formations sanitaires, fait dégager les routes, protège les blessés et les prisonniers de guerre et empêche le pillage.

MAIN-FORTE REQUISE PAR LA GENDARMERIE

DEVOIRS DES TROUPES VIS-A-VIS DE LA GENDARMERIE

Art. 192. Les officiers et hommes de troupe sont tenus de prêter main-forte à la gendarmerie et de déférer à ses réquisitions lorsqu'elle a besoin d'un appui.

Paris, le 2 décembre 1913.

Le Président de la République française,
R. POINCARÉ.

Par le Président de la République :

Le Ministre de la Guerre,

EUG. ETIENNE.

ANNEXES

ANNEXE N° 1

Droit au commandement des officiers étrangers

(Annexe au titre 1)

EXTRAIT de l'ordonnance du 18 février 1844 sur les droits au commandement des officiers étrangers.

. . . .

Les officiers étrangers ne peuvent exercer, ni titulairement, ni provisoirement, le commandement en chef d'une armée, ou d'un corps d'armée.

Ils ne peuvent exercer le commandement d'une place forte ou d'un poste de guerre qu'à défaut d'officier français; si donc il s'en trouve dans la place ou le poste, le plus ancien dans le grade le plus élevé parmi eux, quel que soit ce grade, remplit les fonctions de commandant de place.

Les officiers étrangers peuvent exercer provisoirement le commandement des détachements dans lesquels des troupes des régiments français et des troupes des corps étrangers se trouvent réunies; mais seulement à raison de la supériorité de grade et jamais d'après leur ancienneté, le commandement, à grade égal, revenant toujours, dans ce cas, au plus ancien officier français de ce grade faisant partie du détachement. Quant au commandement par intérim des parties constituées des corps étrangers et au commandement provisoire des détachements uniquement composés de troupes de ces corps, tous les officiers en faisant partie concourent, pour les exercer, à grade égal, d'après leur classement d'ancienneté et sans distinction d'origine.

Sont seuls considérés comme officiers français les officiers nés ou naturalisés français, qui sont pourvus de leur grade conformément à la loi sur l'avancement; les officiers français ou naturalisés français servant au titre étranger sont assimilés en toutes circonstances aux officiers étrangers et n'ont d'autres droits que ceux dont jouissent ces officiers.

Les dispositions qui précèdent sont applicables aux corps indigènes dans les limites posées par les ordonnances constitutives de ces corps.

. . . .

ANNEXE N° 2

Organes d'exécution des services

(Annexe au titre II

---

1. — Service de l'artillerie

Le service de l'artillerie dispose dans chaque armée :

A l'avant, des ressources des *parcs d'artillerie de corps d'armée;*

A l'arrière, des ressources du *grand parc d'artillerie d'armée*

PARC D'ARTILLERIE DE CORPS D'ARMÉE

Le parc d'artillerie de corps d'armée est normalement fractionné en deux échelons.

Ces échelons sont interchangeables. Ils comprennent des sections de munitions d'artillerie et des sections de munitions d'infanterie, constituées avec des caissons.

Le parc d'artillerie comprend, en outre, des canons de rechange, ainsi que le personel et le matériel nécessaires pour assurer les réparations courantes.

GRAND PARC D'ARTILLERIE D'ARMÉE

Les approvisionnements du grand parc sont répartis en *lots de munitions* et en *réserve de matériel.*

Les lots de munitions sont de composition identique. Ils comprennent à la fois des munitions pour canons de 75, pour armes portatives et pour mitrailleuses.

La réserve de matériel comprend du matériel, des munitions pour armes portatives et pour mitrailleuses.

En outre, le grand parc comprend des lots de munitions d'artillerie lourde.

Toutes les munitions du grand parc sont en caisses blanches.

Le grand parc est fractionné en quatre échelons :

L'*échelon sur route* comprend un certain nombre de sections de parc. Chaque section de parc transporte un lot de munitions.

L'*échelon de gare régulatrice* est constitué par des trains chargés, désignés sous le nom « d'en cas mobiles », et placés à la gare régulatrice. Il comprend un nombre de lots de munitions variant avec l'effectif de l'armée et sa situation, ainsi qu'une réserve de matériel.

L'*échelon de station-magasin* est entreposé dans une

des stations magasins affectées à l'armée. Il comprend également un nombre de lots de munitions variable.

L'*échelon d'arsenal* est déposé dans l'arsenal affecté à l'armée. Son approvisionnement initial comprend l'ensemble des lots attribués à l'armée et non compris dans les trois premiers échelons.

Les munitions pour l'artillerie lourde sont divisées en deux lots placés, l'un à l'échelon de gare régulatrice, l'autre à l'échelon d'arsenal.

II. — Service du génie

Le service du génie dispose, dans chaque armée :

A l'avant, *des compagnies de parc du génie de corps d'armée* et *des compagnies d'équipage de ponts de corps d'armée*.

A l'arrière, *du parc du génie d'armée* (auquel est rattaché un *détachement télégraphique de parc du génie*) et *d'un équipage de ponts*.

COMPAGNIE DE PARC DU GÉNIE

Le parc de génie de corps d'armée transporte des outils de parc, des outils portatifs de rechange et des explosifs.

COMPAGNIE D'ÉQUIPAGE DE PONTS

Le matériel d'équipage de pont dont dispose la compagnie d'équipage forme deux *divisions* et une *réserve*. Chaque division comprend elle-même deux *groupes;* le premier permet, à lui seul, d'établir un pont de faible portée.

PARC DU GÉNIE D'ARMÉE

Le parc du génie d'armée transporte des outils, des explosifs et du matériel de ponts. Le *détachement télégraphique* du parc du génie transporte du matériel de ligne et des appareils pour le ravitaillement de la compagnie de sapeurs-télégraphistes d'armée.

Il est constitué *deux réserves de parcs d'armée*, la première à la station-magasin, la deuxième dans une place de l'intérieur.

III. — Service aéronautique

Le service aéronautique comprend le service de l'*aérostation* et celui de l'*aviation*.

SERVICE DE L'AÉROSTATION

Le service de l'aérostation comprend des *dirigeables*

avec leurs équipages, des *ports d'attache* ou de *relâche*, des *compagnies d'aérostation*, des *réserves* de matériel.

SERVICE DE L'AVIATION

Le service de l'aviation comprend :

A l'avant, des *escadrilles* et des *parcs d'aviation*, organes de réparation et de ravitaillement ;

A l'arrière, divers échelons de ravitaillement en personnel et en matériel.

IV. — Service télégraphique

Le service télégraphique dispose des ressources en personnel et en matériel afférentes :

Aux réseaux électriques et optiques de toute nature existant dans la zone des armées, à l'exception du réseau électrique spécial des chemins de fer ;

Aux formations télégraphiques et radiotélégraphiques de campagne.

Télégraphie

a) GROUPE D'ARMÉE

Le réseau télégraphique et téléphonique du groupe d'armées est constitué à l'aide des lignes et du matériel existants. Il est exploité par le personnel de l'administration des postes et télégraphes.

L'état-major du groupe d'armées dispose, en outre, d'un *détachement télégraphique* (personnel militarisé de l'administration des postes et télégraphes).

b) ARMÉE

Dans une armée, le service comprend :

Un service de première ligne (réseau de l'avant), disposant comme organe d'exécution d'une *compagnie de sapeurs-télégraphistes* ;

Un service de deuxième ligne (réseau de la zone des étapes), disposant comme organe d'exécution d'une *section technique* (personnel militarisé de l'administration des postes et télégraphes).

c) CORPS D'ARMÉE

Dans un corps d'armée, le service est assuré par un *détachement télégraphique de corps d'armée*.

d) DIVISION DE CAVALERIE

Dans une division de cavalerie, le service est assuré

par les ateliers de *télégraphie légère* et un *détachement télégraphique*.

Radiotélégraphie

a) RÉSEAU DU GROUPE D'ARMÉE

Ce réseau dispose : des postes radiotélégraphiques fixes, situés dans la zone des armées, et d'un *détachement radiotélégraphique*, pourvu d'un certain nombre de postes radiotélégraphiques de campagne.

b) RÉSEAU D'UNE ARMÉE

Chaque armée dispose d'un *détachement radiotélégraphique*, comprenant un nombre variable de postes radiotélégraphiques de campagne.

V. — Service de l'intendance

Le service de l'intendance dispose des organes suivants :

a) A L'AVANT, DANS CHAQUE CORPS D'ARMÉE

1° Le *convoi administratif de corps d'armée*, comprenant deux sections, qui transportent chacune un jour de vivres pour l'effectif du corps d'armée.

2° Le *troupeau de bétail* du corps d'armée, comportant un nombre de jours de viande sur pied fixé par le commandement et auquel est rattachée une *section automobile de ravitaillement* de viande fraîche, servant au transport de la viande abattue.

3° La *réserve de commis et ouvriers d'administration* de corps d'armée.

b) A L'ARRIÈRE DANS CHAQUE ARMÉE

1° Le *convoi administratif d'armée*, comprenant par corps d'armée deux sections qui transportent les mêmes quantités de vivres que celles du convoi administratif de corps d'armée.

2° Le *troupeau de bétail d'armée*, comportant, par corps d'armée, un nombre de jours de viande fixé par le commandement.

3° La *boulangerie d'armée*, comprenant autant de *boulangeries de campagne* qu'il y a de corps d'armée.

4° La *réserve de commis et ouvriers d'administration* d'armée.

5° Les approvisionnements de *gare régulatrice* maintenus à un nombre de rations fixé par le directeur des étapes et des services de l'armée.

6° Les approvisionnements de *stations-magasins*, dont

le stock est également maintenu à une fixation déterminée.

VI. — Service de santé

Le *service de santé comprend* :

A l'avant, dans chaque corps d'armée :

1° Le *service régimentaire* qui donne les premiers soins aux malades et blessés.

Il est assuré par les médecins des corps de troupe disposant du personnel et du matériel régimentaires.

2° Les formations sanitaires ci-après :

a) Les *groupes de brancardiers*, destinés à relever les blessés et à les transporter jusqu'aux ambulances;

b) Les *ambulances*, dont la mission consiste : à compléter l'action du service régimentaire, à préparer l'évacuation des malades et des blessés, à assurer leur hospitalisation temporaire;

c) Les *sections d'hospitalisation*, qui transportent du matériel de complément pour les ambulances et leur fournissent les objets d'hospitalisation nécessaires pour leur permettre de s'immobiliser;

d) Une *section sanitaire automobile* destinée à assurer les évacuations journalières normales.

En principe, le corps d'armée dispose, par division entrant dans sa composition, de quatre ambulances et de trois sections d'hospitalisation.

A l'arrière, dans chaque armée :

1° Les *hôpitaux d'évacuation* (en principe, un par corps d'armée), destinés à trier, hospitaliser transitoirement et évacuer les malades et blessés.

Chaque hôpital d'évacuation peut se diviser en deux sections susceptibles de fonctionner séparément.

Des hôpitaux d'évacuation partent les « trains d'évacuation » (trains sanitaires, improvisés ou permanents) et les « convois d'évacuation » par route ou par eau.

A l'hôpital d'évacuation, sont rattachés le personnel et le matériel correspondant à quatre trains sanitaires improvisés.

2° Les *ambulances* et les *sections d'hospitalisation d'armée* comprenant, en principe, huit ambulances et six sections d'hospitalisation par corps d'armée.

3° Les *infirmeries de gare, de gîte d'étapes, de port*, établies sur le parcours des trains ou convois d'évacuation. Elles donnent la nourriture, les soins et les médicaments aux malades et blessés de passage, recueillent ceux qui ne peuvent pas continuer leur route et les dirigent sur un hôpital.

4° Les *ambulances immobilisées* dans la zone des étapes pour traiter sur place les malades et blessés dont l'évacuation n'a pas encore pu être effectuée, ou les hommes atteints de maladie épidémique ou contagieuse.

5° Les *hôpitaux et hospices temporaires ou permanents*, existant sur le territoire occupé.

6° Les *hôpitaux auxiliaires*, organisés par les sociétés d'assistance ou les particuliers.

7° Les *dépôts de convalescents*.

8° Les *réserves de personnel et de matériel sanitaire d'armée*.

9° Les *réserves de station-magasin*.

Aumônerie militaire aux armées

Dans les armées en campagne, des aumôniers des différents cultes sont attachés aux groupes de brancardiers et aux ambulances de divisions de cavalerie.

VII. — Service des chemins de fer

Le service des chemins de fer du réseau des armées est assuré, sous l'autorité du directeur des chemins de fer :

a) En territoire national, toutes les fois que les circonstances le permettent, par le personnel ordinaire des compagnies, sous la direction des *commissions de réseau;*

b) En territoire national, quand les compagnies ne peuvent assurer l'exploitation, ou en territoire ennemi, par les troupes de chemin de fer (*sapeurs de chemin de fer et sections de chemins de fer de campagne*).

A chaque armée est affectée, en principe, une *ligne de communication*, qui assure tous les apports ou évacuations à destination ou en provenance de l'armée. La ligne de communication comprend un ensemble de voies ferrées venant du territoire national, passant par les stations-magasins où sont entreposés les approvisionnements mis à la disposition de l'armée, et aboutissant à une gare spécialement choisie, située en arrière de l'armée et nommée *gare régulatrice*.

A la gare régulatrice, se trouvent des approvisionnements chargés sur wagons (en-cas mobiles) ou déposés en magasins.

Les trains à destination de l'armée sont dirigés de la gare régulatrice jusqu'à des stations aussi rapprochées que possible des troupes, et qui prennent le nom de *gares de ravitaillement*. C'est à ces gares qu'a lieu le contact entre le service des chemins de fer et les équipages des armées ou des corps d'armée.

VIII. — Service des étapes

La direction des étapes et des services d'une armée a sous son autorité :

1º Du *personnel et des troupes d'étapes*, à l'aide desquels sont organisés les *commandements d'étapes*, qui assurent l'administration, la police et la sécurité des territoires de la zone des étapes;

2º Des *éléments sur rail*, maintenus, jusqu'au moment de leur utilisation, à la gare régulatrice ou dans des gares voisines. Ces éléments ont été énumérés plus haut;

3º Des *éléments sur route*, qui se déplacent dans la zone des étapes, en suivant le mouvement général de l'armée. Ces éléments ont été également énumérés plus haut parmi les organes appartenant aux différents services. Des troupes d'étapes peuvent aussi marcher avec les éléments sur route pour assurer la protection des communications dans la zone des étapes.

Le directeur des étapes et des services dispose des approvisionnements de toute nature entreposés dans la zone des étapes, dans les stations-magasins et dans les autres établissements affectés à l'armée.

Dans le cas où les chemins de fer ne peuvent desservir directement l'armée, une partie de la ligne de communication de l'armée est constituée par des *routes d'étapes*. La ligne de communication de l'armée peut utiliser éventuellement des voies navigables.

Les transports sur les routes d'étapes sont assurés par des *convois automobiles*, par des *sections de parc et de convoi administratif d'armée*, par des *sections de convoi auxiliaire*, affectées à l'armée et transportées, en temps voulu, dans la zone des étapes; enfin, par des *convois éventuels*, organisés par réquisition dans la zone des étapes.

ANNEXE N° 3

Prescriptions concernant les ordres et les comptes rendus

(Annexe au titre II)

RÉDACTION DES ORDRES

I. — Un ordre doit être clair, précis et complet. Il ne doit rien contenir de vague. Les expressions imprécises, telles que : « à la pointe du jour, à la nuit, etc. », ne sont jamais employées.

On évite les abréviations. Les heures et les nombres importants sont écrits en toutes lettres, après qu'ils ont été exprimés en chiffres. Les heures se comptent de 0 à 24.

Les noms des localités sont orthographiés correctement et donnés complets, au besoin, dans les deux langues des pays frontières.

Mention est faite de la carte dont on s'est servi pour rédiger l'ordre.

Si l'on veut désigner un point peu distinct et ne portant pas de nom sur la carte, ou encore une cote, on en indique la position par rapport à un autre point nettement déterminé et facile à trouver.

Les termes d'orientation « Nord, Sud, Est, Ouest », doivent être employés de préférence aux termes « en avant, en arrière, à droite, à gauche ». Quand on est amené à se servir de ces derniers termes, il y a lieu de préciser nettement par rapport à quoi ils sont employés.

RÉDACTION DES COMPTES RENDUS ET RAPPORTS

II. — Un compte rendu ou rapport doit contenir l'indication précise des lieu, date et heure où les faits relatés se sont passés.

Celui qui l'établit doit, en outre, y distinguer expressément ce qu'il a vu par lui-même des récits dont il n'a pu vérifier personnellement l'exactitude. Dans ce dernier cas, il mentionne la source de ses renseignements.

Un compte rendu établi au cours d'une rencontre avec l'ennemi doit spécifier :

1° Les forces reconnues (effectif, armes auxquelles elles appartiennent, éventuellement numéros des régiments);

2º Le moment précis (jour et heure) où la présence de ces forces a été constatée.

3º Les emplacements qu'elles occupaient à ce moment;

4º Leur situation et ce qu'on pouvait apprécier de leurs mouvements;

5º Les forces engagées et les emplacements occupés par l'unité d'où provient le compte rendu, l'effectif de ses éléments encore disponibles et les intentions de son chef.

Les comptes rendus doivent être écrits très lisiblement, à l'encre ou au crayon noir. Toutes les précautions doivent être prises pour que l'écriture n'en soit pas effacée pendant le transport. Tout commandant d'unité, de détachement ou de reconnaissance, qui a conquis un renseignement précieux, quelquefois au prix des plus grands efforts et de pertes sérieuses, ne doit pas oublier que, si le chef auquel il est destiné ne peut le lire en entier, l'énergie dépensée et les sacrifices consentis restent vains.

TRANSMISSION DES ORDRES ET DES COMPTES RENDUS

111. — L'autorité qui, *exceptionnellement*, donne un ordre verbal, le fait toujours répéter par celui qui est chargé de le transmettre. Ce dernier s'attache à en saisir l'esprit autant que la lettre et à se rendre compte des circonstances auxquelles il se rapporte.

Pendant la durée de sa mission, un officier chargé de porter un ordre cherche à se rendre compte des événements dont il peut être témoin, de manière à être à même de renseigner et son chef et l'autorité à laquelle il porte l'ordre

Si la situation à laquelle se rapportait l'ordre s'est modifiée pendant le trajet, l'officier n'en transmet pas moins l'ordre tel qu'il l'a reçu; il ajoute ensuite les explications nécessaires au sujet du but que se proposait le chef au moment où il l'a quitté.

Si l'ordre comporte une exécution immédiate, il assiste au commencement de cette exécution afin d'en rendre compte.

Tout sous-officier, estafette, planton ou cycliste, porteur d'un ordre ou d'un compte rendu écrit, reçoit, au départ, l'indication de la vitesse à laquelle il doit marcher et de l'itinéraire à suivre d'abord.

Un cavalier marchant à la vitesse ordinaire fait, en moyenne, 2 kilomètres de trot pour 1 kilomètre de pas et parcourt à cette allure 10 kilomètres à l'heure environ.

A la vitesse accélérée, il fait la route au trot et parcourt environ 15 kilomètres à l'heure.

A la vitesse rapide, il fait la route au galop et marche

ainsi à la vitesse moyenne de 5 kilomètres par quart d'heure.

A son arrivée, un porteur d'ordre ou de compte rendu remet son pli au destinataire ou à celui qui le remplace; il attend l'accusé de réception, et, s'il y a lieu, la réponse.

Tout subordonné qui reçoit un ordre ou un compte rendu, au lieu et place de son supérieur, le fait parvenir à celui-ci d'après les instructions qu'il a reçues. Il prend connaissance du contenu de ce pli, si celui-ci ne porte pas la mention « personnelle »; il prescrit de sa propre initiative les mesures commandées par les circonstances et en rend compte à son chef.

Aux avant-postes et à l'avant-garde, les chefs des différentes fractions ont qualité pour prendre connaissance au passage et en retardant le moins possible la transmission, de tous les renseignements qui viennent de l'avant.

ANNEXE N° 4

Approvisionnement des troupes en vivres

(Annexe au titre XI)

L'ensemble des approvisionnements en vivres comprend pour toutes les armes, divisions de cavalerie exceptées :

Les vivres de réserve, deux jours; avoine, un jour;

Les vivres des trains régimentaires, environ deux jours (1); avoine, deux jours;

Les vivres des convois administratifs des corps d'armée, environ deux jours; avoine, deux jours;

Les vivres du convoi administratif d'armée, environ deux jours; avoine, deux jours;

Soit, au total, huit jours (2) de vivres; 7 jours d'avoine.

Dans les divisions de cavalerie :

Les vivres de réserve comprennent environ un jour de vivres (sauf pour le sucre et café dont l'approvisionnement est porté à trois jours) et deux kilogrammes d'avoine.

Les trains régimentaires portent un seul jour de vivres et d'avoine.

Les divisions de cavalerie n'ont pas de convoi administratif.

---

(1) Sauf pour la viande de conserve, qui est constituée à 1 jour seulement.

(2) Sauf pour la viande de conserve, dont l'approvisionnement total s'élève à 7 jours seulement.

ANNEXE N° 5

Journaux des marches et opérations des états-majors et corps de troupes

---

Instruction pour la rédaction des historiques des corps de troupe. (État-major général; 3° Bureau, Opérations militaires, etc.)

Versailles, le 5 décembre 1874.

A l'avenir, les historiques des corps de troupe seront établis conformément au modèle ci-joint.

Ils porteront le titre de :

Journal des marches et opérations du (régiment, bataillon, etc.) au   19.

On observera, pour la rédaction de ce journal, les règles suivantes :

EFFECTIF AU JOUR DU DÉPART

Indiquer la composition du corps au jour du départ.

Tableau nominatif des officiers classés par bataillon compagnies, escadrons ou batteries.

Chiffre de l'effectif en sous-officiers et hommes de troupe.

Nombre de chevaux.

MISE EN ROUTE

Indiquer la date de la mise en route et le point de concentration sur lequel le corps est dirigé.

Le corps voyage par chemin de fer ou par étapes.

Date de l'arrivée au point de concentration et indication du corps d'armée, de la division et de la brigade dont le corps fait partie.

RÉDACTION DE L'HISTORIQUE

Dans la rédaction de l'historique on devra s'abstenir de commentaires ou d'appréciation sur l'origine et les causes de la campagne entreprise.

L'historique d'un corps n'est que le récit fidèle, jour par jour, des faits, depuis la mise en route jusqu'à la fin des opérations; il ne doit donc jamais être établi après coup.

CAMPS OU CANTONNEMENTS

Emplacement du camp ou des cantonnements. Indiquer les corps qui campent à droite ou à gauche. Dire si l'on est en première ou en seconde ligne. Emplacement des grand'gardes.

RECONNAISSANCES

Leur force et leur composition. But de la reconnaissance. Résultat obtenu.

COMBATS

Position du corps avant l'action. Indiquer l'heure du commencement de l'action, et en général *donner toujours l'heure* de la journée où un fait important se produit pendant l'engagement, tel que : changement de position, marche en avant ou en retraite, occupation d'un point remarquable de la ligne de bataille, retraite d'un corps voisin combattant à droite ou à gauche.

Mentionner si le corps se couvre par des travaux passagers :

Tranchées-abris, fermes ou villages mis en état de défense et servant de point d'appui.

Après l'action, indiquer la position conservée par le corps au moment où le combat a cessé. Mentinner l'heure.

PERTES

On s'attachera à indiquer *très exactement* les pertes éprouvées par le corps dans chaque affaire, en tués, blessés, prisonniers et disparus. Les officiers, sous-officiers et soldats y seront tous désignés nominativement. On se conformera, pour le relevé des pertes après chaque rencontre, quelque peu importante qu'elle soit, au modèle A. Cet état sera intercalé dans le corps du récit, à la suite de l'action qui l'aura motivé. Si, dans la journée, des hommes sont tués ou blessés aux avant-postes ou en reconnaissance, le relevé en sera fait conformément au même modèle

Règle générale, indiquer toutes les pertes au fur et à mesure qu'elles se produisent.

Quant aux militaires de tout grade morts des suites de leurs blessures, ou morts de maladie, on en fera mention à la fin de l'historique, en se conformant à l'état modèle B.

Enfin toutes les pertes seront totalisées sur un état modèle C qui terminera le travail.

RÉCOMPENSES

Les promotions, décorations et citations à l'ordre de l'armée devront être mentionnées au fur et à mesure qu'elles parviendront à la connaissance du chef de corps. En ce qui concerne les citations, on n'indiquera que les citations à l'ordre de l'armée. Celles-là seules sont des récompenses et figurent sur l'état de services. Les mutations survenues pendant la campagne, parmi les officiers, par suite d'avancement, remplacement, etc., sont relevées sur un état modèle D.

ACTIONS D'ÉCLAT

Les actions d'éclat seront mentionnées dans tous leurs détails, afin de pouvoir être citées plus tard comme exemples à suivre.

SITUATIONS

Après une affaire sérieuse où le corps aura éprouvé des pertes sensibles, il y aura lieu d'établir un nouveau tableau de la composition du corps. Ce tableau mentionnera également l'effectif restant (sous-officiers et troupes).

OBSERVATIONS GÉNÉRALES

Les appréciations de personnes devront être scrupuleusement évitées. Les ordres reçus ne seront l'objet d'aucun commentaire.

Chaque journée de la campagne, à partir du jour du départ, aura sa date inscrite en marge du journal.

Ne pas perdre de vue que les historiques des corps doivent servir à l'établissement d'un travail d'ensemble.

Ce travail ne sera possible qu'à la condition que les faits relatés par les corps ayant concouru à la même affaire pourront être facilement comparés entre eux, et cette comparaison, pour être faite, exige impérieusement l'indication exacte des dates et des heures.

Si le corps fait des prisonniers à l'ennemi, on en indiquera le nombre. On donnera autant que possible les noms et les grades des officiers ennemis faits prisonniers.

Les dimensions du papier sur lequel ces historiques devront être établis seront celles du format ayant vingt-six centimètres sur dix-huit.

MM. les officiers généraux pourvus d'un commandement en campagne, soit pendant les grandes manœuvres,

veilleront à ce qu'il soit tenu à leur état-major un re-
gistre-journal dans une forme analogue à celle qui est
prescrite pour la tenue des historiques des corps de
troupe. Ce journal devra mentionner tous les événements
à mesure qu'ils se produisent. Aucun des incidents importants qui se présentent, soit en marche, soit en station, soit pendant les manœuvres et le combat, ne doit
être passé sous silence.

On consignera sur ce registre, jour par jour, sans
intervalles ni grattages, le résumé des ordres reçus et
donnés, les enseignements recueillis, et tous les détails
relatifs aux marches, cantonnements ou bivouacs, au service de sûreté, aux reconnaissances, aux manœuvres et
aux combats.

Il y sera joint un dossier de pièces justificatives, telles
que situations sommaires, copie des ordres généraux et
particuliers, rapports complémentaires, tableaux de marche, de cantonnements, ordres de mouvements, etc.

JOURNAL

DES MARCHES ET OPÉRATIONS

du (1)

  pendant (2)

du   *au*   *19*   .

———————

(1) Numéro du régiment ou bataillon.
(2) La campagne d   , ou les grandes manœuvres.

DATES	HISTORIQUE DES FAITS

MODÈLE A

• RÉGIMENT

État nominatif des officiers, sous-officiers et soldats tués,
blessés, faits prisonniers ou disparus au combat de
le   19 .

NOM	GRADES	TUÉS	BLESSÉS	PRISONNIERS	DISPARUS	CHEVAUX TUÉS OU PERDUS	OBSERVATIONS
TOTAUX....							
TOTAL GÉNÉRAL....							

Modèle B

· RÉGIMENT ·

État nominatif des officiers, sous-officiers et soldats morts des suites de leurs blessures, ou morts de maladie dans les hôpitaux.

NOMS	GRADES	DATES	LIEUX	MORTS		OBSERVATIONS
				DES SUITES DE BLES^{res}	DE MALADIE	
			TOTAUX.			

Modèle C

· RÉGIMENT

État général des pertes éprouvées par le corps pendant la durée de la campagne.

NOMS DES BATAILLES combats et rencontres de toute nature	DATES	OFFICIERS						SOUS-OFFICIERS ET SOLDATS						CHEVAUX
		TUÉS	BLES-SÉS	MORTS des suites de bles-sures	MORTS de mala-die	PRI-SON-NIERS	DISPA-RUS	TUÉS	BLES-SÉS	MORTS des suites de bles-sures	MORTS de mala-die	PRI-SON-N S	DISPA-RUS	TUÉS OU BLESSÉ
TOTAUX............														
TOTAUX............														
TOTAL général des pertes.....														

MODÈLE D   • RÉGIMENT

Relevé des mutations survenues pendant la campagne parmi les officiers

NOMS ET PRÉNOMS	GRADES	MUTATIONS

*Circulaire relative à la transmission des journaux
des marches et opérations*

(Etat-Major de l'Armée; Bureau des Opérations militaires
et de l'Instruction générale de l'Armée.)

Paris le 20 octobre 1908.

L'instruction du 5 décembre 1874 a déterminé dans quelles conditions devaient être établis les journaux des marches et opérations des états-majors et corps de troupes.

Les règles suivantes seront appliquées pour la communication de ces documents au Ministre :

1° **Opérations de guerre.** — Les états-majors et corps de troupes, dès la rentrée dans leur garnison après la fin de la campagne adresseront au Ministre (Etat-Major de l'Armée; 3° Bureau) leur journal des marches et opérations en y joignant le dossier des pièces justificatives (situation, ordres généraux et particuliers, rapports, etc.) qui doit être annexé au journal en exécution des prescriptions du dernier paragraphe de l'instruction du 5 décembre 1874.

Pour les campagnes de longue durée, il sera fait un envoi périodique de ces documents tous les six mois, autant que possible aux dates des 30 juin et 31 décembre.

2° **Manœuvres.** — Les journaux des marches et opérations établis pour les périodes de manœuvres ne seront communiqués au Ministre que s'il le prescrit. Les directeurs de manœuvres sont autorisés à se faire adresser en communication l'original des journaux des états-majors et corps de troupes ayant opéré sous leur direction.

ANNEXE N° 6

Carnets de campagne des fonctionnaires de l'Intendance

Circulaire relative à la tenue d'un carnet de campagne par les fonctionnaires de l'intendance

(Direction de l'intendance militaire.)

Paris, le 20 septembre 1907.

En campagne et pendant la durée des manœuvres, les fonctionnaires de l'intendance tiendront un carnet de campagne dont les feuillets seront cotés et paraphés avant leur remise aux intéressés, par l'intendant militaire du corps d'armée mobilisé, dans le premier cas, et par le directeur de l'intendance de la région de corps d'armée, dans le second cas.

Chaque fonctionnaire insérera, jour par jour, de sa main, sur le carnet de campagne, le résumé succinct des ordres et des avis reçus et donnés, concernant son service ainsi que les mesures prises pour l'assurer et les incidents pouvant présenter quelque intérêt. L'heure exacte où chacun des faits relatés se sera produit devra être scrupuleusement indiquée.

La fourniture des carnets de campagne incombera à l'administration centrale.

Ces carnets seront conformes au modèle annexé à la présente circulaire.

Format
14 centimètres sur 19

CARNET DE CAMPAGNE

DES FONCTIONNAIRES DE L'INTENDANCE

(1)

• CORPS — • DIVISION

M

Le présent carnet, contenant   feuillets, a été coté et
paraphé par nous (2)

A   , le   19   .

---

(1) • Armée *ou* Corps expéditionnaire de   , *ou* Manœuvres d'automne de 19 .

(2) Intendant militaire de corps d'armée, *ou* Directeur de l'intendance de la • région de corps d'armée.

NUMÉROS des ORDRES et AVIS REÇUS ou donnés	DATES et HEURES	ANALYSE SOMMAIRE DES ORDRES ET AVIS	
		REÇUS (indiquer de qui ils émanent)	DONNÉS (indiq. à qui ils ont été adressés)

EXÉCUTION DU SERVICE résultant des ordres et avis ci-contre	OBSERVATIONS
	Relater dans cette colonne les incidents pouvant présenter quelque intérêt.

Ir° PARTIE

DROIT INTERNATIONAL

1° Convention de Genève

Loi portant approbation de la convention signée à Genève, le 6 juillet 1906, pour l'amélioration du sort des blessés et malades dans les armées en campagne.

Le Sénat et la Chambre des députés ont adopté,
Le Président de la République promulgue la loi dont la teneur suit :

Article unique. Le Président de la République française est autorisé à ratifier et à faire exécuter, s'il y a lieu, la convention signée à Genève, le 6 juillet 1906, pour l'amélioration du sort des blessés et malades dans les armées en campagne.

Une copie authentique de cet acte sera jointe à la présente loi.

La présente loi délibérée et adoptée par le Sénat et la Chambre des députés sera exécutée comme loi de l'Etat.

R. POINCARÉ.

Par le Président de la République :

Le Ministre des affaires étrangères,
    S. PICHON.

Le Ministre de la guerre,
Eug. ETIENNE.

Le Ministre de la marine,
    Pierre BAUDIN.

Convention internationale de Genève du 6 juillet 1906, pour l'amélioration du sort des blessés et malades dans les armées en campagne (1).

Liste des souverains et chefs d'État

Egalement animés du désir de diminuer, autant qu'il dépend d'eux, les maux inséparables de la guerre et voulant, dans ce but, perfectionner et compléter les dispositions convenues à Genève le 22 août 1864 pour l'amélioration du sort des militaires blessés ou malades dans les armées en campagne,

Ont résolu de conclure une nouvelle convention à cet effet et ont nommé pour leurs plénipotentiaires, savoir:

(Suit la désignation des plénipotentiaires.)

Lesquels, après s'être communiqué leurs pleins pouvoirs, trouvés en bonne et due forme, sont convenus de ce qui suit :

CHAPITRE 1er

DES BLESSÉS ET MALADES

Art. 1er. Les militaires et les autres personnes officiellement attachées aux armées qui seront blessées ou malades, devront être respectés ou soignés, sans distinction de nationalité, par le belligérant qui les aura en son pouvoir.

Toutefois le belligérant, obligé d'abandonner des malades ou des blessés à son adversaire, laissera avec eux, autant que les circonstances militaires le permettront, une partie de son personnel et de son matériel sanitaires pour contribuer à les soigner.

Art. 2. Sous réserve des soins à leur fournir en vertu de l'article précédent, les malades ou blessés d'une armée tombés au pouvoir de l'autre belligérant sont pri-

____

(1) La convention a été signée par l'Allemagne, la République Argentine, l'Autriche-Hongrie, la Belgique, la Bulgarie, le Chili, la Chine, l'État indépendant du Congo, la Corée, le Danemark, l'Espagne, les États-Unis d'Amérique, les États-Unis du Brésil, les États-Unis Mexicains, la France, la Grande-Bretagne, la Grèce, le Guatémala, le Honduras, l'Italie, le Japon, le Luxembourg, le Monténégro, la Norvège, les Pays-Bas, le Pérou, la Perse, le Portugal, la Roumanie, la Russie, la Serbie, le Siam, la Suède, la Suisse, l'Uruguay, les États de Cuba, du Paraguay, de Costa-Rica, et de Salvador, La Colombie, le Nicaragua, la Turquie et le Vénézuela y ont adhéré.

sonniers de guerre et les règles générales du droit des gens concernant les prisonniers leur sont applicables.

Cependant, les belligérants restent libres de stipuler entre eux, à l'égard des prisonniers blessés ou malades, telles clauses d'exception ou de faveur qu'ils jugeront utiles; ils auront notamment la faculté de convenir :

De se remettre réciproquement, après un combat, les blessés laissés sur le champ de bataille;

De renvoyer dans leur pays, après les avoir mis en état d'être transportés, ou après guérison, les blessés ou malades qu'ils ne voudront pas garder prisonniers;

De remettre à un État neutre du consentement de celui-ci, des blessés ou malades de la partie adverse, à la charge pour l'État neutre de les interner jusqu'à la fin des hostilités.

Art. 3. Après chaque combat, l'occupant du champ de bataille prendra des mesures pour rechercher les blessés et pour les faire protéger, ainsi que les morts, contre le pillage et les mauvais traitements.

Il veillera à ce que l'inhumation ou l'incinération des morts soit précédée d'un examen attentif de leurs cadavres.

Art. 4. Chaque belligérant enverra, dès qu'il sera possible, aux autorités de leur pays ou de leur armée, les marques ou pièces militaires d'identité trouvées sur les morts et l'état nominatif des blessés ou malades recueillis par lui.

Les belligérants se tiendront réciproquement au courant des internements et des mutations, ainsi que des entrées dans les hôpitaux et des décès survenus parmi les blessés et les malades en leur pouvoir. Ils recueilleront tous les objets d'un usage personnel, valeurs, lettres, etc... qui seront trouvés sur les champs de bataille ou délaissés par les blessés ou malades décédés dans les établissements et formations sanitaires pour les faire transmettre aux intéressés par les autorités de leur pays.

Art. 5. L'autorité militaire pourra faire appel au zèle charitable des habitants pour recueillir et soigner, sous son contrôle, des blessés ou malades des armées, en accordant aux personnes ayant répondu à cet appel une protection spéciale et certaines immunités.

CHAPITRE II

DES FORMATIONS ET ÉTABLISSEMENTS SANITAIRES

Art. 6. Les formations sanitaires mobiles (c'est-à-dire celles qui sont destinées à accompagner les armées en campagne) et les établissements fixes du service de santé seront protégés et respectés par les belligérants.

Art. 7. La protection due aux formations et établissements sanitaires cesse, si l'on en use pour commettre des actes nuisibles à l'ennemi.

Art. 8. Ne sont pas considérés comme étant de nature à priver une formation ou un établissement sanitaire de la protection assurée par l'article 6 :

1° Le fait que le personnel de la formation ou de l'établissement est armé et qu'il use de ses armes pour sa propre défense ou celle de ses malades ou blessés;

2° Le fait que, à défaut d'infirmiers armés, la formation ou l'établissement est gardé par un piquet ou des sentinelles munies d'un mandat régulier;

3° Le fait qu'il est trouvé dans la formation ou dans l'établissement des armes et cartouches retirées aux blessés et n'ayant pas encore été versées au service compétent.

CHAPITRE III

DU PERSONNEL

Art. 9. Le personnel exclusivement affecté à l'enlèvement, au transport et au traitement des blessés et malades, ainsi qu'à l'administration des formations et établissements sanitaires, les aumôniers attachés aux armées seront respectés et protégés en toute circonstance; s'ils tombent entre les mains de l'ennemi, ils ne seront pas traités en prisonniers de guerre.

Ces dispositions s'appliquent au personnel de garde des formations et établissements sanitaires dans le cas prévu à l'article 8 n° 2°.

Art. 10. Est assimilé au personnel visé à l'article précédent le personnel des sociétés de secours volontaires, dûment reconnues et autorisées par leur gouvernement, qui sera employé dans les formations et établissements sanitaires des armées sous la réserve que ledit personnel sera soumis aux lois et règlements militaires.

Chaque État doit notifier à l'autre, soit dès le temps de paix, soit à l'ouverture ou au cours des hostilités, en tout cas avant tout emploi effectif, les noms des sociétés qu'il a autorisées à prêter leur concours, sous sa responsabilité, au service sanitaire officiel de ses armées.

Art. 11. Une société reconnue d'un pays neutre ne peut prêter le concours de ses personnel et formations sanitaires à un belligérant qu'avec l'assentiment préalable de son propre gouvernement et l'autorisation du belligérant lui-même.

Le belligérant qui a accepté le secours est tenu, avant tout emploi, d'en faire la notification à son ennemi.

Art. 12. Les personnes désignées dans les articles 9, 10, 11 continueront, après qu'elles seront tombées au pouvoir de l'ennemi, à remplir leurs fonctions sous sa direction.

Lorsque leur concours ne sera plus indispensable, elles seront renvoyées à leur armée ou à leur pays dans les délais et suivant l'itinéraire compatibles avec les nécessités militaires.

Elles emporteront alors les effets, les instruments, les armes et les chevaux qui sont leur propriété particulière.

Art. 13. L'ennemi assurera au personnel visé par l'article 9, pendant qu'il sera en son pouvoir, les mêmes allocations et la même solde qu'aux personnels des mêmes grades de son armée.

CHAPITRE IV

DU MATÉRIEL

Art. 14. Les formations sanitaires mobiles conserveront, si elles tombent au pouvoir de l'ennemi, leur matériel y compris les attelages quels que soient les moyens de transport et le personnel conducteur. Toutefois, l'autorité militaire compétente aura la faculté de s'en servir pour les soins des blessés et malades; la restitution du matériel aura lieu dans les conditions prévues pour le personnel sanitaire, et, autant que possible, en même temps.

Art. 15. Les bâtiments et le matériel des établissements fixes demeurent soumis aux lois de la guerre, mais ne pourront être détournés de leur emploi tant qu'ils seront nécessaires aux malades et blessés.

Toutefois, les commandants des troupes d'opérations pourront en disposer en cas de nécessités militaires importantes, en assurant au préalable le sort des blessés et malades qui s'y trouvent.

Art. 16. Le matériel des sociétés de secours admises aux bénéfices de la convention conformément aux conditions déterminées par celle-ci est considéré comme propriété privée et, comme tel, respecté en toute circonstance, sauf le droit de réquisition reconnu aux belligérants selon les lois et usages de la guerre.

CHAPITRE V

DES CONVOIS D'ÉVACUATION

Art. 17. Les convois d'évacuation seront traités comme les formations sanitaires mobiles sauf les dispositions spéciales suivantes :

1º Le belligérant interceptant un convoi pourra, si les nécessités militaires l'exigent, le disloquer en se chargeant des malades et blessés qu'il contient;

2º Dans ce cas, l'obligation de renvoyer le personnel prévue à l'article 12, sera étendue à tout le personnel militaire préposé au transport ou à la garde du convoi et muni à cet effet d'un mandat régulier.

L'obligation de rendre le matériel sanitaire, prévue à l'article 14, s'appliquera aux trains de chemin de fer et bateaux de la navigation intérieure, spécialement organisés pour les évacuations ainsi qu'au matériel d'aménagements des voitures, trains et bateaux ordinaires, appartenant au service de santé.

Les voitures militaires autres que celles du service de santé pourront être capturées avec leurs attelages.

Le personnel civil et les divers moyens de transport provenant de la réquisition, y compris le matériel de chemin de fer et les bateaux utilisés pour les convois, seront soumis aux règles générales du droit des gens.

CHAPITRE VI

DU SIGNE DISTINCTIF

Art. 18. Par hommage pour la Suisse, le signe héraldique de la Croix-Rouge sur fond blanc, formé par interversion des couleurs fédérales est maintenu comme emblème et signe distinctif de service sanitaire des armées.

Art. 19. Cet emblème figure sur les drapeaux, les brassards, ainsi que sur tout le matériel se rattachant au service sanitaire, avec la permission de l'autorité militaire compétente.

Art. 20. Le personnel protégé en vertu des articles 9 (alinéa 1º), 10 et 11 porte, fixé au bras gauche, un brassard avec croix rouge sur fond blanc délivré et timbré par l'autorité militaire compétente, accompagné d'un certificat d'identité pour les personnes rattachées au service de santé des armées et qui n'auraient pas d'uniforme militaire.

Art. 21. Le drapeau distinctif de la convention ne peut être arboré que sur les formations et établissements sanitaires qu'elle ordonne de respecter et avec le consentement de l'autorité militaire. Il devra être accompagné du drapeau national du belligérant dont relève la formation ou l'établissement.

Toutefois, les formations sanitaires tombées au pouvoir de l'ennemi n'arboreront pas d'autre drapeau que celui de la Croix-Rouge, aussi longtemps qu'elles se trouveront dans cette situation.

Art. 2. Les formations sanitaires des pays neutres

qui, dans les conditions prévues par l'article 11, auraient été autorisées à fournir leurs services doivent arborer, avec le drapeau de la Convention, le drapeau national du belligérant dont elles relèvent.

Les dispositions du deuxième alinéa de l'article précédent leur sont applicables.

Art. 23. L'emblème de la croix rouge sur fond blanc et les mots « Croix-Rouge » ou « Croix de Genève » ne pourront être employés, soit en temps de guerre, soit en temps de paix, que pour protéger ou désigner les formations et établissements sanitaires, le personnel et le matériel protégés par la Convention.

CHAPITRE VII

DE L'APPLICATION ET DE L'EXÉCUTION DE LA CONVENTION

Art. 24. Les dispositions de la présente Convention ne sont obligatoires que pour les puissances contractantes, en cas de guerre, entre deux ou plusieurs d'entre elles. Ces dispositions cesseront d'être obligatoires du moment où l'une des puissances belligérantes ne serait pas signataire de la Convention.

Art. 25. Les commandants en chef des armées belligérantes auront à pourvoir aux détails d'exécution des articles précédents, ainsi qu'aux cas non prévus, d'après les instructions de leurs gouvernements respectifs et conformément aux principes généraux de la présente Convention.

Art. 26. Les gouvernements signataires prendront les mesures nécessaires pour instruire leurs troupes et, spécialement, le personnel protégé des dispositions de la présente Convention et pour les porter à la connaissance des populations.

CHAPITRE VIII

DE LA RÉPRESSION DES ABUS ET INFRACTIONS

Art. 27. Les gouvernements signataires dont la législation ne serait pas dès à présent suffisante s'engagent à prendre ou à proposer à leurs législatures les mesures nécessaires pour empêcher en tout temps l'emploi, par des particuliers ou par des sociétés autres que celles y ayant droit en vertu de la présente Convention, de l'emblème ou de la dénomination de « Croix-Rouge » ou de « Croix de Genève », notamment dans un but commercial par le moyen de marques de fabrique ou de commerce.

L'interdiction de l'emploi de l'emblème ou de la dénomination dont il s'agit produira son effet à partir de l'époque déterminée par chaque législation et, au plus tard, cinq ans après la mise en vigueur de la présente Convention. Dès cette mise en vigueur, il ne sera plus licite de prendre une marque de fabrique ou de commerce contraire à l'interdiction.

Art. 28. Les gouvernements signataires s'engagent également à prendre ou à proposer à leurs législatures, en cas d'insuffisance de leurs lois pénales militaires, les mesures nécessaires pour réprimer, en temps de guerre, les actes individuels de pillage ou de mauvais traitements envers des blessés et malades des armées, ainsi que pour punir, comme usurpation d'insignes militaires, l'usage abusif du drapeau et du brassard de la Croix-Rouge par des militaires ou des particuliers non protégés par la présente Convention. Ils se communiqueront, par l'intermédiaire du Conseil fédéral suisse, les dispositions relatives à cette répression, au plus tard dans les cinq ans de la ratification de la présente Convention.

DISPOSITIONS GÉNÉRALES

Art. 29. La présente Convention sera ratifiée aussitôt que possible.

Les ratifications seront déposées à Berne.

Il sera dressé du dépôt de chaque ratification un procès-verbal dont une copie, certifiée conforme, sera remise, par voie diplomatique, à toutes les puissances contractantes.

Art. 30. La présente Convention entrera en vigueur, pour chaque puissance, six mois après la date du dépôt de sa ratification.

Art. 31. La présente Convention, dûment ratifiée, remplacera la Convention du 22 août 1864 dans les rapports entre les Etats contractants.

La Convention de 1864 reste en vigueur dans les rapports entre les parties qui l'ont signée et qui ne ratifieraient pas également la présente Convention.

Art 32. La présente Convention pourra, jusqu'au 31 décembre prochain, être signée par les puissances représentées à la conférence qui s'est ouverte à Genève le 11 juin 1909, ainsi que par les puissances non représentées à cette conférence qui ont signé la Convention de 1864.

Celles de ces puissances qui, au 31 décembre 1906, n'auront pas signé la présente Convention resteront libres d'y adhérer par la suite. Elles auront à faire connaître leur adhésion au moyen d'une notification écrite adressée au Conseil fédéral suisse et communiquée par celui-ci à toutes les puissances contractantes.

Les autres puissances pourront demander à adhérer

dans la même forme, mais leur demande ne produira
d'effet que si, dans le délai d'un an à partir de la notification au Conseil fédéral, celui-ci n'a reçu d'opposition de la part d'aucune des puissances contractantes.

Art. 33. Chacune des parties contractantes aura la
faculté de dénoncer la présente Convention. Cette dénonciation ne produira ses effets qu'un an après la
notification faite par écrit au Conseil fédéral suisse;
celui-ci communiquera immédiatement la notification
à toutes les autres parties contractantes.

Cette dénonciation ne vaudra qu'à l'égard de la puissance qui l'aura notifiée.

En foi de quoi, les plénipotentiaires ont signé la présente Convention et l'ont revêtue de leurs cachets.

Fait à Genève, le six juillet mil neuf cent six, en
un seul exemplaire, qui restera déposé dans les archives de la Confédération suisse et dont les copies, certifiées conformes, seront remises par la voie diplomatique aux puissances contractantes.

(Suivent les signatures.)

2º Déclaration de Saint-Pétersbourg.

*Décret impérial qui approuve la déclaration signée à
Saint-Pétersbourg, le 11 décembre 1868, à l'effet
d'interdire l'usage de certains projectiles en temps
de guerre (1).*

Paris, le 30 décembre 1868.

NAPOLÉON, par la grâce de Dieu et la volonté nationale, EMPEREUR DES FRANÇAIS, à tous présents et à
venir, SALUT ;

Sur le rapport de notre Ministre Secrétaire d'État au
département des affaires étrangères.

Avons décrété et décrétons ce qui suit :

Art. 1er. Une déclaration ayant été signée à Saint-Pétersbourg le 11 décembre 1868, entre les puissances dési-

___

(1) Puissances contractantes à la date du 31 juillet 1901 : France,
Autriche, Bavière, Belgique, Danemark, Grande-Bretagne, Grèce, Italie,
Pays-Bas, Perse, Portugal, Prusse et Confédération de l'Allemagne du
Nord, Russie, Suède et Norvège, Suisse, Turquie, Wurtemberg.

gnées ci-dessus à l'effet d'interdire l'usage de certains projectiles en temps de guerre entre les Etats contractants et les Etats qui accéderont à cet engagement, ladite déclaration, dont la teneur suit, est approuvée et sera insérée au *Bulletin des lois*.

DÉCLARATION

Sur la proposition du cabinet impérial de Russie, une commission militaire internationale ayant été réunie à Saint-Pétersbourg afin d'examiner la convenance d'interdire l'usage de certains projectiles en temps de guerre entre les nations civilisées, et cette commission ayant fixé, d'un commun accord, les limites techniques où les nécessités de la guerre doivent s'arrêter devant les exigences de l'humanité, les soussignés sont autorisés, par les ordres de leurs Gouvernements, à déclarer ce qui suit :

Considérant que les progrès de la civilisation doivent avoir pour effet d'atténuer autant que possible les calamités de la guerre;

Que le seul but légitime que les Etats doivent se proposer, durant la guerre, est l'affaiblissement des forces militaires de l'ennemi;

Qu'à cet effet, il suffit de mettre hors de combat le plus grand nombre d'hommes possible;

Que ce but serait dépassé par l'emploi d'armes qui aggraveraient inutilement les souffrances des hommes mis hors de combat ou rendraient leur mort inévitable;

Que l'emploi de pareilles armes serait dès lors contraire aux lois de l'humanité.

Les parties contractantes s'engagent à renoncer mutuellement, en cas de guerre entre elles, à l'emploi, par leurs troupes de terre ou de mer, de tout projectile d'un poids inférieur à quatre cents grammes qui serait ou explosible ou chargé de matières fulminantes ou inflammables.

Elles inviteront tous les Etats qui n'ont pas participé, par l'envoi de délégués, aux délibérations de la commission militaire internationale réunie à Saint-Pétersbourg, à accéder au présent engagement.

Cet engagement n'est obligatoire que pour les parties contractantes ou accédantes, en cas de guerre entre deux ou plusieurs d'entre elles; il n'est pas applicable vis-à-vis de parties non contractantes ou qui n'auraient pas accédé.

Il cesserait également d'être obligatoire du moment où, dans une guerre entre parties contractantes ou accédantes, une partie non contractante ou qui n'aurait pas accédé se joindrait à l'un des belligérants.

Les parties contractantes ou accédantes se réservent de s'entendre ultérieurement toutes les fois qu'une proposition précise serait formulée en vue des perfectionnements à venir que la science pourrait apporter dans l'armement des troupes, afin de maintenir les principes qu'elles ont posés et de concilier les nécessités de la guerre avec les lois de l'humanité.

Fait à Saint-Pétersbourg le ——— vingt-neuf novembre / onze décembre ——— mil huit cent soixante-huit.

(Suivent les signatures.)

Art. 2. Notre Ministre Secrétaire d'État au département des affaires étrangères est chargé de l'exécution du présent décret.

Fait au palais des Tuileries, le 30 décembre 1868.

Signé : NAPOLÉON.

Vu et scellé du sceau de l'État :

Le Garde des sceaux,
Ministre de la justice et des cultes.

Signé : J. Baroche.

Par l'Empereur

Le Ministre
des affaires étrangères.

Signé : La Valette.

3° Actes de La Haye

DÉCRET portant promulgation des actes internationaux signés à La Haye le 29 juillet 1899, à la suite de la conférence internationale de la paix réunie en cette ville.

Paris, le 28 novembre 1900.

Le Président de la République Française,

Sur la proposition du Ministre des affaires étrangères.

Décrète :

Art. 1er. A la suite de la conférence internationale de

la paix réunie à La Haye, différents actes internationaux ayant été signés en cette ville le 29 juillet 1899,
savoir :

. . . .

6° Une déclaration concernant l'interdiction de l'emploi de projectiles qui ont pour but unique de répandre des gaz asphyxiants ou délétères;

6° Une déclaration concernant l'interdiction de l'emploi de balles qui s'épanouissent ou s'aplatissent facilement dans le corps humain, etc.;

. . . .

Et les ratifications de ces actes ayant été déposées au
ministère royal des affaires étrangères à La Haye, les-
dites conventions, déclarations et acte final dont la teneur suit recevront leur pleine et entière exécution entre la France et les puissances contractantes.

. . . .

Fait à Paris, le 28 novembre 1900.

Signé : EMILE LOUBET.

Par le Président de la République :

Le Ministre des affaires étrangères,

Signé : DELCASSÉ.

———————

*Déclaration concernant l'interdiction de l'emploi de pro-
jectiles qui ont pour but unique de répandre des gaz
asphyxiants ou délétères* (1).

DÉCLARATION

Les soussignés, plénipotentiaires des puissances représentées à la conférence internationale de la paix à

____

(1) Puissances contractantes à la date du 30 novembre 1912 : Alle-
magne, Autriche-Hongrie, Belgique, Bulgarie, Chine, Danemark, Espa-
gne, France, Grèce, Italie, Japon, Luxembourg, Mexique, Monténégro,
Norvège, Pays-Bas, Perse, Portugal, Roumanie, Russie, Serbie, Siam,
Suède, Suisse, Turquie. Acceptée par : Grande-Bretagne et Nicaragua.
Les États-Unis d'Amérique n'ont ni signé ni ratifié

La Haye, dûment autorisés à cet effet par leurs gouvernements;

S'inspirant des sentiments qui ont trouvé leur expression dans la déclaration de Saint-Pétersbourg du 29 novembre-11 décembre 1868,

Déclarent :

Les puissances contractantes s'interdisent l'emploi de projectiles qui ont pour but unique de répandre des gaz asphyxiants ou délétères.

La présente déclaration n'est obligatoire que pour les puissances contractantes en cas de guerre entre deux ou plusieurs d'entre elles.

Elle cessera d'être obligatoire du moment où, dans une guerre entre des puissances contractantes, une puissance non contractante se joindrait à l'un des belligérants.

La présente déclaration sera ratifiée dans le plus bref délai possible.

Les ratifications seront déposées à La Haye.

Il sera dressé du dépôt de chaque ratification un procès-verbal, dont une copie certifiée conforme sera remise par la voie diplomatique à toutes les puissances contractantes.

Les puissances non signataires pourront adhérer à la présente déclaration. Elles auront, à cet effet, à faire connaître leur adhésion aux puissances contractantes, au moyen d'une notification écrite adressée au gouvernement des Pays-Bas et communiquée par celui-ci à toutes les autres puissances contractantes.

S'il arrivait qu'une des hautes parties contractantes dénonçât la présente déclaration, cette dénonciation ne produirait ses effets qu'un an après la notification faite par écrit au gouvernement des Pays-Bas et communiquée immédiatement par celui-ci à toutes les autres puissances contractantes.

Cette dénonciation ne produira ses effets qu'à l'égard de la puissance qui l'aura notifiée.

En foi de quoi, les plénipotentiaires ont signé la présente déclaration et l'ont revêtue de leurs cachets.

Fait à La Haye, le 29 juillet 1899.

(Suivent les signatures.)

Déclaration concernant l'interdiction de l'emploi de balles qui s'épanouissent ou s'aplatissent facilement dans le corps humain, etc. (1).

DÉCLARATION

Les soussignés, plénipotentiaires des puissances représentées à la conférence internationale de La Haye, dûment autorisés à cet effet par leurs gouvernements;

S'inspirant des sentiments qui ont trouvé leur expression dans la déclaration de Saint-Pétersbourg du 29 novembre 1868

Déclarent :

Les puissances contractantes s'interdisent l'emploi de balles qui s'épanouissent ou s'aplatissent facilement dans le corps humain telles que les balles à enveloppe dure dont l'enveloppe ne couvrirait pas entièrement le noyau ou serait pourvue d'incisions.

La présente déclaration n'est obligatoire que pour les puissances contractantes, en cas de guerre entre deux ou plusieurs d'entre elles.

Elle cessera d'être obligatoire du moment où, dans une guerre entre des puissances contractantes, une puissance non contractante se joindrait à l'un des belligérants.

La présente déclaration sera ratifiée dans le plus bref délai possible.

Les ratifications seront déposées à La Haye.

Il sera dressé du dépôt de chaque ratification un procès-verbal dont une copie certifiée conforme sera remise par la voie diplomatique à toutes les puissances contractantes.

Les puissances non signataires pourront adhérer à la présente déclaration. Elles auront, à cet effet, à faire connaître leur adhésion aux puissances contractantes, au moyen d'une notification écrite adressée au gouvernement des Pays-Bas et communiquée par celui-ci à toutes les autres puissances contractantes.

S'il arrivait qu'une des hautes parties contractantes dénonçât la présente déclaration cette dénonciation ne produirait ses effets qu'un an après la notification faite par écrit au gouvernement des Pays-Bas et communi-

---

(1) Puissances contractantes à la date du 30 novembre 1912 : Allemagne, Autriche-Hongrie, Belgique, Bulgarie, Chine, Danemark, Espagne, France, Grèce, Italie, Japon, Luxembourg, Mexique, Monténégro, Norvège, Pays-Bas, Perse, Roumanie, Russie, Serbie, Siam, Suède, Suisse, Turquie. Elle a été acceptée par la Grande-Bretagne, le Nicaragua, et le Portugal. Les États-Unis d'Amérique n'ont ni signé ni ratifié.

quée immédiatement par celui-ci à toutes les autres puisances contractantes.

Cette dénonciation ne produira ses effets qu'à l'égard de la puissance qui l'aura notifiée.

En foi de quoi, les plénipotentiaires ont signé la présente déclaration et l'ont revêtue de leurs cachets.

Fait à La Haye, le 29 juillet 1899.

(*Suivent les signatures.*)

Décret portant promulgation de la convention internationale signée à La Haye le 18 octobre 1907, pour le règlement pacifique des conflits internationaux.

Paris, le 2 décembre 1910.

Le Président de la République française,

Sur la proposition du Ministre des affaires étrangères et du Garde des sceaux, Ministre de la Justice.

Décrète :

Art. 1er. Le Sénat et la Chambre des députés ayant adopté la convention internationale pour le règlement pacifique des conflits internationaux, signée à La Haye, le 18 octobre 1907, par la France, l'Allemagne, les Etats-Unis d'Amérique, la République Argentine, l'Autriche-Hongrie, la Belgique, la Bolivie, le Brésil, la Bulgarie, le Chili, la Chine, la Colombie, la République de Cuba, le Danemark, la République Dominicaine, l'Equateur, l'Espagne, la Grande-Bretagne, la Grèce, le Guatémala, Haïti, l'Italie, le Japon, le Luxembourg, le Mexique, le Monténégro, la Norvège, Panama, le Paraguay, les Pays-Bas, le Pérou, la Perse, le Portugal, la Roumanie, la Russie, le Salvador, la Serbie, le Siam, la Suède, la Suisse, la Turquie, l'Uruguay et le Vénézuéla, et les ratifications de cet acte ayant été déposées à La Haye par la France, l'Allemagne, les Etats-Unis d'Amérique, l'Autriche-Hongrie, la Belgique, la Bolivie, la Chine, le Danemark, Haïti, le Mexique, la Norvège, les Pays-Bas, la Russie, le Salvador, le Siam, la Suède et la Suisse; le Nicaragua ayant adhéré à ladite convention le 16 décembre 1909, ladite convention dont la teneur suit recevra sa pleine et entière exécution.

Convention 1 pour le règlement pacifique des conflits internationaux

(Liste des souverains et chefs d'Etats.)

Animés de la ferme volonté de concourir au maintien de la paix générale;

Résolus à favoriser de tous leurs efforts le règlement amiable des conflits internationaux;

Reconnaissant la solidarité qui unit les membres de la société des nations civilisées;

Voulant étendre l'empire du droit et fortifier le sentiment de la justice internationale;

Convaincus que l'institution permanente d'une juridiction arbitrale accessible à tous, au sein des puissances indépendantes, peut contribuer efficacement à ce résultat;

Considérant les avantages d'une organisation générale et régulière de la procédure arbitrale;

Estimant avec l'auguste initiateur de la conférence internationale de la paix qu'il importe de consacrer dans un accord international les principes d'équité et de droit sur lesquels reposent la sécurité des Etats et le bien-être des peuples;

Désireux, dans ce but, de mieux assurer le fonctionnement pratique des commissions d'enquête et des tribunaux d'arbitrage et de faciliter le recours à la justice arbitrale lorsqu'il s'agit de litige de nature à comporter une procédure sommaire;

Ont jugé nécessaire de reviser sur certains points et de compléter l'œuvre de la première conférence de paix pour le règlement pacifique des conflits internationaux.

Les hautes parties contractantes ont résolu de conclure une nouvelle convention à cet effet et ont nommé leurs plénipotentiaires, savoir :

(Suit la désignation des plénipotentiaires.)

Lesquels, après avoir déposé leurs pleins pouvoirs, trouvés en bonne et due forme, sont convenus de ce qui suit :

TITRE 1er

Du maintien de la paix générale

Art. 1er. En vue de prévenir autant que possible le recours à la force dans les rapports entre les Etats, les puissances contractantes conviennent d'employer tous leurs efforts pour assurer le règlement pacifique des différends internationaux.

TITRE II

Des bons offices de la médiation

Art. 2. En cas de dissentiment grave ou de conflit, avant d'en appeler aux armes, les puissances contractantes conviennent d'avoir recours, en tant que les circonstances le permettront, aux bons offices ou à la médiation d'une ou de plusieurs puissances amies.

Art. 3. Indépendamment de ce recours, les puissances contractantes jugent utile et désirable qu'une ou plusieurs puissances étrangères au conflit offrent de leur propre initiative, en tant que les circonstances s'y prêtent, leurs bons offices ou leur médiation aux Etats en conflit.

Le droit d'offrir les bons offices ou la médiation appartient aux puissances étrangères au conflit, même pendant le cours des hostilités.

L'exercice de ce droit ne peut jamais être considéré par l'une ou l'autre des parties en litige comme un acte peu amical.

Art. 4. Le rôle du médiateur consiste à concilier les prétentions opposées et à apaiser les ressentiments qui peuvent s'être produits entre les Etats en conflit.

Art. 5. Les fonctions du médiateur cessent du moment où il est constaté soit par l'une des parties en litige soit par le médiateur lui-même, que les moyens de conciliation proposés par lui ne sont pas acceptés.

Art. 6. Les bons offices et la médiation, soit sur le recours des parties en conflit, soit sur l'initiative des puissances étrangères au conflit, ont exclusivement le caractère du conseil et n'ont jamais force obligatoire.

Art. 7. L'acceptation de la médiation ne peut avoir pour effet, sauf convention contraire, d'interrompre, de retarder ou d'entraver la mobilisation et autres mesures préparatoires à la guerre.

Si elle intervient après l'ouverture des hostilités, elle n'interrompt pas, sauf convention contraire, les opérations militaires en cours.

Art. 8. Les puissances contractantes sont d'accord pour recommander l'application, dans les circonstances qui le permettent, d'une médiation spéciale sous la forme suivante.

En cas de différend grave compromettant la paix, les Etats en conflit choisissent respectivement une puissance à laquelle ils confient la mission d'entrer en rapport direct aevc la puissance choisie d'autre part, à l'effet de prévenir la rupture des relations pacifiques.

Pendant la durée de ce mandat, dont le terme, sauf stipulation contraire, ne peut excéder trente jours, les

Etats en litige cessent tout rapport direct au sujet du conflit, lequel est considéré comme déféré exclusivement aux puissances médiatrices. Celles-ci doivent appliquer tous leurs efforts à régler le différend.

En cas de rupture effective des relations pacifiques, ces puissances demeurent chargées de la mission commune de profiter de toute occasion pour rétablir la paix.

TITRE III

Des commissions internationales d'enquête

Art. 9. Dans les litiges d'ordre international n'engageant ni l'honneur ni des intérêts essentiels et provenant d'une divergence d'appréciation sur des points de fait, les puissances contractantes jugent utile et désirable que les parties qui n'auraient pu se mettre d'accord par les voies diplomatiques instituent, en tant que les circonstances le permettront, une commission, internationale d'enquête chargée de faciliter la solution de ces litiges en éclaircissant, par un examen impartial et consciencieux, les questions de fait.

Art. 10. Les commissions internationales d'enquête sont constituées par convention spéciale entre les parties en litige

La convention d'enquête précise les faits à examiner; elle détermine le mode et le délai de formation de la commission, de l'étendue des pouvoirs des commissaires.

Elle détermine également, s'il y a lieu, le siège de la commission et la faculté de se déplacer, la langue dont la commission fera usage et celles dont l'emploi sera autorisé devant elle, ainsi que la date à laquelle chaque partie devra déposer son exposé des faits et généralement toutes les conditions dont les parties sont convenues.

Si les parties jugent nécessaire de nommer des assesseurs, la convention d'enquête détermine le mode de leur désignation et l'étendue de leurs pouvoirs.

Art. 11. Si la convention d'enquête n'a pas désigné le siège de la commission, celle-ci siégera à La Haye.

Le siège, une fois fixé, ne peut être changé par la commission qu'avec l'assentiment des parties.

Si la convention d'enquête n'a pas déterminé les langues à employer, il en est décidé par la commission.

Art. 12. Sauf stipulation contraire, les commissions d'enquête sont formées de la manière déterminée par les articles 45 et 57 de la présente convention.

Art. 13. En cas de décès, de démission ou d'empêchement, pour quelque cause que ce soit, de l'un des commissaires, ou éventuellement de l'un de ses assesseurs, il est pourvu à son remplacement selon le mode fixé pour sa nomination.

Art. 14. Les parties ont le droit de nommer, auprès de la commission d'enquête, des agents spéciaux avec la mission de les représenter et de servir d'intermédiaires entre elles et la commission.

Elles sont, en outre, autorisées à charger des conseils ou avocats nommés par elles, d'exposer et de soutenir leurs intérêts devant la commission.

Art. 15. Le bureau international de la cour permanente d'arbitrage sert de greffe aux commissions qui siègent à La Haye, et mettra ses locaux et son organisation à la disposition des puissances contractantes pour le fonctionnement de la commission d'enquête.

Art. 16. Si la commission siège ailleurs qu'à La Haye, elle nomme un secrétaire général dont le bureau lui sert de greffe.

Le greffe est chargé, sous l'autorité du président, de l'organisation matérielle des séances de la commission, de la rédaction des procès-verbaux et, pendant le temps de l'enquête, de la garde des archives qui seront ensuite versées au bureau international de La Haye.

Art. 17. En vue de faciliter l'institution et le fonctionnement des commissions d'enquête, les puissances contractantes recommandent les règles suivantes qui seront applicables à la procédure d'enquête en tant que les parties n'adopteront pas d'autres règles.

Art. 18. La commission réglera les détails de la procédure non prévus dans la convention spéciale d'enquête ou dans la présente convention, et procédera à toutes les formalités que comporte l'administration des preuves.

Art. 19. L'enquête a lieu contradictoirement.

Aux dates prévues, chaque partie communique à la commission et à l'autre partie les exposés des faits, s'il y a lieu, et, dans tous les cas, les actes, pièces et documents qu'elle juge utiles à la découverte de la vérité, ainsi que la liste des témoins et des experts qu'elle désire faire entendre.

Art. 20. La commission a la faculté, avec l'assentiment des parties, de se transporter momentanément sur les lieux où elle juge utile de recourir à ce moyen d'information, ou d'y déléguer un ou plusieurs de ses membres. L'autorisation de l'Etat sur le territoire duquel il doit être procédé à cette information devra être obtenue.

Art. 21. Toutes constatations matérielles et toutes visites des lieux doivent être faites en présence des agents et conseils des parties ou eux dûment appelés.

Art 22. La commission a le droit de solliciter de l'une ou l'autre partie telles explications ou informations qu'elle jugera utiles.

Art. 23. Les parties s'engagent à fournir à la commission d'enquête, dans la plus large mesure qu'elles jugeront possible, tous les moyens et toutes les facilités nécessaires pour la connaissance complète et l'appréciation exacte des faits en question.

Elles s'engagent à user des moyens dont elles disposent d'après leur législation intérieure, pour assurer la comparution des témoins ou des experts se trouvant sur leur territoire et cités devant la commission.

Si ceux-ci ne peuvent comparaître devant la commission, elles feront procéder à leur audition devant leurs autorités compétentes.

Art. 24. Pour toutes les notifications que la commission aurait à faire sur le territoire d'une tierce puissance contractante, la commission s'adressera directement au gouvernement de cette puissance. Il en sera de même s'il s'agit de faire procéder sur place à l'établissement de tous moyens de preuve.

Les requêtes adressées à cet effet seront exécutées suivant les moyens dont la puissance requise dispose d'après sa législation intérieure. Elles ne peuvent être refusées que si cette puissance les juge de nature à porter atteinte à sa souveraineté ou à sa sécurité.

La commission aura aussi toujours la faculté de recourir à l'intermédiaire de la puissance sur le territoire de laquelle elle a son siège.

Art. 25. Les témoins et les experts sont appelés à la requête des parties ou d'office par la commission, et, dans tous les cas, par l'intermédiaire du gouvernement de l'Etat sur le territoire duquel ils se trouvent.

Les témoins sont entendus, successivement et séparément, en présence des agents et des conseils et dans un ordre à fixer par la commission.

Art. 26. L'interrogatoire des témoins est conduit par le président.

Les membres de la commission peuvent néanmoins poser à chaque témoin les questions qu'ils croient convenables pour éclaircir ou compléter sa déposition ou pour se renseigner sur tout ce qui concerne le témoin dans les limites nécessaires à la manifestation de la vérité.

Les agents et les conseils des parties ne peuvent interrompre le témoin dans sa déposition, ni lui faire aucune interpellation directe, mais peuvent demander au président de poser au témoin telles questions complémentaires qu'ils jugent utiles.

Art. 27. Le témoin peut déposer sans qu'il lui soit permis de lire aucun projet écrit. Toutefois, il peut être autorisé par le président à s'aider de notes ou de documents si la nature des faits rapportés en nécessite l'emploi.

Art. 28. Procès-verbal de la déposition du témoin est dressé séance tenante et lecture en est donnée au témoin. Le témoin peut y faire tels changements et additions que bon lui semble et qui seront consignés à la suite de sa déposition.

Lecture faite au témoin de l'ensemble de sa déposition, le témoin est requis de signer.

Art. 29. Les agents sont autorisés, au cours ou à la fin de l'enquête, à présenter par écrit à la commission et à l'autre partie tels dires, réquisitions ou résumés de fait, qu'ils jugent utiles à la découverte de la vérité.

Art. 30. Les délibérations de la commission ont lieu à huis clos et restent secrètes.

Toute décision est prise à la majorité des membres de la commission.

Le refus d'un membre de prendre part au vote doit être constaté dans le procès-verbal.

Art. 31. Les séances de la commission ne sont publiques et les procès-verbaux et documents de l'enquête ne sont rendus publics qu'en vertu d'une décision de la commission, prise avec l'assentiment des parties.

Art. 32. Les parties ayant présenté tous les éclaircissements et preuves, tous les témoins ayant été entendus, le président prononce la clôture de l'enquête et la commission s'ajourne pour délibérer et rédiger son rapport.

Art. 33. Le rapport est signé par tous les membres de la commission.

Si un des membres refuse de signer, mention en est faite; le rapport reste néanmoins valable.

Art. 34. Le rapport de la commission est lu en séance publique, les agents et les conseils des parties présents ou dûment appelés.

Un exemplaire du rapport est remis à chaque partie.

Art. 35. Le rapport de la commission, limité à la constatation des faits, n'a nullement le caractère d'une sentence arbitrale. Il laisse aux parties une entière liberté pour la suite à donner à cette constatation.

Art. 36. Chaque partie supporte ses propres frais et une part égale des frais de la commission.

TITRE IV

De l'arbitrage international

CHAPITRE PREMIER

DE LA JUSTICE ARBITRALE

Art. 37. L'arbitrage international a pour objet le rè
glement de litiges entre les États par des juges de
leur choix et sur la base du respect du droit.

Le recours à l'arbitrage implique l'engagement de se
soumettre de bonne foi à la sentence.

Art. 38. Dans les questions d'ordre juridique et, en
premier lieu, dans les questions d'interprétation ou
d'application des conventions internationales, l'arbitrage est reconnu par les puissances contractantes
comme le moyen le plus efficace et, en même temps, le
plus équitable de régler les litiges qui n'ont pas été
résolus par les voies diplomatiques.

En conséquence, il serait désirable que, dans les litiges sur les questions susmentionnées, les puissances
contractantes eussent, le cas échéant, recours à l'arbitrage, en tant que les circonstances le permettraient.

Art. 39. La convention d'arbitrage est conclue pour
des contestations déjà nées ou pour des contestations
éventuelles.

Elle peut concerner tout litige ou seulement les liti
ges d'une catégorie déterminée.

Art. 40. Indépendamment des traités généraux ou particuliers qui stipulent actuellement l'obligation du recours à l'arbitrage pour les puissances contractantes,
ces puissances se réservent de conclure des accords
nouveaux, généraux ou particuliers, en vue d'étendre l'arbitrage obligatoire à tous les cas qu'elles jugeront possible de lui soumettre.

CHAPITRE II

DE LA COUR PERMANENTE D'ARBITRAGE.

Art. 41. Dans le but de faciliter le recours immédiat
à l'arbitrage pour les différends internationaux qui
n'ont pu être réglés par la voie diplomatique, les puissances contractantes s'engagent à maintenir, telle qu'elle
a été établie par la première conférence de la paix, la
cour permanente d'arbitrage, accessible en tout temps
et fonctionnant, sauf stipulation contraire des parties,

conformément aux règles de procédure insérées dans la présente convention.

Art. 42. La cour permanente est compétente pour tous les cas d'arbitrage, à moins qu'il n'y ait entente entre les parties pour l'établissement d'une juridiction spéciale.

Art. 43. La cour permanente a son siège à La Haye.

Un bureau international sert de greffe à la cour; il est l'intermédiaire des communications relatives aux réunions de celle-ci; il a la garde des archives et la gestion de toutes les affaires administratives.

Les puissances contractantes s'engagent à communiquer au bureau, aussitôt que possible, une copie certifiée conforme de toute stipulation d'arbitrage intervenue entre elles et de toute sentence arbitrale les concernant et rendue par des juridictions spéciales

Elles s'engagent à communiquer de même au bureau les lois, règlements et documents constatant éventuellement l'exécution des sentences rendues par la cour.

Art. 44. Chaque puissance contractante désigne quatre personnes au plus, d'une compétence reconnue dans les questions de droit international, jouissant de la plus haute considération morale et disposées à accepter les fonctions d'arbitre.

Les personnes ainsi désignées sont inscrites, au titre de membres de la cour, sur une liste qui sera notifiée à toutes les puissances contractantes par les soins du bureau.

Toute modification à la liste des arbitres est portée, par les soins du bureau, à la connaissance des puissances contractantes.

Deux ou plusieurs puissances peuvent s'entendre pour la désignation en commun d'un ou de plusieurs membres.

La même personne peut être désignée par des puissances différentes.

Les membres de la cour sont nommés pour un terme de six ans. Leur mandat peut être renouvelé.

En cas de décès ou de retraite d'un membre de la cour, il est pourvu à son remplacement, selon le mode fixé pour sa nomination, et pour une nouvelle période de six ans.

Art. 45. Lorsque les puissances contractantes veulent s'adresser à la cour permanente pour le règlement d'un différend survenu entre elles, le choix des arbitres appelés à former le tribunal compétent pour statuer sur ce différend doit être fait dans la liste générale des membres de la cour.

A défaut de constitution du tribunal arbitral par l'accord des parties, il est procédé de la manière suivante :

Chaque partie nomme deux arbitres, dont un seulement peut être son national ou choisi parmi ceux qui ont été désignés par elle comme membres de la cour permanente. Ces arbitres choisissent ensemble un surarbitre.

En cas de partage des voix, le choix du surarbitre est confié à une puissance tierce, désignée de commun accord par les parties.

Si l'accord ne s'établit pas à ce sujet, chaque partie désigne une puissance différente et le choix du surarbitre est fait de concert par les puissances ainsi désignées.

Si, dans un délai de deux mois, ces deux puissances n'ont pu tomber d'accord, chacune d'elles présente deux candidats pris sur la liste des membres de la cour permanente, en dehors des membres désignés par les parties et n'étant les nationaux d'aucune d'elles. Le sort détermine lequel des candidats ainsi présentés sera le surarbitre.

Art. 46. Dès que le tribunal est composé, les parties notifient au bureau leur décision de s'adresser à la cour, le texte de leur compromis et le nom des arbitres.

Le bureau communique sans délai à chaque arbitre le compromis et le nom des autres membres du tribunal.

Le tribunal se réunit à la date fixée par les parties. Le bureau pourvoira à son installation.

Les membres du tribunal, dans l'exercice de leurs fonctions et en dehors de leur pays, jouissent des privilèges et des immunités diplomatiques.

Art. 47. Le bureau est autorisé à mettre ses locaux et son organisation à la disposition des puissances contractantes pour le fonctionnement de toute juridiction spéciale d'arbitrage.

La juridiction de la cour permanente peut être étendue, dans les conditions prescrites par les règlements, aux litiges existant entre des puissances non contractantes ou entre des puissances contractantes et des puissances non contractantes, si les parties sont convenues de recourir à cette juridiction.

Art. 48. Les puissances contractantes considèrent comme un devoir, dans le cas où un conflit aigu menacerait d'éclater entre deux ou plusieurs d'entre elles, de rappeler à celles-ci que la cour permanente leur est ouverte.

En conséquence, elles déclarent que le fait de rappeler aux parties en conflit les dispositions de la présente convention, et, le conseil donné, dans l'intérêt supérieur de la paix, de s'adresser à la cour permanente, ne peuvent être considérés que comme actes de bons offices.

En cas de conflit entre deux puissances, l'une d'elles pourra toujours adresser au bureau international une note contenant sa déclaration qu'elle serait disposée à soumettre le différend à un arbitrage.

Le bureau devra porter aussitôt la déclaration à la connaissance de l'autre puissance.

Art. 49. Le conseil administratif permanent, composé des représentants diplomatiques des puissances contractantes accréditées à La Haye et du ministre des affaires étrangères des Pays-Bas, qui remplit les fonctions de président, à la direction et le contrôle du bureau international.

Le conseil arrête son règlement d'ordre ainsi que tous autres règlements nécessaires.

Il décide toutes les questions administratives qui pourraient surgir touchant le fonctionnement de la cour.

Il a tout pouvoir quant à la nomination, la suspension ou la révocation des fonctionnaires et employés du bureau.

Il fixe les traitements et salaires, et contrôle la dépense générale.

La présence de neuf membres dans les réunions dûment convoquées suffit pour permettre au conseil de délibérer valablement. Les décisions sont prises à la majorité des voix.

Le conseil communique sans délai aux puissances contractantes les règlements adoptés par lui. Il leur présente chaque année un rapport sur les travaux de la cour, sur le fonctionnement des services administratifs et sur les dépenses. Le rapport contient également ment un résumé du contenu essentiel des documents communiqués au bureau par les puissances en vertu de l'article 43, alinéas 3 et 4.

Art. 50. Les frais du bureau seront supportés par les puissances contractantes dans la proportion établie pour le bureau international de l'union postale universelle.

Les frais à la charge des puissances adhérentes seront comptés à partir du jour où leur adhésion produit ses effets.

CHAPITRE III

DE LA PROCÉDURE ARBITRALE.

Art. 51. En vue de favoriser le développement de l'arbitrage, les puissances contractantes ont arrêté les règles suivantes, qui sont applicables à la procédure arbitrale, en tant que les parties ne sont pas convenues d'autres règles.

Art. 52. Les puissances qui recourent à l'arbitrage signent un compromis dans lequel sont déterminés les objets du litige, le délai de nomination des arbitres, la forme, l'ordre et les délais dans lesquels la communication visée par l'article 63 devra être faite, et le montant de la somme que chaque partie aura à déposer pour les frais.

Le compromis détermine également, s'il y a lieu, le mode de nomination des arbitres, tous pouvoirs spéciaux éventuels du tribunal, son siège, la langue dont il sera fait usage, et celles dont l'emploi sera autorisé devant lui, et généralement toutes les conditions dont les parties sont convenues.

Art. 53. La cour permanente est compétente pour l'établissement du compromis, si les parties sont d'accord pour s'en remettre à elle.

Elle est également compétente, même si la demande est faite seulement par l'une des parties, après qu'un accord par la voie diplomatique a été vainement essayé, quand il s'agit :

1° D'un différend rentrant dans un traité d'arbitrage général conclu ou renouvelé après la mise en vigueur de cette convention et qui prévoit pour chaque différend un compromis, et n'exclut pour l'établissement de ce dernier ni explicitement ni implicitement la compétence de la cour. Toutefois, le recours à la cour n'a pas lieu si l'autre partie déclare qu'à son avis le différend n'appartient pas à la catégorie des différends à soumettre à un arbitrage obligatoire, à moins que le traité d'arbitrage ne confère au tribunal arbitral le pouvoir de décider cette question préalable;

2° D'un différend provenant de dettes contractuelles réclamées à une puissance par une autre puissance comme dues à ses nationaux, et pour la solution duquel l'offre d'arbitrage a été acceptée. Cette disposition n'est pas applicable si l'acceptation a été subordonnée à la condition que le compromis soit établi selon un autre mode.

Art. 54. Dans les cas prévus par l'article précédent, le compromis sera établi par une commission composée de cinq membres désignés de la manière prévue à l'article 45, alinéas 3 à 6.

Le cinquième membre est de droit président de la commission.

Art. 55. Les fonctions arbitrales peuvent être conférées à un arbitre unique ou à plusieurs arbitres désignés par les parties à leur gré, ou choisis par elles parmi les membres de la cour permanente d'arbitrage établie par la présente convention.

A défaut de constitution du tribunal par l'accord des parties, il est procédé de la manière indiquée à l'article 45, alinéas 3 à 6.

Art. 56. Lorsqu'un souverain ou un chef d'Etat est choisi pour arbitre, la procédure arbitrale est réglée par lui.

Art. 57. Le surarbitre est de droit président du tribunal.

Lorsque le tribunal ne comprend pas de surarbitre, il nomme lui-même son président.

Art. 58. En cas d'établissement du compromis par une commission, telle qu'elle est visée à l'article 54, et sauf stipulation contraire, la commission elle-même formera le tribunal d'arbitrage.

Art. 59. En cas de décès, de démission ou d'empêchement, pour quelque cause que ce soit, de l'un des arbitres, il est pourvu à son remplacement selon le mode fixé pour sa nomination.

Art. 60. A défaut de désignation par les parties, le tribunal siège à La Haye.

Le tribunal ne peut siéger sur le territoire d'une tierce puissance qu'avec l'assentiment de celle-ci.

Le siège, une fois fixé, ne peut être changé par le tribunal qu'avec l'assentiment des parties.

Art. 61. Si le compromis n'a pas déterminé les langues à employer, il en est décidé par le tribunal.

Art. 62. Les parties ont le droit de nommer auprès du tribunal des agents spéciaux, avec la mission de servir d'intermédiaires entre elles et le tribunal.

Elles sont, en outre, autorisées à charger de la défense de leurs droits et intérêts devant le tribunal, des conseils ou avocats nommés par elles à cet effet.

Les membres de la cour permanente ne peuvent exercer les fonctions d'agents, conseils ou avocats, qu'en faveur de la puissance qui les a nommés membres de la cour.

Art. 63. La procédure arbitrale comprend, en règle générale, deux phases distinctes : l'instruction écrite et les débats.

L'instruction écrite consiste dans la communication faite par les agents respectifs, aux membres du tribunal et à la partie adverse, des mémoires, des contre-mémoires et, au besoin, des répliques; les parties y joignent toutes pièces et documents invoqués dans la cause. Cette communication aura lieu, directement ou par l'intermédiaire du bureau international, dans l'ordre et les délais déterminés par le compromis.

Les délais fixés par le compromis pourront être prolongés de commun accord par les parties ou par le tribunal quand il le juge nécessaire pour arriver à une décision juste.

Les débats consistent dans le développement oral des moyens des parties devant le tribunal.

Art. 64. Toute pièce, produite par l'une des parties, doit être communiquée, en copie certifiée conforme, à l'autre partie.

Art. 65. A moins de circonstances spéciales, le tribunal ne se réunit qu'après clôture de l'instruction.

Art. 66. Les débats sont dirigés par le président.

Ils ne sont publics qu'en vertu d'une décision du tribunal, prise avec l'assentiment des parties.

Ils sont consignés dans des procès-verbaux rédigés par des secrétaires que nomme le président. Ces procès-verbaux sont signés par le président et par un des secrétaires, ils ont seuls caractère authentique.

Art. 67. L'instruction étant close, le tribunal a le droit d'écarter du débat tous actes ou documents nouveaux qu'une des parties voudrait lui soumettre sans le consentement de l'autre.

Art. 68. Le tribunal demeure libre de prendre en considération les actes ou documents nouveaux sur lesquels les agents ou conseils des parties appelleraient son attention.

En ce cas, le tribunal a le droit de requérir la production de ces actes ou documents, sauf l'obligation d'en donner connaissance à la partie adverse.

Art. 69. Le tribunal peut, en outre, requérir des agents des parties la production de tous actes et demander toutes explications nécessaires. En cas de refus, le tribunal prend acte.

Art. 70. Les agents et les conseils des parties sont autorisés à présenter oralement au tribunal tous les moyens qu'ils jugent utiles à la défense de leur cause.

Art. 71. Ils ont le droit de soulever des exceptions et des incidents. Les décisions du tribunal sur ces points sont définitives et ne peuvent donner lieu à aucune discussion ultérieure.

Art. 72. Les membres du tribunal ont le droit de poser des questions aux agents et aux conseils des parties et de leur demander des éclaircissements sur les points douteux.

Ni les questions posées, ni les observations faites par les membres du tribunal pendant le cours des débats ne peuvent être regardées comme l'expression des opinions du tribunal en général ou de ses membres en particulier.

Art. 73. Le tribunal est autorisé à déterminer sa compétence en interprétant le compromis ainsi que les autres actes et documents qui peuvent être invoqués dans la matière, et en invoquant les principes du droit.

Art. 74. Le tribunal a le droit de rendre des ordonnances de procédure pour la direction du procès, de déterminer les formes, l'ordre et les délais dans les quels chaque partie devra prendre ses conclusions finales, et de procéder à toutes les formalités que comporte l'administration des preuves.

Art. 75. Les parties s'engagent à fournir au tribunal, dans la plus large mesure qu'elles jugeront possible, tous les moyens nécessaires pour la décision du litige.

Art. 76. Pour toutes les notifications que le tribunal aurait à faire sur le territoire d'une tierce puissance contractante, le tribunal s'adresera directement au gouvernement de cette puissance. Il en sera de même s'il s'agit de faire procéder sur place à l'établissement de tous moyens de preuve.

Les requêtes adressées à cet effet seront exécutées suivant les moyens dont la puissance requise dispose d'après sa législation intérieure. Elles ne peuvent être refusées que si cette puissance les juge de nature à porter atteinte à sa souveraineté ou à sa sécurité.

Le tribunal aura aussi toujours la faculté de recourir à l'intermédiaire de la puissance sur le territoire de laquelle il a son siège.

Art. 77. Les agents et les conseils des parties ayant présenté tous les éclaircissements et preuves à l'appui de leur cause, le président prononce la clôture des débats.

Art. 78. Les délibérations du tribunal ont lieu à huis clos et restent secrètes.

Toute décision est prise à la majorité de ses membres.

Art. 79. La sentence arbitrale est motivée. Elle mentionne les noms des arbitres; elle est signée par le président et par le greffier ou le secrétaire faisant fonctions de greffier.

Art. 80. La sentence est lue en séance publique, les agents et les conseils des parties présents ou dûment appelés.

Art. 81. La sentence, dûment prononcée et notifiée aux agents des parties, décide définitivement et sans appel la contestation.

Art. 82. Tout différend qui pourrait surgir entre les parties, concernant l'interprétation et l'exécution de la sentence, sera, sauf stipulation contraire, soumis au jugement du tribunal qui l'a rendue.

Art. 83. Les parties peuvent se réserver dans le compromis de demander la revision de la sentence arbitrale.

Dans ce cas, et sauf stipulation contraire, la demande doit être adressée au tribunal qui a rendu la sentence. Elle ne peut être motivée que par la découverte d'un fait nouveau, qui eût été de nature à exercer une influence décisive sur la sentence et qui, lors de la clôture des débats, était inconnu du tribunal lui-même et de la partie qui a demandé la revision.

La procédure de revision ne peut être ouverte que par une décision du tribunal constatant expressément l'existence du fait nouveau, lui reconnaissant les caractères prévus par le paragraphe précédent et déclarant à ce titre la demande recevable.

Le compromis détermine le délai dans lequel la demande de revision doit être formée.

Art. 84. La sentence arbitrale n'est obligatoire que pour les parties en litige.

Lorsqu'il s'agit de l'interprétation d'une convention à laquelle ont participé d'autres puissances que les parties en litige, celles-ci avertissent en temps utile toutes les puissances signataires. Chacune de ces puissances a le droit d'intervenir au procès. Si une ou plusieurs d'entre elles ont profité de cette faculté, l'interprétation contenue dans la sentence est également obligatoire à leur égard.

Art. 85. Chaque partie supporte ses propres frais et une part égale des frais du tribunal.

CHAPITRE IV

DE LA PROCÉDURE SOMMAIRE D'ARBITRAGE.

Art. 86. En vue de faciliter le fonctionnement de la justice arbitrale, lorsqu'il s'agit de litiges de nature à comporter une procédure sommaire, les puissances contractantes arrêtent les règles ci-après qui seront suivies en l'absence de stipulations différentes, et sous réserves, le cas échéant, de l'application des dispositions du chapitre III qui ne seraient pas contraires.

Art. 87. Chacune des parties en litige nomme un arbitre. Les deux arbitres ainsi désignés choisissent un surarbitre. S'ils ne tombent pas d'accord à ce sujet, chacun présente deux candidats pris sur la liste générale des membres de la cour permanente en dehors des membres indiqués par chacune des parties elles-mêmes et n'étant les nationaux d'aucune d'elles; le sort détermine lequel des candidats ainsi présentés sera le surarbitre.

Le surarbitre préside le tribunal, qui rend ses décisions à la majorité des voix.

Art. 88. A défaut d'accord préalable, le tribunal fixe, dès qu'il est constitué, le délai dans lequel les deux parties devront lui soumettre leurs mémoires respectifs.

Art. 89. Chaque partie est représentée devant le tribunal par un agent qui sert d'intermédiaire entre le tribunal et le gouvernement qui l'a désigné.

Art. 90. La procédure a lieu exclusivement par écrit. Toutefois, chaque partie a le droit de demander la comparution de témoins et d'experts. Le tribunal a, de son côté, la faculté, de demander des explications orales aux agents des deux parties, ainsi qu'aux experts et aux témoins dont il juge la comparution utile.

TITRE V

Dispositions finales

Art. 91. La présente convention dûment ratifiée remplacera, dans les rapports entre les puissances contractantes, la convention pour le règlement pacifique des conflits internationaux du 29 juillet 1899.

Art. 92. La présente convention sera ratifiée aussitôt que possible.

Les ratifications seront déposées à La Haye.

Le premier dépôt de ratifications sera constaté par un procès-verbal signé par les représentants des puissances qui y prennent part et par le Ministre des affaires étrangères des Pays-Bas.

Les dépôts ultérieurs de ratifications se feront au moyen d'une notification écrite, adressée au gouvernement des Pays-Bas et accompagnée de l'instrument de ratification.

Copie certifiée conforme du procès-verbal relatif au premier dépôt de ratifications, des notifications mentionnées à l'alinéa précédent, ainsi que des instruments de ratification, sera immédiatement remise par les soins du gouvernement des Pays-Bas et par la voie diplomatique, aux puissances conviées à la deuxième conférence de la paix, ainsi qu'aux autres puissances qui auront adhéré à la convention. Dans les cas visés par l'alinéa précédent, ledit gouvernement leur fera connaître en même temps la date à laquelle il a reçu la notification.

Art. 93. Les puissances non signataires, qui ont été conviées à la deuxième conférence de la paix pourront adhérer à la présente convention.

La puissance qui désire adhérer notifie par écrit son intention au gouvernement des Pays-Bas en lui transmettant l'acte d'adhésion qui sera déposé dans les archives dudit gouvernement.

Ce gouvernement transmettra immédiatement à toutes les autres puissances conviées à la deuxième conférence de la paix copie certifiée conforme de la notification ainsi que de l'acte d'adhésion, en indiquant la date à laquelle il a reçu la notification.

Art. 94. Les conditions auxquelles les puissances qui n'ont pas été conviées à la deuxième conférence de la paix pourront adhérer à la présente convention, formeront l'objet d'une entente ultérieure entre les puissances contractantes.

Art. 95. La présente convention produira effet, pour les puissances qui auront participé au premier dépôt de ratifications, soixante jours après la date du procès-verbal de ce dépôt, et, pour les puissances qui ratifieront ultérieurement ou qui adhéreront, soixante jours après que la notification de leur ratification ou de leur adhésion aura été reçue par le gouvernement des Pays-Bas.

Art. 96. S'il arrivait qu'une des puissances contractantes voulût dénoncer la présente convention, la dénonciation sera notifiée par écrit au gouvernement des Pays-Bas, qui communiquera immédiatement copie conforme de la notification à toutes les autres puissances en leur faisant savoir la date à laquelle il l'a reçue.

La dénonciation ne produira ses effets qu'à l'égard de la puissance qui l'aura notifiée et un an après que la notification en sera parvenue au gouvernement des Pays-Bas.

Art. 97. Un registre, tenu par le ministère des affaires étrangères des Pays-Bas indiquera la date du dépôt de ratifications effectué en vertu de l'article 95 (alinéas 3 et 4), ainsi que la date à laquelle auront été reçues les notifications d'adhésion (art. 93, alinéa 2) ou de dénonciation (art. 96, alinéa 1).

Chaque puissance contractante est admise à prendre connaissance de ce registre et à en demander des extraits certifiés conformes.

En foi de quoi, les plénipotentiaires ont revêtu la présente convention de leurs signatures.

Fait à La Haye, le 18 octobre 1907, en un seul exemplaire qui restera déposé dans les archives du gouvernement des Pays-Bas et dont les copies certifiées conformes seront remises par la voie diplomatique aux puissances contractantes :

(Suivent les signatures.)

Art. 2. Le Ministre des affaires étrangères et le garde des sceaux, Ministre de la justice, sont chargés, chacun en ce qui le concerne, de l'exécution du présent décret.

Fait à Paris, le 2 décembre 1910.

A. FALLIÈRES.

Le Ministre des affaires étrangères,
S. PICHON.

Le garde des sceaux, Ministre de la justice,
Théodore GIRARD.

*Décret portant promulgation de la convention interna-
tionale, signée à La Haye le 18 octobre 1907, concernant
la limitation de l'emploi de la force pour le recouvrement de dettes contractuelles.*

Paris, le 2 décembre 1910.

Le Président de la République française,

Sur la proposition du Ministre des affaires étrangères.

Décrète :

Art. 1er. Le Sénat et la Chambre des députés ayant
adopté la convention internationale concernant la limitation de l'emploi de la force pour le recouvrement
de dettes contractuelles, signée à La Haye, le 18 octobre 1907, par la France, l'Allemagne, les Etats-Unis
d'Amérique, la République Argentine, l'Autriche-Hongrie, la Bolivie, la Bulgarie, le Chili, la Colombie, la
République de Cuba, le Danemark, la République Dominicaine, l'Equateur, l'Espagne, la Grande-Bretagne, la
Grèce, le Guatémala, Haïti, l'Italie, le Japon, le Mexique, le Monténégro, la Norvège, le Panama, le Paraguay, les Pays-Bas, le Pérou, la Perse, le Portugal, la
Russie, le Salvador, la Serbie, la Turquie et l'Uruguay,
et les ratifications (1) de cet acte ayant été déposées à
La Haye par la France, l'Allemagne, les Etats-Unis
d'Amérique, l'Autriche-Hongrie, le Danemark, la
Grande-Bretagne, Haïti, le Mexique, la Norvège, les
Pays-Bas, la Russie, le Salvador; la Chine ayant adhéré à ladite convention le 15 janvier 1910 et le Nicaragua le 16 décembre 1909, avec les réserves suivantes :
a) En ce qui concerne les dettes provenant de contrats
ordinaires entre le ressortissant d'une nation et un
gouvernement étranger on n'aura recours à l'arbitrage
que dans le cas spécifique de déni de justice par les juridictions du pays du contrat qui doivent être préalablement épuisées; b) les emprunts publics, avec émis-
sion de bons, constituant la dette nationale, ne pourront donner lieu, en aucun cas, à l'agression militaire
ni à l'occupation matérielle du sol des nations améri-
caines; — ladite convention dont la teneur suit recevra
sa pleine et entière exécution.

---

(1) Une note insérée au *Journal officiel* indiquera la date à laquelle
les autres puissances auront procédé à cette formalité.

Convention II concernant la limitation de l'emploi de la force pour le recouvrement des dettes

(Liste des souverains et chefs d'Etat.)

Désireux d'éviter entre les nations des conflits armés d'une origine pécuniaire, provenant de dettes contractuelles, réclamées au gouvernement d'un pays par le gouvernement d'un autre pays comme dues à ses nationaux.

Ont résolu de conclure une convention à cet effet et ont nommé pour leurs plénipotentiaires, savoir :

(Suit la désignation des plénipotentiaires.)

Lesquels, après avoir déposé leurs pleins pouvoirs trouvés en bonne et due forme, sont convenus des dispositions suivantes :

Art. 1er. Les puissances contractantes sont convenues de ne pas avoir recours à la force armée pour le recouvrement de dettes contractuelles réclamées au gouvernement d'un pays par le gouvernement d'un autre pays comme dues à ses nationaux.

Toutefois, cette stipulation ne pourra être appliquée quand l'Etat débiteur refuse ou laisse sans réponse une offre d'arbitrage, ou, en cas d'acceptation, rend impossible l'établissement du compromis, ou, après l'arbitrage, manque de se conformer à la sentence rendue.

Art. 2. Il est de plus convenu que l'arbitrage, mentionné dans l'alinéa 2 de l'article précédent, sera soumis à la procédure prévue par le titre IV, chapitre III, de la convention de La Haye pour le règlement pacifique des conflits internationaux. Le jugement arbitral détermine, sauf les arrangements particuliers des parties, le bien fondé de la réclamation, le montant de la dette, le temps et le mode de payement.

Art. 3. La présente convention sera ratifiée aussitôt que possible.

Les ratifications seront déposées à La Haye.

Le premier dépôt de ratification sera constaté par un procès-verbal signé par les représentants des puissances qui y prennent part et par le Ministre des affaires étrangères des Pays-Bas.

Les dépôts ultérieurs de ratifications se feront au moyen d'une notification écrite, adressée au gouvernement des Pays-Bas et accompagnée de l'instrument de ratification.

Copie certifiée conforme du procès-verbal relatif au premier dépôt de ratifications, des notifications mentionnées à l'alinéa précédent, ainsi que des instruments de ratification, sera immédiatement remise, par les soins du gouvernement des Pays-Bas et par la voie diplomatique, aux puissances conviées à la deuxième conférence de la paix, ainsi qu'aux autres puissances qui auront adhéré à la convention. Dans les cas visés par l'alinéa précédent, ledit gouvernement leur fera connaître en même temps la date à laquelle il a reçu la notification.

Art. 4. Les puissances non signataires sont admises à adhérer à la présente convention.

La puissance qui désire adhérer notifie par écrit son intention au gouvernement des Pays-Bas en lui transmettant l'acte d'adhésion qui sera déposé dans les archives dudit gouvernement.

Ce gouvernement transmettra immédiatement à toutes les autres puissances conviées à la deuxième conférence de la paix, copie certifiée conforme de la notification ainsi que de l'acte d'adhésion, en indiquant la date à laquelle il a reçu la notification.

Art. 5. La présente convention produira effet pour les puissances qui auront participé au premier dépôt de ratifications, soixante jours après la date du procès-verbal de ce dépôt, pour les puissances qui ratifieront ultérieurement ou qui adhéreront, soixante jours aurès que la notification de leur ratification ou de leur adhésion aura été reçue par le gouvernement des Pays-Bas.

Art. 6. S'il arrivait qu'une des puissance contractantes voulût dénoncer la présente convention, la dénonciation sera notifiée par écrit au gouvernement des Pays-Bas, qui communiquera immédiatement copie certifiée conforme de la notification à toutes les autres puissances en leur faisant savoir la date à laquelle il l'a reçue.

La dénonciation ne produira ses effets qu'à l'égard de la puissance qui l'aura notifiée et un an après que la notification en sera parvenue au gouvernement des Pays-Bas.

Art. 7. Un registre tenu par le Ministre des affaires étrangères des Pays-Bas indiquera la date du dépôt de ratifications effectué en vertu de l'article 3 (alinéas 3 et 4), ainsi que la date à laquelle auront été reçues les notifications d'adhésion (art. 4, alinéa 2) ou de dénonciation (art. 6, alinéa 1).

Chaque puissance contractante est admise à prendre connaissance de ce registre et à en demander des extraits certifiés conformes.

En foi de quoi, les plénipotentiaires ont revêtu la présente convention de leurs signatures.

Fait à La Haye, le 18 octobre 1907, en un seul exemplaire qui restera déposé dans les archives du gouvernement des Pays-Bas et dont des copies certifiées conformes seront remises par la voie diplomatique aux puissances contractantes.

(Suivent les signatures.)

Art. 2. Le Ministre des affaires étrangères est chargé de l'exécution du présent décret.

Fait à Paris, le 2 décembre 1910.

A. FALLIÈRES.

Par le Président de la République :

Le Ministre des affaires étrangères,

S. PICHON.

Décret portant promulgation de la convention internationale signée à La Haye le 18 octobre 1907, relative à l'ouverture des hostilités.

Paris, le 2 décembre 1910.

Le Président de la République française,

Sur la proposition du Ministre des affaires étrangères, du Ministre de la marine et du Ministre de la guerre,

Décrète :

Art. 1er. Le Sénat et la Chambre des députés ayant adopté la convention internationale relative à l'ouverture des hostilités, signée à La Haye, le 18 octobre 1907, par la France, l'Allemagne, les États-Unis d'Amérique, la République Argentine, l'Autriche-Hongrie, la Belgique, la Bolivie, le Brésil, la Bulgarie, le Chili, la Colombie, la République de Cuba, le Danemark, la République dominicaine, l'Équateur, l'Espagne, la Grande-Bretagne, la Grèce, la Guatémala, Haïti, l'Italie, le Japon, le Luxembourg, le Mexique, le Monténégro, la Norvège, le Panama, le Paraguay, les Pays-Bas, le Pérou, la Perse, le Portugal, la Roumanie, la Russie, le Salvador, la Serbie, le Siam, la Suède, la Suisse, la Turquie, l'Uruguay et le Vénézuéla, et les ratifications de cet acte ayant été déposées à La Haye par la France, l'Allemagne, les États-Unis d'Amérique, l'Autriche-Hongrie, la Belgique, la Bolivie, le Danemark, la Grande-Bretagne, Haïti, le Mexique, la Norvège, les Pays-Bas, la Russie, le Salvador, le Siam, la Suède et la Suisse; — la Chine ayant adhéré à ladite convention le 15 janvier 1910 et le Nicaragua le 16 novembre 1909; ladite convention dont la teneur suit recevra sa pleine et entière exécution.

Convention III relative à l'ouverture des hostilités.

(Liste des souverains et chefs d'Etat.)

Considérant que, pour la sécurité des relations pacifiques, il importe que les hostilités ne commencent pas sans un avertissement préalable;

Qu'il importe, de même, que l'état de guerre soit notifié sans retard aux puissances neutres;

Désirant conclure une convention à cet effet, ont nommé pour leurs plénipotentiaires, savoir :

(Suit la désignation des plénipotentiaires.)

Lesquels, après avoir déposé leurs pleins pouvoirs, trouvés en bonne et due forme, sont convenus des dispositions suivantes :

Art. 1er. Les puissances contractantes reconnaissent que les hostilités entre elles ne doivent pas commencer sans un avertissement préalable et non équivoque, qui aura, soit la forme d'une déclaration de guerre motivée, soit celle d'un ultimatum avec déclaration de guerre conditionnelle.

Art. 2. L'état de guerre devra être notifié sans retard aux puissances neutres et ne produira effet à leur égard qu'après réception d'une notification qui pourra être faite même par voie télégraphique. Toutefois, les puissances neutres ne pourraient invoquer l'absence de notification, s'il était établi d'une manière non douteuse, qu'en fait elles connaissaient l'état de guerre.

Art. 3. L'article 1er de la présente convention produira effet en cas de guerre entre deux ou plusieurs des puissances contractantes.

Art. 4. La présente convention sera ratifiée aussitôt que possible.

Les ratifications seront déposées à La Haye.

Le premier dépôt de ratifications sera constaté par un procès-verbal signé par les représentants des puissances qui y prennent part et par le Ministre des affaires étrangères des Pays-Bas.

Les dépôts ultérieures de ratifications se feront au

moyen d'une notification écrite adressée au gouvernement des Pays-Bas et accompagnée de l'instrument de ratification.

Copie certifiée conforme du procès-verbal relatif au premier dépôt de ratifications, des notifications mentionnées à l'alinéa précédent ainsi que des instruments de ratification, sera immédiatement remise par les soins du gouvernement des Pays-Bas et par la voie diplomatique aux puissances conviées à la deuxième conférence de la paix, ainsi qu'aux autres puissances qui auront adhéré à la convention. Dans les cas visés par l'alinéa précédent, ledit gouvernement leur fera connaître en même temps la date à laquelle il a reçu la notification.

Art. 5. Les puissances non signataires sont admises à adhérer à la présente convention.

La puissance qui désire adhérer notifie par écrit son intention au gouvernement des Pays-Bas en lui transmettant l'acte d'adhésion qui sera déposé dans les archives dudit gouvernement.

Ce gouvernement transmettra immédiatement à toutes les autres puissances copie certifiée conforme de la notification ainsi que de l'acte d'adhésion, en indiquant la date à laquelle il a reçu la notification.

Art. 6. La présente convention produira effet pour les puissances qui auront participé au premier dépôt de ratification, soixante jours après la date du procès-verbal de ce dépôt, et pour les puissances qui ratifieront ultérieurement ou qui adhéreront, soixante jours après que la notification de leur ratification ou de leur adhésion aura été reçue par le gouvernement des Pays-Bas.

Art. 7. S'il arrivait qu'une des hautes parties contractantes voulût dénoncer la présente convention, la dénonciation sera notifiée par écrit au gouvernement des Pays-Bas qui communiquera immédiatement copie certifiée conforme de la notification à toutes les autres puissances en leur faisant savoir la date à laquelle il l'a reçue.

La dénonciation ne produira ses effets qu'à l'égard de la puissance qui l'aura notifiée et un an après que la notification en sera parvenue au gouvernement des Pays-Bas.

Art. 8. Un registre tenu par le Ministre des affaires étrangères des Pays-Bas indiquera la date du dépôt de ratifications effectué en vertu de l'article 4, alinéas 3 et 4, ainsi que la date à laquelle auront été reçues les notifications d'adhésion (article 5, alinéa 2) ou de dénonciation (art. 7, alinéa 1).

Chaque puissance contractante est admise à prendre connaissance de ce registre et à en demander des extraits certifiés conformes.

En foi de quoi, les plénipotentiaires ont revêtu la présente convention de leurs signatures.

Fait à La Haye, le 18 octobre 1907, en un seul exemplaire qui restera déposé dans les archives du gouvernement des Pays-Bas et dont les copies, certifiées conformes, seront remises par la voie diplomatique aux puissances qui ont été conviées à la deuxième conférence de la paix.

(Suivent les signatures.)

Art. 2. Le Ministre des affaires étrangères, le Ministre de la marine et le Ministre de la guerre sont chargés, chacun en ce qui le concerne, de l'exécution du présent décret.

Fait à Paris, le 2 décembre 1910.

A. FALLIÈRES.

Par le Président de la République :

Le Ministre des affaires étrangères,
S. PICHON.

Le Ministre de la Marine,
DE LAPEYRÈRE.

Le Ministre de la guerre,
BRUN.

Décret portant promulgation de la convention internationale signée à La Haye le 18 octobre 1907, concernant les lois et coutumes de la guerre sur terre.

Paris, le 2 décembre 1910.

Le Président de la République française,

Sur la proposition du Ministre des affaires étrangères et du Ministre de la guerre,

Décrète :

Art. 1er. Le Sénat et la Chambre des députés ayant adopté la convention internationale concernant les lois et coutumes de la guerre sur terre signée à La Haye, le 18 octobre 1907, par la France, l'Allemagne, les Etats-Unis d'Amérique, la République Argentine, l'Autriche-Hongrie, la Belgique, la Bolivie, le Brésil, la Bulgarie, le Chili, la Colombie, la République de Cuba, le Danemark, la République dominicaine, l'Equateur, la Grande-Bretagne, la Grèce, le Guatémala, Haïti, l'Italie, le Japon, le Luxembourg, le Mexique, le Monténégro, la Norvège, Panama, le Paraguay, les Pays-Bas, le Pérou, la Perse, le Portugal, la Roumanie, la Russie, le Salvador, la Serbie, le Siam, la Suède, la Suisse, la Turquie, l'Uruguay et le Venezuela, et les ratifications (1) de cet acte ayant été déposées à La Haye par la France, l'Allemagne, les Etats-Unis d'Amérique, l'Autriche-Hongrie, la Belgique, la Bolivie, le Danemark, la Grande-Bretagne, Haïti, le Mexique, la Norvège, les Pays-Bas, la Russie, le Salvador, le Siam, la Suède et la Suisse; — le Nicaragua ayant adhéré à ladite convention le 16 décembre 1909; ladite convention dont la teneur suit recevra sa pleine et entière exécution.

Convention IV concernant les lois et coutumes de la guerre sur terre.

(Liste des souverains et chefs d'Etat.)

Considérant que, tout en recherchant les moyens de sauvegarder la paix et de prévenir les conflits armés entre les nations, il importe de se préoccuper également du cas où l'appel aux armes serait amené par des événements que leur sollicitude n'aurait pu détourner;

Animés du désir de servir encore, dans cette hypothèse extrême, les intérêts de l'humanité et les exigences toujours progressives de la civilisation;

Estimant qu'il importe, à cette fin, de reviser les lois et coutumes générales de la guerre, soit dans le but de les définir avec plus de précision, soit afin d'y tracer certaines limites destinées à en restreindre autant que possible les rigueurs;

Ont jugé nécessaire de compléter et de préciser sur certains points l'œuvre de la première conférence de la paix qui, s'inspirant, à la suite de la conférence de Bruxelles de 1874, de ces idées recommandées par une sage et généreuse prévoyance, a adopté des dispositions ayant pour objet de définir et de régler les usages de la guerre sur terre.

---

(1) Une note insérée au *Journal Officiel* indiquera la date à laquelle les autres puissances auront procédé à cette formalité.

Selon les vues des hautes parties contractantes, ces dispositions, dont la rédaction a été inspirée par le désir de diminuer les maux de la guerre, autant que les nécessités militaires le permettent, sont destinées à servir de règle générale de conduite aux belligérants, dans leurs rapports entre eux et avec les populations.

Il n'a pas été possible toutefois de concerter dès maintenant des stipulations s'étendant à toutes les circonstances qui se présentent dans la pratique.

D'autre part, il ne pouvait entrer dans les intentions des hautes parties contractantes que les cas non prévus fussent, faute de stipulation écrite, laissés à l'appréciation arbitraire de ceux qui dirigent les armées.

En attendant qu'un codes plus complet des lois de la guerre puisse être édicté, les hautes parties contractantes jugent opportun de constater que, dans les cas non compris dans les dispositions réglementaires adoptées par elles, les populations et les belligérants restent sous la sauvegarde et sous l'empire des principes et du droit des gens, tels qu'ils résultent des usages établis entre nations civilisées, des lois de l'humanité et des exigences de la conscience publique.

Elle déclarent que c'est dans ce sens que doivent s'entendre notamment les articles 1 et 2 du règlement adopté.

Les hautes parties contractantes, désirant conclure une nouvelle convention à cet effet, ont nommé pour leur plénipotentiaires, savoir :

(Désignation des plénipotentiaires.)

Lesquels, après avoir déposé leurs pleins pouvoirs, trouvés en bonne et due forme, sont convenus de ce qui suit :

Art. 1er. Les puissances contractantes donneront à leurs forces armées de terre des instructions qui seront conformes au règlement concernant les lois et coutumes de la guerre sur terre, annexé à la présente convention.

Art. 2. Les dispositions contenues dans le règlement visé à l'article 1er, ainsi que dans la présente convention, ne sont applicables qu'entre les puissances contractantes et seulement si les belligérants sont tous parties à la convention.

Art. 3. La partie belligérante qui violerait les dispositions dudit règlement sera tenue à indemnité, s'il y à lieu. Elle sera responsable de tous actes commis par les personnes faisant partie de sa force armée.

Art. 4. La présente convention dûment ratifiée remplacera, dans les rapports entre les puissances contractantes, la convention du 29 juillet 1899, concernant les lois et coutumes de la guerre sur terre.

La convention de 1899 reste en vigueur dans les rapports entre les puissances qui l'ont signée et qui ne ratifieraient pas également la présente convention.

Art. 5. La présente convention sera ratifiée aussitôt que possible.

Les ratifications seront déposées à La Haye.

Le premier dépôt de ratification sera constaté par un procès-verbal signé par les représentants des puissances qui y prennent part et par le Ministre des affaires étrangères des Pays-Bas.

Les dépôts ultérieurs de ratifications se feront au moyen d'une notification écrite adressée au gouvernement des Pays-Bas et accompagnée de l'instrument de ratification.

Copie certifiée conforme du procès-verbal relatif au premier dépôt de ratifications, des notifications mentionnées à l'alinéa précédent, ainsi que des instruments de ratification, sera immédiatement remise par les soins du gouvernement des Pays-Bas et par la voie diplomatique aux puissances conviées à la deuxième convention de la paix, ainsi qu'aux autres puissances qui auront adhéré à la convention. Dans les cas visés par l'alinéa précédent, ledit gouvernement leur fera connaître en même temps la date à laquelle il a reçu la notification.

Art. 6. Les puissances non signataires sont admises à adhérer à la présente convention.

La puissance qui désire adhérer notifie par écrit son intention au gouvernement des Pays-Bas en lui transmettant l'acte d'adhésion, qui sera déposé dans les archives dudit gouvernement.

Ce gouvernement transmettra immédiatement à toutes les autres puissances copie certifiée conforme de la notification, ainsi que de l'acte d'adhésion, en indiquant la date à laquelle il a reçu notification.

Art. 7. La présente convention produira effet, pour les puissances qui auront participé au premier dépôt de ratifications, soixante jours après la date du procès-verbal de ce dépôt et, pour les puissances qui ratifieront ultérieurement ou qui adhéreront, soixante jours après que la notification de leur ratification ou de leur adhésion aura été reçue par le gouvernement des Pays-Bas.

Art. 8. S'il arrivait qu'une des puissances contractantes voulût dénoncer la présente convention, la dénonciation sera notifiée par écrit au gouvernement des Pays-Bas, qui communiquera immédiatement copie certifiée conforme de la notification à toutes les autres puissances en leur faisant savoir la date à laquelle il l'a reçue.

La dénonciation ne produira ses effets qu'à l'égard de la puissance qui l'aura notifiée et un an après que la notification en sera parvenue au gouvernement des Pays-Bas.

Art. 9. Un registre tenu par le ministère des affaires étrangères des Pays-Bas indiquera la date du dépôt de ratifications effectué en vertu de l'article 5, alinéas 3 et 4, ainsi que la date à laquelle auront été reçues les notifications d'adhésion (art. 6, alinéa 2) ou de dénonciation (art. 8, alinéa 1).

Chaque puissance contractante est admise à prendre connaissance de ce registre et à en demander des extraits certifiés conformes.

En foi de quoi, les plénipotentiaires ont revêtu la présente convention de leurs signatures.

Fait à La Haye, le 18 octobre 1907, en un seul exemplaire, qui restera déposé dans les archives du gouvernement des Pays-Bas et dont les copies, certifiées conformes, seront remises par la voie diplomatique aux puissances qui ont été conviées à la deuxième conférence de la paix.

(Suivent les signatures.)

ANNEXE A LA CONVENTION

Règlement concernant les lois et les coutumes de la terre sur la guerre.

***

SECTION 1re

Des belligérants.

***

CHAPITRE Ier.

DE LA QUALITÉ DE BELLIGÉRANT.

Art. 1er. Les lois, les droits et les devoirs de la guerre ne s'appliquent pas seulement à l'armée, mais encore aux milices et aux corps de volontaires réunissant les conditions suivantes :

1º D'avoir à leur tête une personne responsable pour ses subordonnés;

2º D'avoir un signe distinctif fixe et reconnaissable à distance;

3º De porter les armes ouvertement;

4º De se conformer dans leurs opérations aux lois et coutumes de la guerre.

Dans les pays où les milices ou des corps de volontaires constituent l'armée ou en font partie, ils sont compris sous la dénomination d'*armée*.

Art. 2. La population d'un territoire non occupé qui, à l'approche de l'ennemi, prend spontanément les armes pour combattre les troupes d'invasion sans avoir eu le temps de s'organiser conformément à l'article 1er, sera considérée comme belligérante si elle porte les armes ouvertemnt, et si elle respecte les lois et coutumes de la guerre.

Art. 3. Les forces armées des parties belligérantes peuvent se composer de combattants et de non-combattants. En cas de capture par l'ennemi, les uns et les autres ont droit au traitement des prisonniers de guerre.

CHAPITRE II.

DES PRISONNIERS DE GUERRE.

Art. 4. Les prisonniers de guerre sont au pouvoir du gouvernement ennemi, mais non des individus ou des corps qui les ont capturés.

Ils doivent être traités avec humanité.

Tout ce qui leur appartient personnellement, excepté les armes, les chevaux et les papiers militaires, reste leur propriété.

Art. 5. Les prisonniers de guerre peuvent être assujettis à l'internement dans une ville, forteresse, camp ou localité quelconque, avec obligation de ne pas s'en éloigner au delà de certaines limites déterminées; mais ils ne peuvent être enfermés que par mesure de sûreté indispensable et seulement pendant la durée des circonstances qui nécessitent cette mesure.

Art. 6. L'Etat peut employer comme travailleurs les prisonniers de guerre, selon leur grade et leurs aptitudes, à l'exception des officiers. Ces travaux ne seront pas excessifs et n'auront aucun rapport avec les opérations de la guerre.

Les prisonniers peuvent être autorisés à travailler pour le compte d'administrations publiques ou de particuliers, ou pour leur propre compte.

Les travaux faits pour l'Etat sont payés d'après les tarifs en vigueur pour les militaires de l'armée nationale exécutant les mêmes travaux ou, s'il n'en existe pas, d'après un tarif en rapport avec les travaux exécutés.

Lorsque les travaux ont lieu pour le compte d'autres administrations publiques ou pour des particuliers, les conditions en sont réglées d'accord avec l'autorité militaire.

Le salaire des prisonniers contribuera à adoucir leur position, et le surplus leur sera compté au moment de leur libération, sauf défalcation des frais d'entretien.

Art. 7. Le gouvernement au pouvoir duquel se trouvent les prisonniers de guerre est chargé de leur entretien.

A défaut d'une entente spéciale entre les belligérants, les prisonniers de guerre seront traités, pour la nourriture, le couchage et l'habillement, sur le même pied que les troupes du gouvernement qui les aura capturés.

Art. 8. Les prisonniers de guerre seront soumis aux lois, règlements et ordres en vigueur dans l'armée de l'Etat au pouvoir duquel ils se trouvent. Tout acte d'insubordination autorise, à leur égard, les mesures de rigueur nécessaires.

Les prisonniers évadés, qui seraient repris avant d'avoir pu rejoindre leur armée ou avant de quitter le territoire occupé par l'armée qui les aura capturés, sont passibles de peines disciplinaires.

Les prisonniers qui, après avoir réussi à s'évader, sont de nouveau faits prisonniers, ne sont passibles d'aucune peine pour la fuite antérieure.

Art. 9. Chaque prisonnier de guerre est tenu de déclarer, s'il est interrogé à ce sujet, ses véritables noms et grade et, dans le cas où il enfreindrait cette règle, il s'exposerait à une restriction des avantages accordés aux prisonniers de guerre de sa catégorie.

Art. 10. Les prisonniers de guerre peuvent être mis en liberté sur parole, si les lois de leur pays les y autorisent, et, en pareil cas, ils sont obligés, sous la garantie de leur honneur personnel, de remplir scrupuleusement, tant vis-à-vis de leur propre gouvernement que vis-à-vis de celui qui les a faits prisonniers, les engagements qu'ils auraient contractés.

Dans le même cas, leur propre gouvernement est tenu de n'exiger ni accepter d'eux aucun service contraire à la parole donnée.

Art. 11. Un prisonnier de guerre ne peut être contraint d'accepter sa liberté sur parole; de même le gouvernement ennemi n'est pas obligé d'accéder à la demande du prisonnier réclamant sa mise en liberté sur parole.

Art. 12. Tout prisonnier de guerre, libéré sur parole et repris portant les armes contre le gouvernement envers lequel il s'était engagé d'honneur ou contre les alliés de celui-ci, perd le droit au traitement des prisonniers de guerre et peut être traduit devant les tribunaux.

Art. 13. Les individus qui suivent une armée sans en faire directement partie, tels que les correspondants et les reporters de journaux, les vivandiers, les fournisseurs, qui tombent au pouvoir de l'ennemi et que celui-ci juge utile de détenir, ont droit au traitement des prisonniers de guerre, à condition qu'ils soient munis d'une légitimation de l'autorité militaire de l'armée qu'ils accompagnaient.

Art. 14. Il est constitué, dès le début des hostilités, dans chacun des Etats belligérants et, le cas échéant, dans les pays neutres qui auront recueilli des belligérants sur leur territoire, un bureau de renseignements sur les prisonniers de guerre. Ce bureau, chargé de répondre à toutes les demandes qui les concernent, reçoit des divers services compétents toutes les indications relatives aux internements et aux mutations, aux mises en liberté sur parole, aux échanges, aux évasions, aux entrées dans les hôpitaux, aux décès, ainsi que les

autres renseignements nécessaires pour établir et tenir
à jour une fiche individuelle pour chaque prisonnier
de guerre. Le bureau devra porter sur cette fiche le numéro matricule, les nom et prénom, l'âge, le lieu d'origine, le grade, le corps de troupe, les blessures, la date
et le lieu de la capture, de l'internement, des blessures
et de la mort, ainsi que toutes les observations particulières. La fiche individuelle sera remise au gouvernement de l'autre belligérant après la conclusion de la
paix.

Le bureau de renseignements est également chargé
de recueillir et de centraliser tous les objets d'un usage
personnel, valeurs, lettres, etc., qui seront trouvés sur
les champs de bataille ou délaissés par des prisonniers
libérés sur parole, échangés, évadés ou décédés dans les
hôpitaux et ambulances et de les transmettre aux intéressés.

Art. 15. Les sociétés de secours pour les prisonniers
de guerre, régulièrement constituées selon la loi de leur
pays et ayant pour objet d'être les intermédiaires de
l'action charitable, recevront, de la part des belligérants,
pour elles et pour leurs agents dûment accrédités,
toute facilité, dans les limites tracées par les nécessités
militaires et les règles administratives, pour accomplir
efficacement leur tâche d'humanité. Les délégués de ces
sociétés pourront être admis à distribuer des secours
dans les dépôts d'internement, ansi qu'aux lieux d'étape
des prisonniers rapatriés, moyennant une permission
personnelle délivrée par l'autorité militaire, et en prenant l'engagement par écrit de se soumettre à toutes
les mesures d'ordre et de police que celle-ci prescrirait.

Art. 16. Les bureaux de renseignements jouissent de
la franchise de port. Les lettres, mandats et articles
d'argent, ainsi que les colis postaux destinés aux prisonniers de guerre ou expédiés par eux, seront affran-
chis de toutes les taxes postales, aussi bien dans les
pays d'origine et de destination que dans les pays intermédiaires.

Les dons et secours en nature destinés aux prisonniers de guerre seront admis en franchise de tous droits
d'entrée et autres, ainsi que des taxes de transport sur
les chemins de fer exploités par l'Etat.

Art. 17. Les officiers prisonniers recevront la solde à
laquelle ont droit les officiers de même grade du pays
où ils sont retenus, à charge de remboursement par
leur gouvernement.

Art. 18. Toute latitude est laissée aux prisonniers de
guerre pour l'exercice de leur religion, y compris l'assistance aux offices de leur culte, à la seule condition
de se conformer aux mesures d'ordre et de police prescrites par l'autorité militaire.

Art. 19. Les testaments des prisonniers de guerre sont reçus ou dressés dans les mêmes conditions que pour les militaires de l'armée nationale.

On suivra également les mêmes règles en ce qui concerne les pièces relatives à la constatation des décès, ainsi que pour l'inhumation des prisonniers de guerre, en tenant compte de leur grade et de leur rang.

Art. 20. Après la conclusion de la paix, le rapatriement des prisonniers de guerre s'effectuera dans le plus bref délai possible.

CHAPITRE III

DES MALADES ET DES BLESSÉS.

Art. 21. Les obligations des belligérants concernant le service des malades et des blessés sont régies par la convention de Genève.

SECTION II

Des hostilités.

CHAPITRE Ier.

DES MOYENS DE NUIRE A L'ENNEMI. — DES SIÈGES ET DES BOMBARDEMENTS.

Art. 22. Les belligérants n'ont pas un droit illimité quant au choix des moyens de nuire à l'ennemi.

Art. 23. Outre les prohibitions établies par des conventions spéciales, il est notamment *interdit* :

a) D'employer du poison ou des armes empoisonnées;

b) De tuer ou de blesser par trahison des individus appartenant à la nation ou à l'armée ennemie;

c) De tuer ou de blesser un ennemi qui, ayant mis bas les armes ou n'ayant plus les moyens de se défendre, s'est rendu à discrétion;

d) De déclarer qu'il ne sera pas fait de quartier;

e) D'employer des armes, des projectiles ou des matières propres à causer des maux superflus;

f) D'user indûment du pavillon parlementaire, du pavillon national ou des insignes militaires et de l'uniforme de l'ennemi, ainsi que des signes distinctifs de la convention de Genève;

g) De détruire ou de saisir des propriétés ennemies, sauf les cas où ces destructions ou ces saisies seraient impérieusement commandées par les nécessités de la guerre.

h) De déclarer éteints, suspendus ou non recevables en justice, les droits et actions des nationaux de la partie adverse.

Il est également interdit à un belligérant de forcer les nationaux de la partie adverse à prendre part aux opérations de guerre dirigées contre leur pays, même dans le cas où ils auraient été à son service avant le commencement de la guerre.

Art. 24. Les ruses de guerre et l'emploi des moyens nécessaires pour se procurer des renseignements sur l'ennemi et sur le terrain sont considérés comme licites.

Art. 25. Il est interdit d'attaquer ou de bombarder par quelque moyen que ce soit des villes, villages, habitations ou bâtiments qui ne sont pas défendus.

Art. 26. Le commandant des troupes assaillantes, avant d'entreprendre le bombardement, et sauf le cas d'attaque de vive force, devra faire tout ce qui dépend de lui pour en avertir les autorités.

Art. 27. Dans les sièges et bombardements, toutes les mesures nécessaires doivent être prises pour épargner, autant que possible, les édifices consacrés aux cultes, aux arts, aux sciences et à la bienfaisance, les monuments historiques, les hôpitaux et les lieux de rassemblement de malades et de blessés, à condition qu'ils ne soient pas employés en même temps à un but militaire.

Le devoir des assiégés est de désigner ces édifices ou lieux de rassemblement par des signes visibles spéciaux qui seront notifiés d'avance à l'assiégeant.

Art. 28. Il est interdit de livrer au pillage une ville ou localité même prise d'assaut.

CHAPITRE II.

DES ESPIONS.

Art. 29. Ne peut être considéré comme espion que l'individu qui, agissant clandestinement ou sous de faux prétextes, recueille ou cherche à recueillir des informations dans la zone d'opérations d'un belligérant, avec l'intention de les communiquer à la partie adverse.

Ainsi les militaires non déguisés qui ont pénétré dans la zone d'opérations de l'armée ennemie, à l'effet de recueillir des informations, ne sont pas considérés comme espions. De même ne sont pas considérés comme espions : les militaires et les non-militaires accomplissant ouvertement leur mission, chargés de transmettre des dépêches destinées soit à leur propre armée, soit à l'armée ennemie. A cette catégorie appartiennent également les individus envoyés en ballon pour transmettre les dépêches et, en général, pour entretenir les communications entre les diverses parties d'une armée ou d'un territoire.

Art. 30. L'espion pris sur le fait ne pourra être puni sans jugement préalable.

Art. 31. L'espion qui, ayant rejoint l'armée à laquelle il appartient, est capturé plus tard par l'ennemi, est traité comme prisonnier de guerre et n'encourt aucune responsabilité pour ses actes d'espionnage antérieurs.

CHAPITRE III

DES PARLEMENTAIRES.

Art. 32. Est considéré comme parlementaire l'individu autorisé par l'un des belligérants à entrer en pourparlers avec l'autre et se présentant avec le drapeau blanc. Il a le droit à l'inviolabilité ainsi que le trompette, clairon ou tambour, le porte-drapeau et l'interprète qui l'accompagneraient.

Art. 33. Le chef auquel un parlementaire est expédié n'est pas obligé de le recevoir en toutes circonstances.

Il peut prendre toutes les mesures nécessaires afin d'empêcher le parlementaire de profiter de sa mission pour se renseigner.

Il a le droit, en cas d'abus, de retenir temporairement le parlementaire.

Art. 34. Le parlementaire perd ses droits d'inviolabilité s'il est prouvé d'une manière positive et irrécusable qu'il a profité de sa position privilégiée pour provoquer ou commettre un acte de trahison.

CHAPITRE IV.

DES CAPITULATIONS.

Art. 35. Les capitulations arrêtées entre les parties contractantes doivent tenir compte des règles de l'honneur militaire.

Une fois fixées, elles doivent être scrupuleusement observées par les deux parties.

CHAPITRE V.

DE L'ARMISTICE.

Art. 36. L'armistice suspend les opérations de guerre par un accord mutuel des parties belligérantes. Si la durée n'en est pas déterminée, les parties belligérantes peuvent reprendre en tout temps les opérations, pourvu toutefois que l'ennemi soit averti en temps convenu, conformément aux conditions de l'armistice.

Art. 37. L'armistice peut être général ou local. Le premier suspend partout les opérations de guerre des États belligérants; le second, seulement entre certaines fractions des armées belligérantes et dans un rayon déterminé.

Art. 38. L'armistice doit être notifié officiellement et en temps utile aux autorités compétentes et aux troupes. Les hostilités sont suspendues immédiatement après la notification ou au terme fixé.

Art. 39. Il dépend des parties contractantes de fixer dans les clauses de l'armistice les rapports qui pourraient avoir lieu, sur le théâtre de la guerre, avec les populations et entre elles.

Art. 40. Toute violation grave de l'armistice par l'une des parties donne à l'autre le droit de le dénoncer et même, en cas d'urgence, de reprendre immédiatement les hostilités.

Art. 41. La violation des clauses de l'armistice par des particuliers agissant de leur propre initiative donne droit seulement à réclamer la punition des coupables et, s'il y a lieu, une indemnité pour les pertes éprouvées.

SÉCTION III

De l'autorité militaire sur le territoire de l'État ennemi.

Art. 42. Un territoire est considéré comme occupé lorsqu'il se trouve placé de fait sous l'autorité de l'armée ennemie.

L'occupation ne s'étend qu'aux territoires où cette autorité est établie en en mesure de s'exercer.

Art. 43. L'autorité du pouvoir légal ayant passé de fait entre les mains de l'occupant, celui-ci prendra toutes les mesures qui dépendent de lui en vue de rétablir et d'assurer, autant qu'il est possible, l'ordre et la vie publics en respectant, sauf empêchement absolu, les lois en vigueur dans le pays.

Art. 44. Il est interdit à un belligérant de forcer la population d'un territoire occupé à donner des renseignements sur l'armée de l'autre belligérant ou sur ses moyens de défense.

Art. 45. Il est interdit de contraindre la population

d'un territoire occupé à prêter serment à la puissance ennemie.

Art. 46. L'honneur et les droits de la famille, la vie des individus et la propriété privée, ainsi que les convictions religieuses et l'exercice des cultes, doivent être respectés.

La propriété privée ne peut pas être confisquée.

Art. 47. Le pillage est formellement interdit.

Art. 48. Si l'occupant prélève dans le territoire occupé les impôts, droits et péages établis au profit de l'Etat, il le fera, autant que possible, d'après les règles de l'assiette et de la répartition en vigueur, et il en résultera pour lui l'obligation de pourvoir aux frais de l'administration du territoire occupé dans la mesure où le gouvernement légal y était tenu.

Art. 49. Si, en dehors des impôts visés à l'article précédent, l'occupant prélève d'autres contributions en argent dans le territoire occupé, ce ne pourra être que pour les besoins de l'armée ou de l'administration de ce territoire.

Art. 50. Aucune peine collective, pécuniaire ou autre, ne pourra être édictée contre les populations à raison de faits individuels dont elles ne pourraient être considérées comme solidairement responsables.

Art. 51. Aucune contribution ne sera perçue qu'en vertu d'un ordre écrit et sous la responsabilité d'un général en chef.

Il ne sera procédé, autant que possible, à cette perception que d'après les règles de l'assiette et de la répartition des impôts en vigueur.

Pour toute contribution, un reçu sera délivré aux contribuables.

Art. 52. Des réquisitions en nature et des services ne pourront être réclamés des communes ou des habitants que pour les besoins de l'armée d'occupation. Ils seront en rapport avec les ressources du pays et de telle nature qu'ils n'impliquent pas pour les populations l'obligation de prendre part aux opérations de la guerre contre leur patrie.

Ces réquisitions et ces services ne seront réclamés qu'avec l'autorisation du commandant dans la localité occupée.

Les prestations en nature seront, autant que possible, payées au comptant; sinon, elles seront constatées par des reçus, et le payement des sommes dues sera effectué le plus tôt possible.

Art. 53. L'armée qui occupe un territoire ne pourra saisir que le numéraire, les fonds et les valeurs exigibles appartenant en propre à l'Etat, les dépôts d'armes,

moyens de transport, magasins et approvisionnements
et en général toute propriété mobilière de l'Etat de nature à servir aux opérations de la guerre.

Tous les moyens affectés sur terre, sur mer et dans les
airs à la transmission des nouvelles, au transport des
personnes ou des choses, en dehors des cas régis par le
droit maritime, les dépôts d'armes et, en général toute
espèce de munitions de guerre, peuvent être saisis,
même s'ils appartiennent à des personnes privées, mais
devront être restitués et les indemnités seront réglées
à la paix.

Art. 54. Les câbles sous-marins reliant un territoire
occupé à un territoire neutre ne seront saisis ou détruits que dans le cas d'une nécessité absolue. Ils devront également être restitués et les indemnités seront
réglées à la paix.

Art. 55. L'Etat occupant ne se considérera que comme
administrateur et usufruitier des édifices publics, im-
meubles, forêts et exploitations agricoles appartenant
à l'Etat ennemi et se trouvant dans le pays occupé. Il
devra sauvegarder le fond de ces propriétés et les admi-
nistrer conformément aux règles de l'usufruit.

Art. 56. Les biens des communes, ceux des établissements consacrés aux cultes, à la charité et à l'instruction, aux arts et aux sciences, même appartenant à
l'Etat, seront traités comme la propriété privée.

Toute saisie, destruction ou dégradation intention-
nelle de semblables établissements, de monuments historiques, d'œuvres d'art et de science, est interdite et
doit être poursuivie.

Art. 2. Le Ministre des affaires étrangères et le Ministre de la guerre sont chargés, chacun en ce qui le
concerne, de l'exécution du présent décret.

Fait à Paris, le 2 décembre 1910.

Par le Président de la République :

A. FALLIÈRES.

Le Ministre des affaires étrangères,

S. PICHON.

Le Ministre de la guerre,

BRUN.

Décret portant promulgation de la convention internationale signée à La Haye le 18 octobre 1907, concernant les droits et les devoirs des puissances et des personnes neutres en cas de guerre sur terre

Paris, le 2 décembre 1910.

Le Président de la République française,

Sur la proposition du Ministre des affaires étrangères, du Ministre de la guerre et du Ministre des travaux publics, des postes et télégraphes,

Décrète :

Art. 1er. Le Sénat et la Chambre des députés ayant adopté la convention internationale concernant les droits et les devoirs des puissances et des personnes neutres en cas de guerre, signée à La Haye, le 18 octobre 1907, par la France, l'Allemagne, les Etats-Unis d'Amérique, la république Argentine, l'Autriche-Hongrie, la Belgique, la Bolivie, le Brésil, la Bulgarie, le Chili, la Colombie, la République de Cuba, le Danemark, la République dominicaine, l'Equateur, l'Espagne, la Grande-Bretagne, la Grèce, le Guatémala, Haïti, l'Italie, le Japon, le Luxembourg, le Mexique, le Monténégro, la Norvège, le Panama, le Paraguay, les Pays-Bas, le Pérou, la Perse, le Portugal, la Roumanie, la Russie, le Salvador, la Serbie, le Siam, la Suède, la Suisse, la Turquie, l'Uruguay et le Venezuela, et les ratifications de cet acte ayant été déposées à La Haye par la France, l'Allemagne, les Etats-Unis d'Amérique, l'Autriche-Hongrie, la Belgique, la Bolivie, le Danemark, Haïti, le Mexique, la Norvège, les Pays-Bas, la Russie, le Salvador, le Siam, la Suède et la Suisse; — la Chine ayant adhéré à ladite convention le 15 janvier 1910, et le Nicaragua le 16 décembre 1909; — ladite convention dont la teneur suit recevra sa pleine et entière exécution.

Convention V concernant les droits et les devoirs des puissances et des personnes neutres en cas de guerre sur terre.

(Liste des souverains et chefs d'Etat.)

En vue de mieux préciser les droits et les devoirs des puissances neutres en cas de guerre sur terre et de régler la situation des belligérants réfugiés en territoire neutre;

Désirant également définir la qualité de neutre en attendant qu'il soit possible de régler dans son ensemble la situation des particuliers neutres dans leurs rapports avec les belligérants;

Ont résolu de conclure une convention à cet effet et ont, en conséquence, nommé pour leurs plénipotentiaires, savoir :

(Désignation des plénipotentiaires.)

Lesquels, après avoir déposé leurs pleins pouvoirs trouvés en bonne et due forme, sont convenus des dispositions suivantes :

CHAPITRE Iᵉʳ.

Des droits et des devoirs des puissances neutres.

Art. 1ᵉʳ. Le territoire des puissances neutres est inviolable.

Art. 2. Il est interdit aux belligérants de faire passer à travers le territoire d'une puissance neutre des troupes ou des convois soit de munitions, soit d'approvisionnements.

Art. 3. Il est également interdit aux belligérants :

a) D'installer sur le territoire d'une puissance neutre une station radiotélégraphique ou tout appareil destiné à servir comme moyen de communication avec des forces belligérantes sur terre ou sur mer;

b) D'utiliser toute installation de ce genre établie par eux avant la guerre sur le territoire de la puissance neutre dans un but exclusivement militaire, et qui n'a pas été ouverte au service de la correspondance publique.

Art. 4. Des corps de combattants ne peuvent être formés, ni des bureaux d'enrôlement ouverts sur le territoire d'une puissance neutre au profit des belligérants.

Art. 5. Une puissance neutre ne doit tolérer sur son territoire aucun des actes visés par les articles 2 à 4.

Elle n'est tenue de punir des actes contraires à la neutralité que si ces actes ont été commis sur son propre territoire.

Art. 6. La responsabilité d'une puissance neutre n'est pas engagée par le fait que des individus passent isolément la frontière pour se mettre au service de l'un des belligérants.

Art. 7. Une puissance neutre n'est pas tenue d'empêcher l'exportation ou le transit, pour le compte de l'un ou de l'autre des belligérants d'armes, de munitions, et, en général, de tout ce qui peut être utile à une armée ou à une flotte.

Art. 8. Une puissance neutre n'est pas tenue d'inter-dire ou de restreindre l'usage, pour les belligérants, des câbles télégraphiques ou téléphoniques, ainsi que des appareils de télégraphie sans fils, qui sont, soit sa pro-priété, soit celle de compagnies ou de particuliers.

Art. 9. Toutes mesures restrictives ou prohibitives pri-ses par une puissante neutre à l'égard des matières visées par les articles 7 et 8 devront être uniformément appliquées par elle aux belligérants.

La puissance neutre veillera au respect de la même obligation par les compagnies ou particuliers proprié-taires de câbles télégraphiques ou téléphoniques ou d'appareils de télégraphie sans fil.

Art. 10. Ne peut être considéré comme un acte hostile le fait, par une puissance neutre, de repousser, même par la force, les atteintes à sa neutralité.

CHAPITRE II

Des belligérants internés et des blessés soignés chez les neutres.

Art. 11. La puissance neutre qui reçoit sur son ter-ritoire des troupes appartenant aux armées belligérantes les internera, autant que possible, loin du théâtre de la guerre.

Elle pourra les garder dans des camps et même les enfermer dans des forteresses ou dans des lieux ap-propriés à cet effet.

Elle décidera si les officiers peuvent être laissés li-bres en prenant l'engagement sur parole de ne pas quit-ter le territoire neutre sans autorisation.

Art. 12. A défaut de convention spéciale, la puissance neutre fournira aux internés les vivres, les habille-ments et les secours commandés par l'humanité.

Bonification sera faite, à la paix, des frais occasion-nés par l'internement.

Art. 13. La puissance neutre qui reçoit des prison-niers de guerre évadés les laissera en liberté. Si elle tolère leur séjour sur son territoire, elle peut leur assi-gner une résidence.

La même disposition est applicable aux prisonniers de guerre amenés par des troupes se réfugiant sur le territoire de la puissance neutre.

Art. 14. Une puissance neutre pourra autoriser le pas-sage sur son territoire des blessés ou malades apparte-nant aux armées belligérantes, sous la réserve que les trains qui les amèneront ne transporteront ni personnel ni matériel de guerre. En pareil cas, la puissance neu-tre est tenue de prendre les mesures de sûreté et de contrôle nécessaires à cet effet.

Les blessés ou malades amenés dans ces conditions sur le territoire neutre par un des belligérants et qui appartiendraient à la partie adverse devront être gardés par la puissance neutre, de manière qu'ils ne puissent de nouveau prendre part aux opérations de la guerre. Cette puissance aura les mêmes devoirs quant aux blessés ou malades de l'autre armée qui lui seraient confiés.

Art. 15. La convention de Genève s'applique aux malades et aux blessés internés sur territoire neutre.

CHAPITRE III

Des personnes neutres.

Art. 16. Sont considérés comme neutres les nationaux d'un État qui ne prend pas part à la guerre.

Art. 17. Un neutre ne peut pas se prévaloir de sa neutralité :

a) S'il commet des actes hostiles contre un belligérant;

b) S'il commet des actes en faveur d'un belligérant, notamment s'il prend volontairement du service dans les rangs de la force armée de l'une des parties.

En pareil cas, le neutre ne sera pas traité plus rigoureusement par le belligérant contre lequel il s'est départi de la neutralité, que ne pourrait l'être, à raison du même fait, un national de l'autre État belligérant.

Art. 18. Ne seront pas considérés comme actes commis en faveur d'un des belligérants, dans le sens de l'article 17, lettre *b* :

a) Les fournitures ou les emprunts consentis à l'un des belligérants, pourvu que le fournisseur ou le prêteur n'habite ni le territoire de l'autre partie, ni le territoire occupé par elle, et que les fournitures ne proviennent pas de ces territoires;

b) Les services rendus en matière de police ou d'administration civile.

CHAPITRE IV

Du matériel des chemins de fer.

Art. 19. Le matériel des chemins de fer provenant du territoire de puissances neutres, qu'il appartienne à ces puissances ou à des sociétés ou personnes privées, et reconnaissable comme tel, ne pourra être réquisitionné et utilisé par un belligérant que dans le cas et la mesure où l'exige une impérieuse nécessité. Il sera renvoyé aussitôt que possible dans le pays d'origine.

La puissance neutre pourra de même, en cas de nécessité, retenir et utiliser, jusqu'à due concurrence, le matériel provenant du territoire de la puissance belligérante.

Une indemnité sera payée de part et d'autre, en proportion du matériel utilisé et de la durée de l'utilisation.

CHAPITRE V

Dispositions finales.

Art. 20. Les dispositions de la présente convention ne sont applicables qu'entre les puissances contractantes et seulement si les belligérants sont tous parties à la convention.

Art. 21. La présente convention sera ratifiée aussitôt que possible.

Les ratifications seront déposées à La Haye.

Le premier dépôt de ratifications sera constaté par un procès-verbal signé par les représentants des puissances qui prennent part et par le Ministre des affaires étrangères des Pays-Bas.

Les dépôts ultérieurs de ratifications se feront au moyen d'une notification écrite adressée au gouvernement des Pays-Bas et accompagnée de l'instrument de ratification.

Copie certifiée conforme du procès-verbal relatif au premier dépôt de ratifications des notifications mentionnées à l'alinéa précédent, ainsi que des instruments de ratification sera immédiatement remise par les soins du gouvernement des Pays-Bas et par la voie diplomatique aux puissances conviées à la deuxième conférence de la paix, ainsi qu'aux autres puissances qui auront adhéré à la convention. Dans les cas visés par l'alinéa précédent, ledit gouvernement leur fera connaître en même temps la date à laquelle il a reçu la notification.

Art. 22. Les puissances non signataires sont admises à adhérer à la présente convention.

La puissance qui désire adhérer notifie par écrit son intention au gouvernement des Pays-Bas en lui transmettant l'acte d'adhésion, qui sera déposé dans les archives dudit gouvernement.

Ce gouvernement transmettra immédiatement à toutes les autres puissances copie certifiée conforme de la notification, ainsi que de l'acte d'adhésion, en indiquant la date à laquelle il a reçu la notification.

Art. 23. La présente convention produira effet, pour les puissances qui auront participé au premier dépôt de ratifications, soixante jours après la date du procès-verbal de ce dépôt et, pour les puissances qui ratifieront ultérieurement ou qui adhéreront, soixante jours après que la notification de leur ratification ou de leur adhésion aura été reçue par le gouvernement des Pays-Bas.

Art. 24. S'il arrivait qu'une des puissances contractantes voulût dénoncer la présente convention, la dénonciation sera notifiée par écrit au gouvernement des Pays-Bas, qui communiquera immédiatement copie certifiée conforme de la notification à toutes les autres puissances, en leur faisant savoir la date à laquelle il l'a reçue.

La dénonciation ne produira ses effets qu'à l'égard de la puissance qui l'aura notifiée et un an après que la notification en sera parvenue au gouvernement des Pays-Bas.

Art. 25. Un registre tenu par le Ministre des affaires étrangères des Pays-Bas indiquera la date du dépôt des ratifications effectué en vertu de l'article 21, alinéas 3 et 4, ainsi que la date à laquelle auront été reçues les notifications d'adhésion (art. 22, alinéa 2) ou de dénonciation (art. 24, alinéa 1).

Chaque puissance contractante est admise à prendre connaissance de ce régime et à en demander des extraits certifiés conformes.

En foi de quoi, les plénipotentiaires ont revêtu la présente convention de leurs signatures.

Fait à La Haye, le 18 octobre 1907, en un seul exemplaire qui restera déposé dans les archives du gouvernement des Pays-Bas et dont des copies, certifiées conformes, seront remises par la voie diplomatique aux puissances qui ont été conviées à la deuxième conférence de la paix.

(Suivent les signatures.)

ART. 2. Le Ministre des affaires étrangères, le Ministre de la guerre et le Ministre des travaux publics, des postes et des télégraphes sont chargés, chacun en ce qui le concerne, de l'exécution du présent décret.

Fait à Paris, le 2 décembre 1910.

A. FALLIÈRES.

Par le Président de la République :

Le Ministre des affaires étrangères,
S. PICHON.

Le Ministre de la guerre,
BRUN.

*Le Ministre des travaux publics,
des postes et des télégraphes,*
L. PUECH.

TABLE DES MATIÈRES

PREMIÈRE PARTIE

SERVICE EN CAMPAGNE

TITRE Ier

ORGANISATION GÉNÉRALE DE L'ARMÉE

CHAPITRE Ier.
Formation des armées.

CHAPITRE II.
Le commandement.

CHAPITRE III.
Etats-majors et quartiers généraux.

CHAPITRE IV.
Les services.

TITRE II

ORDRES. — LIAISONS

TITRE III

MARCHES. — STATIONNEMENT

CHAPITRE 1er.

Marches.

CHAPITRE II.
Stationnement.

CHAPITRE III.
Règles communes aux marches et au stationnement.

TITRE IV

SÛRETÉ

CHAPITRE 1er.
Considérations générales.

CHAPITRE II.
Sûreté en marche.

CHAPITRE III
Sûreté en station.

Règles générales du service aux avant-postes.

TITRE V

LE COMBAT

CHAPITRE 1er.
Généralités sur le combat

CHAPITRE II.
Propriétés et rôle des différentes armes dans le combat.

CHAPITRE III.
L'offensive.

CHAPITRE IV.
La défensive.

DÉFENSE D'UN FRONT.

PASSAGE A L'OFFENSIVE.

CHAPITRE V.
Poursuite.

CHAPITRE VI.
Retraite.

CHAPITRE VII.
Particularités relatives au combat en certains terrains.

CHAPITRE VIII.
Particularités relatives au combat de nuit.

CHAPITRE IX.
Action du commandement.

CHAPITRE X.
Devoirs des chefs et des troupes.

TITRE VI

CAVALERIE

CHAPITRE 1er.
Rôle général de la cavalerie.

CHAPITRE II.
Cavalerie d'armée.

CHAPITRE III.
Cavalerie de corps d'armée.

CHAPITRE IV.

CHAPITRE V.
La division de cavalerie.

TITRE VII

DÉTACHEMENTS

TITRE VIII

TRAVAUX DE CAMPAGNE

TITRE IX

FONCTIONNEMENT DU SERVICE DE L'AÉRONAUTIQUE ET DU SERVICE TÉLÉGRAPHIQUE

CHAPITRE 1er.
Service de l'aviation.

CHAPITRE II.
Service télégraphique.

TITRE X

TRAINS, PARCS ET CONVOIS

TITRE XI

RAVITAILLEMENTS ET ÉVACUATIONS. — RÉQUISITIONS

CHAPITRE Ier.

Généralités.

CHAPITRE II.

Ravitaillement en vivres.

CHAPITRE III.

Ravitaillement en munitions.

CHAPITRE IV.

Évacuations.

CHAPITRE V.
Réquisitions.

TITRE XII

SERVICE DE LA GENDARMERIE EN CAMPAGNE

ANNEXES.

DEUXIÈME PARTIE

DROIT INTERNATIONAL

Marc Imhaus et René Chapelot, Imprimeurs, Nancy et Paris